Elisabeth Gräfin Werthern · Von Weimar nach Bonn

Elisabeth Gräfin Werthern

Von Weimar nach Bonn

Erinnerungen

BURG VERLAG · 7123 Sachsenheim 3

Stuttgart · Bonn

Verlagsauslieferung: Untere Au 41, 7123 Sachsenheim 3
Schutzumschlaggestaltung: Helm Renz, Haan
Herstellung: Hieronymus Mühlberger, Augsburg
ISBN 3-922801-95-1

Inhalt

Vorwort

Im 19. Jahrhundert verklangen die Reste jener gesellschaftlichen Ordnung, die sich während der letzten tausend Jahre in der Folge des Rittertums als Träger der Kultur entwickelt, Geltung besessen und das Leben des einzelnen und seiner Gemeinschaft vielfältig und nachhaltig geprägt hatte. Es war eine gegliederte Gesellschaft, in der jeder einzelne seinen ,,Stand" besaß, was für ihn Bindung, aber auch ,,Stand-Festigkeit" und Behütung vor mancherlei Unbilden des Lebens bedeutete.

Diese Ordnung begann sich seit dem Zeitalter der Reformation allmählich und seit der Aufklärung im 18. Jahrhundert zunehmend rascher zu lockern und schließlich vollständig zu verändern. Die von vielen erstrebte Befreiung von mehr oder weniger spürbaren Abhängigkeiten, die dem einzelnen aber auch manchen Halt geboten hatten, stellte den Menschen in eine weit stärkere Verantwortung für sich und seine Nächsten, als sie seinen Vorfahren auferlegt worden war.

So stand dem Gewinn von äußerer Unabhängigkeit auch ein Verlust an Sicherheit gegenüber, zumal die Preisgabe von früher beachteten Formen im zwischenmenschlichen Verkehr auch eine Gefahr der Minderung von Achtung vor dem Mitmenschen in sich barg. Diese Verhaltens- und Umgangs-Formen waren nämlich letztlich eine Schutzwehr für den einzelnen und damit eine besondere Art der Humanität, die sich im Rittertum zur Überwindung von gewalttätiger Barbarei ausgebildet hatte, um seitdem als ein Leitbegriff fortzuwirken, der sich dabei vom Stand seiner Herkunft löste: die Ritterlichkeit.

Im mittelalterlichen Rittertum hatten sich mit ,,standesgemäßen" Lebensformen auch bestimmte Verhaltensregeln entwickelt, die nicht nur unter den gewandelten gesellschaftlichen Verhältnissen in der Neuzeit Bestand behielten, sondern auch, vom Ursprung gelöst, eine viel weiterreichende soziale Wirkung entfalteten und sich als ein „Stil-bildendes" Element erwiesen.

Zu diesen Verhaltensregeln gehörte und gehört vor allem das Verständnis der zu achtenden, aber auch zu verteidigenden persönlichen Ehre. Indem sie zu einer tragenden Grundlage des menschlichen Lebensverständnisses wurde, bestimmte sie auch das Verständnis und die Erfüllung des „Dienstes", zu dem man sich verpflichtet hatte. Dabei wirkte auch die gegenseitige Bindung nach, die ursprünglich zwischen dem „Herrn" und dem „Mann" bestand und eine wechselseitig zu haltende Treue gebot.

Das aus diesen Vorstellungen erwachsene Verständnis für die Erfüllung von öffentlichen Pflichten wirkt fort bis in die Bestimmung von Art. 33 Abs. 4 des Grundgesetzes der Bundesrepublik Deutschland, wonach die Ausübung von hoheitlichen Befugnissen des Staates regelmäßig an Personen in einem „Dienst- und Treueverhältnis" übertragen werden soll.

„Wo viel Licht ist, ist starker Schatten", läßt Goethe seinen Götz im Gespräch mit dessen Jugendfreund Weißlingen sagen. Das gilt auch für das „klassische Weimar", wo sich eine Synthese zwischen dem auf individuelle Freiheit gerichteten Streben und den Lebensformen der mit ihren Werten anerkannten, überkommenen Ordnung gebildet hatte. Deshalb war und ist dieser „Geist von Weimar" so vielgestaltig und von fortwirkender Anziehungskraft auf alle Menschen, die vorurteilslos und unbefangen ihre ihnen in der Gegenwart gesetzten Aufgaben zu meistern suchen und dabei manche Hilfe aus der Kenntnis der Vergangenheit erfahren.

Das gilt in reichem Maße auch für Elisabeth Gräfin Werthern, die den großen politischen und gesellschaftlichen Umbruch in diesem Jahrhundert erlitt und erlebte. Ihre durch Großeltern und Eltern vermittelte Erinnerung führt bis in jene Tage Weimars zurück, als neben dem Streben nach „reiner Menschlichkeit" des großen Dichters und seines Lebenskreises hier zugleich eine freiheitlich bestimmte neue politische Ordnung für den Bürger geschaffen wurde.

Betrieben wurde die Verabschiedung dieser ersten zwischen Fürst und Volk im deutschen Raum „vereinbarten Verfassung" für das

Großherzogtum Sachsen-Weimar-Eisenach vom 5. Mai 1816 hauptsächlich von einem Vorfahren der Verfasserin, dem Staatsminister Ernst-August von Gersdorff, einem Mann, welcher, ,,der Entwicklung des Zeitgeistes auf der Spur, weit in die Zukunft blickte". In diesem ,,Grundgesetz" wurde zum erstenmal ausdrücklich die Achtung der öffentlichen Hand vor ,,Freiheit, Ehre und Eigentum des Staatsbürgers" zur Pflicht aller derjenigen gemacht, die in Staat und Gemeinde zu politischer Verantwortung berufen waren.

Verantwortung bedeutet Dienst auf vielfältige Art und Weise. Sie bestimmte auch das Leben der Autorin wie das ihrer Vorfahren in weit stärkerem Maße, als es der Rang und die Möglichkeiten ihrer gesellschaftlichen Stellung vermuten lassen. Von Pflichten wurde allerdings in diesem Kreis der Gesellschaft kaum gesprochen, weil man sie hier noch meist als ein Äquivalent für bestehende Rechte verstand. Beispielhaft hierfür war die Tätigkeit des Vaters der Verfasserin, Clemens Graf Wedel, der sich als Landrat eines Kreises am Rande einer Großstadt hohes Ansehen wegen seiner verständnisvollen Behandlung der sozialen Probleme durch kommunale Leistungen erwarb. Dieser Landrat ist zugleich beispielhaft als Kontinuitätsträger eines von der Regierungsform unabhängigen Prinzips des Dienstes für das Wohl der Allgemeinheit unter einer rechtsstaatlichen Verfassung oder unter den noch schwierigeren Bedingungen des Versuches, ihre Grundsätze zu bewahren. Der äußere ,,Glanz", der das Leben vieler Menschen der ,,Oberschicht" im östlichen Deutschland umgab, wirkte und wirkt wohl deshalb so stark als Ausdruck einer gewiß vorhandenen sozialen Bevorzugung, weil nur diese Äußerlichkeit in Erscheinung trat, um darum allzu leicht lediglich im Hinblick darauf von den Mitmenschen beurteilt zu werden. Solche Fehleinschätzung, häufig durch Neid und Mißgunst genährt, belastete auch eine ausgewogene Beurteilung des größeren Grundbesitzes, weil man neben den ökonomischen auch die kulturellen Leistungen kaum zu würdigen verstand, für die ein größerer Landbesitz die notwendige Grundlage bildete. Die vielseitige Kulturpflege, die auf solchen Gütern eine Heimstatt besitzen konnte, stellte der Dichter Börries von Münchhausen am Beispiel einiger weniger Ansitze rund um das thüringische Altenburg dar. Geistige Traditionen waren auch in Beichlingen zu Hause, dem Heim, aus dem Elisabeth Werthern, durch den Tod ihres Mannes im Felde früh verwitwet, mit ihrem Kind vertrieben wurde. Heimatlos geworden, fand sie dank ihrer Gaben und Begabungen ein Wirkungsfeld, wo sie etwas von dem Geist von Weimar, der ihre Herkunft geprägt hatte, in eine ganz anders geartete politische Welt zu übertragen vermochte, um auf diese Weise eine Traditionsträgerin zu zu werden.

Dieser Abschnitt enthält einen bemerkenswerten Beitrag zur neueren Geschichte, vor allem zur Entwicklung der parlamentarischen Regierungsform in der Bundesrepublik, eingefangen in die Schilderung der Deutschen Parlamentarischen Gesellschaft als einer „Stätte der Begegnung" von Politikern, wie sie es bisher in Deutschland nicht gab. Die Leitung dieses ersten „politischen Clubs" brachte die Verfasserin über lange Jahre in einen ständigen Umgang mit namhaften Persönlichkeiten aus Staat und Gesellschaft des In- und Auslandes. Die Erinnerung an diese Tätigkeit und die damit verbundenen Erlebnisse machen das Buch zu einer wirklichen „Chronik" und damit zu einer historischen Quelle.

Der Inhalt dieses Buches fesselt, weil es sowohl von vergangenen und deshalb häufig vergessenen Dingen als auch von Ereignissen der Gegenwart berichtet, die für die lebende Generation belangreich sind. Mit Takt und der Fähigkeit zu lebendiger Schilderung berichtet die Verfasserin von ihren Begegnungen mit vielen Persönlichkeiten von Rang, welche die Entwicklung Deutschlands in der Nachkriegszeit in mannigfacher Hinsicht maßgebend beeinflußten. Am nachhaltigsten wirkt jedoch die Verfasserin selbst wegen ihrer Haltung, die sie auch manchem Menschen, dem sie begegnete, mitgab und die den Leser beeindruckt: in Freiheit dienen.

Georg-Christoph von Unruh

I
Wiedersehen mit Weimar

Auf Einladung der Goethe-Gesellschaft fahre ich 1979 nach Weimar. Mit Visum und einem Quartiernachweis im Nobelhotel ,,Elephant" versehen, trete ich die Reise mit beklommenem Herzen an.

Ich scheute den Weg zurück in die Vergangenheit. Alles erschien mir sehr entfernt, und wäre meine italienische Freundin Nora nicht gewesen, die, fasziniert von dem Gedanken, die Stadt Goethes und Schillers kennenzulernen, die treibende Kraft dieser Reise war, so weiß ich nicht, ob ich mich zu diesem Schritt entschlossen hätte.

Nora, die Frau des italienischen Botschafters in Bonn, ahnt nicht, wie schwierig der DDR-Alltag ist. Von Verwandten im Auto mitgenommen, war ich selbst bereits vorausgefahren. Mit einigen Umständlichkeiten passierten wir die Grenze zum anderen Teil Deutschlands – für mich ein ungewohnter Zeitaufwand, wenn ich an die Grenzübergänge meiner vielen Reisen in alle Welt denke.

Seit meiner Flucht im Pferdewagen 1945 aus Thüringen habe ich die kleine Stadt nicht wiedergesehen. Viel ist über sie geschrieben worden. Als im letzten Drittel des 18. Jahrhunderts die Herzogin Anna Amalia und ihr Sohn Karl August die großen Geister Deutschlands nach Weimar zogen, war es eine kleine Residenz von 5000 Einwohnern. Doch sie wurde zum geistigen Mittelpunkt, zum Ort der geistigen Erneuerung Deutschlands: ,,Wie Bethlehem in Juda, klein und groß", sagte Goethe. Heute ist Weimar eine Provinzstadt der DDR mit gutgepflegten ,,nationalen Gedenkstätten" und einem gewissen musealen Grundcharakter. Ihr mythenbildender Glanz scheint noch nicht ganz erloschen.

Kurz vor seinem Tode hatte ich mit Wieland Wagner in Bayreuth ein Gespräch, welches mir dies bestätigte. Er sagte wörtlich: ,,In der Bundesrepublik fehlt ein Weimar. Ich würde so gerne in Bayreuth einen Ersatz schaffen. Nicht nur wegen der übermächtigen Musik meines Großvaters, sondern weil mir Bayreuth, als Sterbeort Jean Pauls und als architektonisches Juwel des 18. Jahrhunderts, geeignet erscheint, ein musischer Mittelpunkt zu werden, wie es Weimar einmal war."

Aber zurück zu meinem Weimar-Besuch mit Nora! Unbefangen teilt sie mir aus Bonn mit, daß sie im D-Zug aus Ost-Berlin spätabends in Weimar eintreffen wird, und um Abholung bittet. Das Hotel „Elephant" hatte in freudiger Erwartung eines so prominenten Gastes das beste Zimmer mit Bad, Telefon und Fernseher für sie reserviert. Nur, ein Taxi zu finden, um sie vom Bahnhof abzuholen, erwies sich als unmöglich. In meiner Not fragte ich die Empfangsdame. Sie kannte den Fahrer eines Lastwagens, der gerne bereit war, nach Feierabend auszuhelfen – wohl wissend, daß es sich lohnen würde.

So holperte ich in dem Ungetüm spätabends zum düsteren, menschenleeren Bahnhof. Aus der Ferne sehe ich schon die elegante Nora aus dem Zuge steigen. „Gibt es einen Gepäckträger?" ruft sie mir atemlos zu. Mein LKW-Fahrer springt ihr zu Hilfe, und zu Noras Verblüffung besteigen wir, mitsamt allen Koffern, seinen riesigen Lastwagen. Nach der umständlichen Fahrt ist Nora vom Komfort des Hotels angenehm überrascht. Mir fällt ein Stein vom Herzen, denn irgendwie fühle ich mich für diese Stadt, die einmal ein Stück Heimat war, verantwortlich.

Am nächsten Morgen stelle ich fest, daß Nora verschwunden ist. Ich finde sie versonnen auf einer Bank im Park vor Goethes Gartenhaus wieder. Lachend rufe ich ihr, den Dichter zitierend, zu: „Übermütig sieht's nicht aus, dieses kleine Gartenhaus!" Nora antwortet mir versonnen: „Dieses kleine Haus ist das Herzstück Europas."

Ich erzähle ihr eine Anekdote aus meiner Familie: Der alte Herr Geheimrat Goethe pflegte alljährlich am Ostersonntag seine Enkeltochter Alma zum Eiersuchen hierher einzuladen. Unter ihren Gespielinnen befanden sich auch stets meine Urgroßmutter Cécile Gersdorff und der Großvater meines Mannes, Georg Werthern. Als dieser ein dickes Zuckerei fand, kniff Goethe ihn in die Backe mit den ganz unpoetischen Worten: „Immer fressen, fressen, mein Junge!"

Nora ihrerseits berichtet mir sichtlich ergriffen, daß sie schon in aller Frühe die Sarkophage Goethes und Schillers in der Fürstengruft auf dem alten Friedhof besucht habe.

Gemeinsam schlendern wir durch die Stadt. Wir besichtigen Goethes würdiges Stadthaus, das stilvolle Wittums-Palais und die Landesbibliothek mit ihrem großen Rokoko-Mittelsaal, den büstengeschmückte Galerien umlaufen. Wieder heraustretend, hören wir durch die Fenster des benachbarten ehemaligen „Fürstenhauses", der heutigen Franz-Liszt-Musikhochschule, die eifrigen Tonübungen der jungen Studenten. Nun überqueren wir den geräumigen Marktplatz mit dem Cranach-Haus und gelangen durch gewundene alte Gassen zur Herderkirche. Sie ist außen und innen renoviert. Wir wandern weiter, kommen in die ehemaligen Wohnviertel, vorbei an ungepflegten, verwahrlosten Privathäusern, und finden schließlich das wohlbekannte Elternhaus meiner Mutter in der Straße „Ackerwand", neben dem langgezogenen rosa „Haus der Charlotte von Stein".

Hier nun, in meinem Großelternhaus, haben meine Eltern 1911 geheiratet. Meine Mutter, eine geborene Wedel, brauchte sich – dank der Heirat mit meinem Vater Clemens Graf Wedel – nicht erst an einen neuen Namen zu gewöhnen. Obwohl Namensvettern, waren sie nur ganz entfernt miteinander verwandt.

Von der Hochzeitsgesellschaft gibt es ein interessantes Foto, aufgenommen vor dem Hause der Frau von Stein. Mein Vater ist in der weißen Uniform des 4. Kürassierregiments zu sehen, mit hohen schwarzen Lackstiefeln und einem mächtigen „Pallasch"-Korbsäbel in der Hand. Meine Mutter trägt ein hochgeschnürtes weißes Seidenkleid und einen dichten Spitzenschleier. Die zarte Weimarer Großmama, Marie Gräfin Wedel, geb. Gräfin Beust, ist in hellem Atlas gekleidet. Bei der Hochzeit ihrer Tochter wirkt sie wie eine zerbrechliche alte Dame, dabei ist sie erst 56 Jahre alt. Daneben die gestrenge Mutter meines Vaters, Gräfin Konstanze Wedel, geb. Freiin von Falkenstein, in hochgeschlossenem schwarzem Taft, mit Häubchen und Goldschmuck. Beide Großmütter waren seit einigen Jahren verwitwet.

Weiter erkenne ich auf dem Bilde den weltgewandten Vetter meines Vaters, Botho Graf Wedel, damals kaiserlich-deutscher Botschafter in Wien, mit seiner schönen Frau Isa, die einen riesigen, auch für heutige Begriffe hocheleganten Strohhut mit Straußenfedern trägt. ,,Er ist aus Paris und hat 120 Goldmark gekostet", raunte man sich in der Familie zu.

Dann Carl Wedel ,,Onkel Carl" genannt, in prächtiger, mit Orden bedeckter Uniform, zu seinen Füßen der Dackel des Hauses, zur Feier des Tages mit einer großen Seidenschleife am Halsband. Onkel Carl, kaiserlich-deutscher Statthalter von Elsaß-Lothringen, mit einer Schwedin verheiratet und kinderlos, war der geliebte Erbonkel meines Vaters. Als hannoverscher Offizier nach 1866 zunächst eine gescheiterte Existenz, lebte er einige Zeit bei seiner Schwester in Österreich, bis er sich entschloß, in preußische Dienste zu treten – wohl in der Erkenntnis, daß nur Preußen imstande sei, die deutschen Kleinstaaten zu einer größeren Reichseinheit zusammenzuschließen. Dieser Schritt war damals eine Ungeheuerlichkeit, fast ein Verrat am ehemaligen Königreich Hannover.

Onkel Carl machte seinen Weg, zunächst als Militärattaché, dann als Generaladjutant der drei deutschen Kaiser, weiter als deutscher Botschafter in Rom und Wien und schließlich als Statthalter von Elsaß-Lothringen.

Mein Vater verbrachte hin und wieder seine Ferien bei ihm und Tante Stephanie, geb. Gräfin Hamilton, im Statthalterpalais in Straßburg. Als er dann schließlich als ältester Neffe die Erbschaft des Onkels antrat, wurden wir mit Tausenden von wappengeschmückten Gläsern, silbernen Tafeldekorationen, Porzellan und prunkvollen Möbeln überschüttet. Mein Vater benutzte die Erbschaft, um meine Schwester und mich damit auszusteuern. Er ließ riesige silberne Vögel, Körbe und Schüsseln einschmelzen und die notwendigen Bestecke für uns herstellen, denn es gab in diesen Jahren kein Neusilber zu kaufen.

Onkel Carl pflegte bei großen Empfängen in Straßburg wappenverzierte silberne Streichholzschachteln und Notizblöcke mit Silberstiften zu verschenken. Tante Stephanie kam eines Tages auf die originelle Idee, einen französischen Priester im Gefängnis zu

besuchen, der wegen antideutscher Umtriebe verurteilt war, und ihm eine solche kleine Silberschachtel als Erinnerungsstück zu schenken, was einen politischen Skandal in Berlin auslöste.
Onkel Carl war wegen seiner Güte und Toleranz auf seinem Posten sehr beliebt, gerade weil er kein säbelrasselnder Preuße war. Noch kürzlich entdeckte ich seine Spuren, als ich in Straßburg Gast des Europarates und des Europäischen Parlaments war. Bei einem Empfang des Oberbürgermeisters von Straßburg, Monsieur Pflimlin, erinnerte ich diesen vorsichtig an jene Zeit. Pflimlin reagierte freundlich und erzählte mir, daß meine Tante Stephanie seinerzeit in Straßburg ein Kinderheim gestiftet habe, das noch jetzt existiert und ihren Namen trägt.
Bei seiner Verabschiedung im Jahre 1913 erhielt Onkel Carl den Fürstentitel, der mit einer riesigen Ernennungsurkunde verbunden war, welche in einem normalen Handkoffer kaum Platz gefunden hätte – den schweren Silberbehälter für das kaiserliche Siegel nicht eingerechnet.
Welch ein Gegensatz zu der lapidaren Mitteilung Friedrichs II. von Preußen an den gemeinsamen Vorfahren meiner Eltern, Anton Franz Freiherr von Wedel, im Jahre 1776! Auf einem vergilbten Stück Pergament liest man nur die Worte: „Mon cher chambellan, je vous nomme Comte."
Aber zurück zum Hochzeitsbild der Eltern. Die vier hübschen Schwestern meiner Mutter waren natürlich auch dabei. Marie, die schönste, sitzt im langen Kleid mit Samthalsband auf dem Rand des Rokoko-Brunnens vor dem Hause. Sie war lange Jahre Hofdame der deutschen Kronprinzessin und heiratete 1916 einen Onkel meines Mannes, Freiherrn von Werthern-Bacha. Die Kronprinzessin richtete ihr im Potsdamer Marmorpalais die kleine Kriegshochzeit aus und hielt selbst die Rede auf das Brautpaar. Sie und „Maritzi", wie sie von ihr genannt wurde, blieben ihr Leben lang, auch in schlechten Tagen, engste Vertraute.
Die zarte, gebildete Weimarer Großmama in hellem Atlas verkörpert ihrerseits noch die nachklassische Weimarer Zeit. Zwei von ihr verfaßte historische Theaterstücke aus der Vergangenheit des Thüringer Landes gingen mehrmals über die Weimarer Bühne, wofür sie eine vom Großherzog gestiftete Medaille für Verdienste

um Kunst und Wissenschaft erhielt. Ihre unter dem Pseudonym „Marie Witilo“ erschienenen lyrischen und epischen Gedichte kommen uns heute etwas sentimental und pathetisch vor. Gut pointiert und witzig sind dagegen ihre Verse, mit denen sie allerlei menschliche Schwächen aufs Korn nahm. Sie sind in der Familie unvergessen und werden gelegentlich noch zitiert. Genau wie heute noch Geschichten in der Familie umlaufen, in denen Großmamas Zerstreutheit, mittels deren sie, die sich gern in sich selbst zurückzog, eine amüsante Rolle spielt.
Ihre Ehe mit meinem aus Hannover stammenden Großvater war ungewöhnlich harmonisch und glücklich. Oskar Wedel machte am Hofe Carl Alexanders von Sachsen-Weimar-Eisenach schnell Karriere und wurde schließlich Oberhofmarschall, was im damaligen Weimar mit seinen vielfältigen geistigen und gesellschaftlichen Beziehungen ein interessanter und verantwortungsvoller Posten war.
Darüber hinaus wurde das Wedelsche Haus ein Anziehungspunkt für Künstler. Die Maler Stanislaus und Leopold von Kalckreuth – nacheinander Direktoren der Kunstschule – gingen hier ein und aus. Franz Liszt, der von Großmama sagte: „Sie bezaubert und inspiriert“, und Camille Saint-Saëns haben hier viele Male gespielt. Unter den Zuhörern saßen der junge Siegfried Wagner, die beiden Goethe-Enkel, von denen Walter selbst komponierte, und die Schriftsteller Hans Christian Andersen und Ernst von Wildenbruch. Auch Jenny von Pappenheim-Gustedts berühmte Enkelin – die Schriftstellerin Lily Braun – gehörte zu den Gästen im Hause meiner Großeltern in der „Ackerwand“ Nr. 23.
Die Großeltern schwärmten für Bayreuth und besuchten während der Festspiele alljährlich die Familie Wagner in Haus Wahnfried. Richard Wagners Tod inspirierte meine Großmutter zu folgenden Versen:

Venedig schlummert in schweigender Nacht,
die alten Paläste, sie träumen
von herrlicher Vorzeit entschwundener Pracht, –
wie Geisterhauch weht's aus den Räumen.
Und sieh', vor dem stolzen Palast Vendramin

zieht feierlich ernst eine Gondel dahin,
wie ein schwarzer Schwan durch die Wogen.
Wen fährst', Gondeliere, du? welch schweigsamen Gast?
,,Ich führ' einen Wandrer zur ewigen Rast,
fern kam er von Norden gezogen."

Der Tote schlummert in sicherer Hut,
die Ruder sich lautlos bewegen.
Doch horch, was ist das? In nächtiger Flut
die Wellen sich wunderbar regen.
Sind Wassergeister dort unten erwacht?
Ist's Rauschen der See? Hat des Sturmes Macht
die Geister der Lüfte entboten?
Der Wind und die Wellen, die singen ein Lied,
das mächtig erbrausend die Nacht durchzieht,
als klagten sie all um den Toten.

Denn hier entschlief, von der Wanderung müd,
sie kennen ihn alle, die Geister,
er hört' ihre Stimme, er lauscht' ihrem Lied,
er hat sie beherrscht als ihr Meister.
Und tönen ließ er in seinem Gesang,
was in dem Wind, in den Wogen erklang
und des Waldes geheimnisvoll Weben.
Der Frühling, das Meer und der strömende Rhein,
sie mußten ihm all' ihre Stimme verleihn,
zu künden ihr innerstes Leben.

Großen Anteil nahm Großmama Marie Wedel an dem, was man damals ,,die soziale Frage" nannte. Für soziale Probleme hatte sie einen scharfen Blick und versuchte auf vielfache Weise, Ausgleich und Hilfe zu schaffen. ,,Eine in die (konservative) Kreuzzeitung eingewickelte Sozialdemokratin", so nannte man sie spöttelnd. Eine Rangerhöhung ihres Mannes regte sie zu folgender Glosse an:

Es ist das Höchste, was der Mensch erreicht,
der strebend hoch und immer höher steigt.
Denn wäre Goethe nicht Exzellenz gewesen,
wer würde heut noch seine Bücher lesen?
Die Exzellenz macht weiblich selbst den Mann.
Das ewig Weibliche zieht uns hinan!

Ich fragte mich, was mich im Laufe meines Lebens immer wieder auf Weimar hingewiesen, nach Weimar hingezogen hat. Seit frühester Kindheit hörte ich den Namen dieser Stadt aus dem Munde meiner Mutter mit besonderer Betonung ausgesprochen. Seit ich Weimar persönlich kennenlernte, begriff ich die geheime Anziehungskraft, das geistige Fluidum dieses Ortes, die in einer sich ständig verändernden Welt immer bestehengeblieben sind.
Ich zeichne hier die Lebensgeschichte meines Urgroßvaters Carl Anton Graf Wedel auf, dessen Jugend in die Napoleonische Zeit fiel und der später der Schwiegervater der zarten, geistvollen Großmama in Weimar wurde.

2
Lebenserinnerungen von Graf Wedel

Die Lebenserinnerungen meines Urgroßvaters mütterlicherseits, Carl Anton Graf Wedel, sind ein wertvolles Zeitbild des großen Napoleonischen Feldzuges nach Rußland (1812/13), der in seiner Schauerlichkeit Berichten über Kriegserlebnisse der heutigen Zeit nicht nachsteht.

Carl Anton Wedel schildert seine Kriegserlebnisse so realistisch und lebendig, daß man meint, sie direkt aus seinem Munde zu hören. Er selbst, eine in sich ruhende Persönlichkeit von gesundem Selbstbewußtsein, gutherzig, hellwach, dabei scharf und objektiv beobachtend, findet immer wieder die Kraft, alles Groteske und Grausige des Krieges gelassen zu ertragen. Neben dieser Veranlagung hilft ihm seine außergewöhnlich widerstandsfähige Natur, extremste Situationen und härteste Anforderungen zu bestehen.

Sein Vater, Erhard Gustav Graf Wedel, lebt als Offizier mit der Familie in Norddeutschland. Er war mit der Tochter eines alten Haudegens, des Oberst von Goetz, verheiratet. Dieser Schwiegervater hatte eine sehr simple Meinung über das Leben der Menschen auf dieser Erde: Nach seiner Meinung war die Welt nur wegen der Soldaten da. Außer diesem Ehrenstand gab es noch Landjunker, die, wenn gastfrei, auch gute Reiter und Jäger sein mußten. Auf alle übrigen Stände sah er mit Mitleid herab: „Dintenklexer, Krämer, Bauern ...“ Die Gelehrsamkeit sei nichts als dummes Zeug, sie umnebele den gesunden Menschenverstand. Und: „Mädchen sollen im allgemeinen Bibel und Gesangbuch lesen können.“ Schreiben sei schon von Übel und führe nur zur Liebesbriefschreiberei! Trotz allem war Oberst von Goetz ein kreuzbraver Mann, der keinem Menschen etwas zuleide tat – ein liebevoller Gatte und Vater ..., so urteilt sein Enkel.

Carl Anton zog es nun vor, nach der Schulzeit Rechtswissenschaften in Göttingen zu studieren. Sein Vater, nach Preußens verlorenem Krieg zur Untätigkeit verdammt, tritt wegen erheblicher Existenzsorgen 1809 schließlich in holländische Dienste und bezieht eine Wohnung im Schloß von Utrecht. Er läßt seinen Sohn nachkommen, der nun an der dortigen Universität studiert. Die ihm fremden Gebräuche der Studenten behagen ihm nicht, so lebt er wenig mit ihnen und dafür mehr in seinem Elternhaus. Der Ort der Begegnung für Familie und Freunde in Holland ist der ,,Teetisch", ähnlich wie für die heutige Welt die ,,Cocktailstunde".
Ab sechs Uhr abends fand man die Familie zu Hause versammelt, jeder Freund des Hauses konnte unangemeldet erscheinen und wurde herzlich begrüßt. Tee und Butterbrot, das war das einzige, was man den Gästen anbot. Die Hausfrau saß vor einer mächtigen blankgeputzten Teemaschine, der Hausherr gemächlich rauchend im Lehnstuhl, die Töchter des Hauses servierten den Tee.
Carl Anton schreibt in seinen Erinnerungen: ,,Anfang Juni 1810 kam der König von Holland, Louis Bonaparte, nach Utrecht. Ich war gerade 20 Jahre alt. Im französischen Frack mit frisiertem, gepudertem Haar und einem mächtigen Haarbeutel führte mich mein Vater in den Audienzsaal des Schlosses. Nach wenigen Minuten kam ein Kammerherr herein und meldete: ,Le roi vient', und wies die Anwesenden an, sich in einem Halbkreis aufzustellen, worauf alsbald der König erschien und der Reihe nach mit jedem sprach. Der König war klein, von dunkler Gesichtsfarbe, schwarzem, glattem Haar und, obwohl erst Ende der Dreißig, von kränklichem und schwächlichem Aussehen. Er hatte ein freundliches, Zutrauen erweckendes Gesicht und trug eine einfache Uniform.
Mein Vater bat für mich um eine Anstellung als ,auditeur au conseil d'état' in Amsterdam. Der König fragte mich, wie alt ich sei, was ich studiert habe und dergleichen mehr, und sagte schließlich laut: ,Nun gut – ich ernenne Sie zum Auditeur im Staatsrat, um einen Expedienten in deutschen Sachen zu haben.' Darauf befahl er, meine Anstellung zu notieren und mir ein Patent auszufertigen."
Jedoch wurde nichts aus dieser Ernennung in Utrecht. Kurze Zeit

später dankte Louis Bonaparte ab, und Holland vereinigte sich mit Frankreich. Familie Wedel gehörte mit einem Schlage zu den französischen Untertanen, und Napoleon brauchte mehr Soldaten als Auditeure.

Gleich seinem Vater erhielt Carl Anton Anfang 1811 ein Schreiben vom französischen Kriegsminister, in dem er aufgefordert wurde, sich in Boitzenburg als ,,sous-lieutenant" zu melden.

Carl berichtet weiter: ,,Da ich nun einmal Soldat war, auch dachte, daß unter den bestehenden Verhältnissen die militärische Karriere die glänzendste und beste sei, so wollte ich was Tüchtiges leisten und warf mich mit Fleiß und Eifer auf die Erlernung des neuen Berufes. Jung, kräftig, gewandt, ein guter Reiter, mit gesundem Verstand begabt, der französischen Sprache mächtig, konnte es mir an gutem Willen nicht fehlen, bald ein guter Cavallerie-Lieutenant zu werden. Fast alle Nationen waren in diesem Corps vertreten, eine wahrhaft europäische Armee! Im ganzen waren es tapfere, kriegserfahrene Soldaten, jeden Augenblick bereit, ihr Leben für nichts zu achten und es an irgendein Wagnis zu setzen. Dabei aber rohe, wüste Leute, wenn sie hoffen konnten, ungestraft zu bleiben; kurz, Soldaten, wie sie sich in langen Kriegen bei laxer Disziplin bilden. Zu diesen alten Legionären wurden geübte Cavalleristen aus hamburgischen und westfälischen Regimentern als Stabsoffiziere gefügt."

Ende Februar 1813 läßt Napoleon Carl Antons Regiment an die Weichsel rücken. Weiter geht es nach Ostpreußen, direkt an die russische Grenze, wo man das Eintreffen der gesamten Heeresmacht abwartet. Hier wird Carls Regiment unter den Oberbefehl des Königs von Neapel, Joachim Murat – Napoleons Schwager und Marschall von Frankreich –, gestellt.

,,Murat war stets auf eine eigentümliche und phantastische Weise gekleidet. Er ritt einen sehr edlen Schimmel und trug eine sogenannte polnische Kutka von hellblauem Sammet, die bis aufs Knie reichte, mit goldnen Schnüren besetzt. Dazu dunkelrote Mameluken-Hosen mit goldnen Tressen, weiße Stülphandschuhe und einen dreieckigen Generalshut mit weißen Federn. Auf seinem Pferd lag ein sogenannter Froschsattel von rotem Sammet und eine Schabracke von derselben Farbe, mit Gold gestickt. Der Hals

des Königs war bloß, ein ausgezackter Kragen von weißem Zeug fiel über den niedrigen Umschlag der Kutka zurück. Ein starker, schwarzer Backen- und Schnurrbart gab seinem Gesicht mit den lebhaften Augen und regelmäßigen Zügen einen besonders kriegerischen Ausdruck. Sonderbar kontrastierten damit die goldenen Ohrringe, und hinter jedem Ohr eine langherabhängende Korkenzieherlocke. Zuweilen trug er auch ein Barett mit Brillantagraffe und hohem Reiherbusch. Nur einzelne Male habe ich ihn in Marschallsuniform gesehen. Murat besuchte fast täglich die Vorposten. Dabei ließ er den Leuten Wein und Brot reichen. Viele Anekdoten wurden von seiner Leutseligkeit erzählt. Diese und seine verwegene Bravour machten ihn zum Abgott der Soldaten.
Was anfangs die Grenze überschritt, belief sich auf mehr als 450000 Mann, welche durch nachrückende Truppen auf 645000 Mann mit etwa 1400 Kanonen vermehrt wurden.
Drei Viertel des Heeres bestanden aus Nationen, deren wahren Interessen der beginnende Krieg schnurstracks entgegenstand. Viele waren sich dessen bewußt und wünschten in der Tiefe der Brust mehr den Russen als sich selbst den Sieg. Und dennoch war jede Truppe brav und focht am Tage der Schlacht, als gelte es ihren eigenen höchsten Zielen. Nur die Polen glaubten, für ein wiederhergestelltes Vaterland zu kämpfen."
Der hoffnungslose Eroberungskrieg des Korsen geht zu Ende. Carl Anton gerät in zweijährige Gefangenschaft, die ihn durch ganz Rußland treibt. Seine Befreiung hat er den schönen Augen seiner Schwester zu verdanken:
Am 13. Februar 1814 wird Carl Anton zum Gouverneur Pandsulicheff befohlen, der ihn höflich empfängt. Dieser teilt ihm mit, daß der Justizminister und Präsident des Petersburger Senats, Fürst Lopoukyn, dessen Sohn ein Bewunderer seiner Schwester war, seine sofortige Entlassung befohlen habe. Geld und Paß seien ihm zu übergeben sowie ein Befehl an alle Poststationen, ihm auf Kosten des jeweiligen Gouverneurs die nötige Anzahl von Pferden vor seinen Schlitten oder Wagen zu spannen. Er möge seine Heimreise vorbereiten und einen Schlitten und warme Kleidung kaufen.
Im April 1814 kehrte Carl Anton in seine Heimat Ostfriesland

zurück. Er wurde bald Regierungspräsident in Osnabrück und später Kultusminister im Königreich Hannover.
Er stellte, wie meine Vorväter in Weimar und Dresden, in den Revolutionstagen 1848 sein Amt zur Verfügung.
Carl Anton Wedel verbrachte seine letzten Lebensjahre in Hannover und starb dort 1853 im Alter von 63 Jahren. Es lohnt sich, etwas über den weiteren Lebensweg seiner erst 48jährigen Witwe Wilhelmine, Freiin von dem Bussche, mit der er in zweiter Ehe verheiratet war, zu erfahren. Ihre drei Söhne waren noch nicht alle erwachsen. Sie war von Hause aus unbemittelt, da ihr Vater, ein ehemals zwar begüterter, aber leichtsinniger westfälischer Edelmann, als Gesandter des napoleonischen Königreichs Westfalen am russischen Kaiserhof viel Geld verbraucht hatte, so daß seine bei Osnabrück liegenden Güter zusammengeschrumpft waren.
So suchte Wilhelmine, nachdem alle Söhne das Haus verlassen hatten, nach einem neuen Wirkungskreis. Die Großherzogin Sophie von Weimar bot der sympathischen Witwe den vakant gewordenen Posten einer Oberhofmeisterin an. So siedelte Wilhelmine 1859 nach Weimar über.
Einmal an das Hofleben gewöhnt, wurde sie nun gebeten, Staatsdame bei der Königin von Hannover, der Gemahlin des blinden Königs Georg V., zu werden. Gut zwei Jahre später, im Jahre 1866, nach dem für Hannover unglücklich endenden Krieg gegen Preußen, wurde das Königshaus abgesetzt. Wilhelmine begleitete die königliche Familie in das österreichische Exil.
Weimar sollte dann das Domizil ihrer letzten Lebensjahre werden. Ihr Sohn Oskar stand ab 1860 im Dienste des Großherzogs Carl Alexander und heiratet wenig später die Tochter des Oberhofmarschalls Hermann Graf Beust, meine zarte Großmama, die Dichterin „Marie Witilo“.
Sohn Ernst wird später als hervorragender Reiter und Pferdekenner zum Oberstallmeister an den Hof nach Weimar berufen. Noch mit Ende siebzig war meine Urgroßmutter Wilhelmine Wedel eine repräsentative Erscheinung. Ihr Sohn Oskar, mein Großvater, ließ sie malen. Wir sehen eine alte Frau, die viel erfahren, viel durchlebt, ihren inneren festen Kern aber ebenso bewahrt hat wie ihre Zuversicht und ihr herzliches Interesse an der Umwelt. Wür-

de und Menschlichkeit vereinigen sich in ihrem Antlitz. Von ihrem verstorbenen Gatten, mit dem sie 23 Jahre glücklich verheiratet war, pflegte sie zu sagen: ,,Schön war Wedel nicht, o Gott, nein, aber so gescheit und angenehm."

3
Weimars Reformminister Freiherr von Gersdorff

„Die Jahre der Napoleonischen Herrschaft hatten in Deutschland die Wende zum Staatsdenken und zum Nationalbewußtsein gebracht. In den Restaurationstagen von 1815 bis 1848 bildeten sich in den Staaten des Deutschen Bundes Reformbewegungen heraus, die auf eine Änderung der politischen Ordnung zielten." (Aus: „Fragen an die Deutsche Geschichte".)
„Indessen ist unsere Zeit von der Art, daß nur der, welcher Geist und Mut hat, um sich ihr zu assimilieren, um ihre Winke zu verstehen und ihren Tendenzen voranzugehen, sich in ihr wohlbefinden kann. Wer sie fürchtet oder haßt, kommt zu kurz, und zu spät auf jeden Fall käme, wer ihren Wellen gebieten wollte, sich zu legen!" (Gersdorff)

Ich möchte das Mosaik meiner Familiengeschichte mit der Erzählung über einen meiner Vorfahren fortsetzen, der sein ganzes Leben im Dienste eines kleinen Duodezfürsten verbrachte, mit meinem Ururgroßvater mütterlicherseits, Ernst-Christian August Freiherr von Gersdorff, der als bedeutender Staatsmann – so wird er heute gesehen und verstanden – nach dem Wiener Kongreß eine Verfassung für das Großherzogtum Sachsen-Weimar-Eisenach erarbeitete, die 1816 in Kraft trat. Sie gilt unter Verfassungshistorikern als die erste freiheitliche Verfassung in Deutschland, denn zum erstenmal werden hier in einem deutschen Gesetz „Staatsbürger" genannt, denen gewisse Grundrechte gewährleistet werden. Und zum erstenmal werden auch „Volksvertreter" erwähnt. Herzog Karl August von Weimar bat Gersdorff, ihn als Vertreter seines Landes 1815 zum Wiener Kongreß zu begleiten und dort offiziell aufzutreten, nachdem Goethe aufgrund seines Alters auf die beschwerliche Reise verzichtet hatte. Hier nun sollte Gersdorff eine wichtige Rolle spielen. Er zählte zu jener Zeit 33 Jahre und

war bereits Mitglied des ,,Geheimen Consiliums" und ,,Kammerpräsident" in Weimar. Wo stammte er her, und was führte ihn an den Hof des kleinen thüringischen Staates?
Ernst Gersdorff wird 1781 in Herrnhut bei Zittau in Sachsen geboren. Herrnhut war eine Niederlassung der ,,frommen Brüder vom gemeinsamen Leben", Flüchtlingen aus Böhmen, die zur Zeit des Großvaters Ernst Gersdorffs durch Landschenkung des Grafen Nikolaus Ludwig Zinzendorf eine neue Heimat erhalten hatten. Graf Zinzendorf, Gutsherr evangelisch-pietistischer Prägung, blieb der geistige Vater der ,,Brüdergemeine". Diese übte zu jener Zeit eine besondere Anziehungskraft auf die Umgebung und besonders auf die Gutsbesitzer aus. Sie veräußerten teilweise ihren Landbesitz, um sich ganz den strengen Forderungen des Brüderlebens zu unterwerfen, so auch die Großeltern von Ernst Gersdorff.
Brüder und Schwestern dieser Gemeinde trugen die gleiche Tracht, sie erhielten nach ihrem Tode alle den gleichen Grabstein. Die ,,Brüdergemeine" wirkte über Deutschlands Grenzen hinaus und gründete Kolonien in Dänemark und England. Dank der Landschenkung eines Vorwerks vom Großvater Gersdorff wurde von der ,,Brüdergemeine" in Niesky ein Pädagogikum gegründet und eingerichtet, das bis 1945 bestand.
Nach seinen Schul- und Studienjahren, Ende des 18. Jahrhunderts, wurde Ernst Gersdorff stark von den Ideen des Neuhumanismus geprägt. Sein Freiheitsbegriff stammte aus dem Idealismus, der in der Zeit der Aufklärung die ,,persönliche Freiheit" als Naturrecht des Individuums anerkannte.
Karl August von Weimar berief ihn wegen seiner ,,bekannten Gelehrsamkeit und Geschäftigkeit" schon 1810 an die Seite von Goethe in sein ,,Geheimes Consilium". Und nun sollte es sich zeigen, daß er dieses Land in seiner Bedeutung lebenslang prägte.
Nach dem Zusammenbruch des Napoleonischen Kaiserreichs versuchte ein zerrissenes Europa auf dem viele Monate dauernden Kongreß in Wien, eine neue Friedensordnung zu schaffen. Zunächst gelang es Gersdorff, den thüringischen Kleinstaat gebietsmäßig zu vergrößern und zum Großherzogtum zu erheben.
Rasch wurde man nun auf den geistreichen Politiker aufmerksam.

Während die „Großen" über ihr Schicksal nachdachten, sammelten sich die Repräsentanten der kleinen Länder um den Weimarischen Minister, um die Vertretung ihrer Interessen gegenüber den großen Ländern durchzusetzen.
Schon die Kongreß-Instruktionen, die von Karl August und Gersdorff erarbeitet wurden, sind deutlich auf einen beispielgebenden Staatsumbau gerichtet. Das Thema der Schaffung einer Verfassung zeichnet sich deutlich ab. Gedanken wie: „Beförderung des Wohls des gemeinsamen deutschen Vaterlandes", „Kräftigung des föderativen Bandes, unter Garantie des Bundes oder Reiches" zielen auf gewisse Ansätze einer staatsbürgerlichen Mitwirkung des Volkes ab.
In Gedankengemeinschaft mit den Großen jener Zeit – Stein, Hardenberg, Humboldt – arbeitete Gersdorff an einem Reformwerk, das eine Stufe auf dem schwierigen Wege der modernen deutschen Staatsentwicklung wurde. Sein Reformwerk bedeutete: Umwandlung der alten feudalen Staatsform in ein modernes Repräsentativsystem. Es entstand „das Grundgesetz über die Landständische Verfassung des neu entstandenen Großherzogtums Sachsen-Weimar-Eisenach".
Damit hatte das kleine Land seiner Bevölkerung gegenüber Wort gehalten mit dem Versprechen, eine Verfassung mit modernen repräsentativen Institutionen zu schaffen. Inhaltlich legte die Verfassung unter anderem das Recht des Landtags auf Steuerbewilligung, auf entscheidenden Anteil an der Gesetzgebung sowie auf uneingeschränkte Pressefreiheit fest. Dieses große Reformwerk, das auf Gersdorffs Initiative und in Zusammenarbeit mit einer ständischen Beratungsversammlung entstand, machte Weimar als eines der ersten europäischen Länder zum modernen Verfassungsstaat. In anderen deutschen Staaten – besonders in Preußen – waren eher rückläufige Tendenzen festzustellen.
Weimar, das beim Wiener Kongreß noch notgedrungen Mitglied des Napoleonischen Rheinbundes war, hatte als großes Ziel nichts weniger im Auge als die politische Einigung der deutschen Nation.
Gersdorffs Lebensziel war nicht die Wiederherstellung des vorher Bestehenden – das hieße Restauration –, sondern die Einführung

einer Verfassung, die auch für alle deutschen Staaten jener Zeit Gültigkeit haben könnte. Er mahnte, den Prozeß der Einigung zu fördern, da die Regierung dem Volk während der Freiheitskriege gegen Napoleon – als Dank für die gebrachten Opfer – eine Beteiligung an der Regierung durch gewählte Vertreter versprochen hatte. Doch das Ziel, die Niederwerfung Napoleons, verzögerte die Erfüllung des Versprechens.
Mein Vorfahre meinte, der wahre Triumph läge nicht darin, eine von oben angeordnete Verfassung zu erlassen, sondern in Beratungen mit dem Volk eine zeitgemäße Verfassung zu schaffen. Das Wort „Untertan" wandelte er hinfort in den Begriff „Staatsbürger" um.
So war die Eröffnung des ersten Landtages durch den Großherzog Karl-August im Jahre 1817 in Schloß Dornburg an der Saale ein historisches Ereignis.
Gersdorff arbeitete in der Stille weiter an kleineren Reformen, wie zum Beispiel der Einrichtung einer Zentralstelle zur Vereinheitlichung der Finanzverwaltung und der Einführung einer Einkommensbesteuerung, wobei seine These lautete: „Der Reiche soll viel, der Arme wenig zahlen!"
Wie ist nun aber das persönliche Schicksal dieses Mannes verlaufen? Nach seiner kurzen Ehe mit Amalie Luise von Damnitz, die bei der Geburt seines Sohnes 1811 starb, heiratete er 1816 Diana Gräfin von Pappenheim, eine junge Witwe, die mit einer dreijährigen Tochter seit 1815 bei ihrer älteren Schwester, der Generalin von Egloffstein, in Weimar lebte. Diana, eine sanfte Schönheit, hatte eine außergewöhnliche „affaire" hinter sich, die viele Zungen in Bewegung setzte.
Aus einer der großen deutsch-elsässischen evangelischen Familien, den Waldner von Freundstein, stammend, deren Grundbesitz und Einkünfte infolge der Französischen Revolution stark vermindert worden waren, folgte sie (die vierte von sieben Geschwistern) im Herbst 1804 ihrer Schwester Isabelle, die eine Hofdamenstelle bei der regierenden Herzogin Luise bekleidete, nach Weimar. Im Alter von 16 Jahren wurde sie Hoffräulein bei der eben dem Erbherzog Karl Friedrich vermählten Großfürstin Maria Paulowna, der Schwester Zar Alexanders I.

Diana gewann durch Anmut, Anpassungsfähigkeit und vollendetes Betragen das Herz ihrer 18jährigen Herrin, die sie bald als ihre vertraute Freundin betrachtete.
Im September 1806 wurde Diana die Gattin Wilhelm Rabes von Pappenheim, Kammerherr am Weimarischen Hofe, kurfürstlich-hessischer Major und Erbe des schönen Besitzes Stammen nördlich von Kassel. Trotz des Altersunterschiedes von über zwanzig Jahren war es von beiden Seiten eine Liebesheirat.
Der erste Sohn des Paares, Gottfried, wurde 1807 in Weimar, der zweite, Alfred, 1808 bereits in Kassel geboren. Dorthin hatte der 1806 von Napoleon eingesetzte König des neugebildeten Königreichs Westfalen, dessen Bruder Jerôme, im Volksmund „König Lustig" genannt, das Pappenheimsche Ehepaar berufen. Alle im ehemaligen Kurhessen geborenen Landbesitzer mußten dorthin zurückkehren.
Pappenheim wurde Oberhofmarschall und erhielt den Grafentitel, allerdings weniger um seinet- als um seiner schönen Frau willen. Jerôme wünschte dringend, sie als Palastdame der Königin in seiner Nähe zu haben. Sein leicht entzündbares Herz war für Diana entflammt, und sie vermochte den stürmischen Werbungen des feurigen Korsen nicht lange zu widerstehen. Das 1811 geborene Töchterchen Jenny war nicht mehr Wilhelms, sondern Jerômes Kind, was aber Dianas gutes Einvernehmen mit der vorerst kinderlosen Königin Katharina, einer württembergischen Prinzessin, nicht störte. Obwohl sie die Herkunft der kleinen Jenny kannte, hielt Katharina das Kind über die Taufe und bewahrte ihr auch weiterhin ihre Sympathie.
Ende 1813 geht aus dieser Liaison eine zweite Tochter hervor, die in aller Heimlichkeit in dem Schlößchen Schönfeld bei Kassel geboren wird, während die russischen Truppen, nach der gewonnenen Schlacht von Leipzig, vor den Toren der Stadt standen und der Hof Jerômes geflohen war. Die Neugeborene, Pauline von Schönfeld genannt, wurde heimlich nach Paris gebracht und in ein Kloster geschickt, in welchem Pauline später Ordensschwester wurde. Diana hat dieses Kind nie wiedergesehen.
Für Diana folgte das schwerste Jahr ihres Lebens. Pappenheim, der schon früher Stadien geistiger Umnachtung gehabt hatte,

wünschte, im Schloß Stammen dahindämmernd, seine Frau immer um sich zu sehen, deren Herz zwischen Mitleid und Entsetzen schwankte. Zudem stellten sich ihre Schwiegereltern, denen ihre Affaire mit Jerôme nicht unbekannt geblieben war, feindlich gegen sie. Sie erreichten es, daß ihre beiden Söhne, fünf und sechs Jahre alt, von ihr entfernt und zu einem Pastor in Pension gegeben wurden.

Wilhelm Pappenheims Tod, im Januar 1815, war für ihn selbst ebenso wie für Diana eine Erlösung. Nun konnte sie nichts mehr im Stammen halten. Sie entschied sich für Weimar und sollte es nicht bereuen. Ihre Schwester Isabelle, eine herzliche und resolute Person, hatte 1808 den Major August von Egloffstein geheiratet und lebte mit Mann und Kindern in einem behaglichen Heim.

In der wuchtigen Reisekalesche, braun lackiert und mit schwarzen Rädern, die sie einst von Weimar nach Stammen gebracht hatte, rollten Diana und die kleine Jenny – das einzige Kind, das sie von vieren behalten durfte – nun wieder nach Weimar zurück. Liebevoll von den Egloffsteins aufgenommen und von der Außenwelt abgeschirmt, konnte die Erschöpfte sich nach und nach erholen und von dem Erlebten Abstand gewinnen.

Wie aber würde Diana von der Weimarer Gesellschaft empfangen und aufgenommen werden? Denn auch hier wußte jedermann von ihren „Eskapaden", und wer es nicht wußte, dem verrieten die dunklen Locken, die großen, schwarzen Augen und der bräunliche Teint der kleinen Jenny den Vater aus dem Stamm der Bonapartes.

Anläßlich einer Hofcour wurde Diana von der Erbgroßherzogin Maria Paulowna herzlich begrüßt, in die Arme geschlossen und als Freundin willkommen geheißen mit der Bitte, daß Jenny die Spielgefährtin ihrer zwei kleinen Töchter werden möge. Damit war Dianas frühere Stellung in der Gesellschaft gesichert.

Im Sommer 1815 war Gersdorff der schönen Witwe begegnet. Sehr bald verlobten sich die beiden. Seine Menschenkenntnis sagte ihm, daß er in dieser ungewöhnlich anziehenden jungen Frau die ihn ergänzende Lebensgefährtin finden würde. Wegen seines Aufenthaltes beim Kongreß in Wien konnte die Hochzeit erst im Januar 1816 stattfinden. An der Trauung nahmen außer den näch-

sten Verwandten der Großherzog und die Großherzogin, der Erbherzog und die Erbherzogin und auch Goethe teil.
Unvereinbares schien sich mit dieser Ehe zu vereinbaren. Pharisäertum lag Gersdorff fern. Die Herrnhuter Enge war für ihn längst einer weltoffenen Liberalität gewichen. Eine Kusine von Diana, Caroline Egloffstein, gibt in einem Brief an einen Freund die allgemeine Meinung von Weimar, „tout Weimar", wieder, in dem sie von der Eheschließung der verwitweten Diana mit dem höchstinteressanten, geistreichen und gelehrten Minister Freiherrn von Gersdorff berichtet.
Und daß die Ehe glücklich geworden ist, schreibt Caroline an ihre Schwester: „Diana lebt jetzt im höchsten Ansehen, sozusagen auf Händen getragen; es ist, als ob sie mit dem Namen Gersdorff alles andere abgeschüttelt hätte." 28 Jahre sollte diese Ehe dauern, die beiden zum Segen wird. Gersdorff nahm die zwei Söhne Pappenheims als Kameraden seines Sohnes aus erster Ehe, Karl, ganz zu sich und ebenso die Tochter Jenny. 1821 wird dem Paar eine Tochter geboren, die sie Cécile tauften – meine Urgroßmutter.
Gersdorff blieb für seine große Familie, seine Kinder und Stiefkinder, der tonangebende Mittelpunkt. Diana schreibt dankbar und stolz von ihm: „Man halte nicht für anmaßend, wenn ich hier ausspreche, daß Napoleon meinen Mann, den Minister Ernst August Gersdorff, als einen der geistvollsten Staatsmänner der Gegenwart bezeichnet hat – er ist nur zu bescheiden und liebt es nicht, wenn man von seinen Verdiensten um das Vaterland spricht." Für ihn stand der Staat im Dienste für Freiheit und Würde des Menschen. „Gersdorff war eine konservative Persönlichkeit, die sich dem Bewahrenswerten ebenso verpflichtet wußte wie zeitgemäßen Reformen, die er als notwendig erkannte.
Wenn Gersdorff auch nur in einem kleinen Duodezfürstentum wirken konnte, so stellte dieses doch den geistigen Mittelpunkt Deutschlands dar. Die hier zutage tretenden geistigen und politischen Potenzen, welche sich in den Namen Goethes, des Großherzogs Karl-August, des Freiherrn vom Stein und Gersdorffs ausdrücken, sind in ihrem Zusammenhang bisher wenig betrachtet worden. Das Verbindende der Kräfte, die zur Entwicklung des Rechtsstaates in Deutschland führten, sollten verstanden werden,

um den im 18. und im beginnenden 19. Jahrhundert wirkenden ‚Geist von Weimar' richtig begreifen zu können."*

Mitten in seiner Arbeit für eine neue Gesetzgebung legte Gersdorff während der Revolutionstage von 1848 sein Amt als Staatsminister nieder.

Mich beeindruckt die Betrachtung dieses Lebens und Wirkens meines Vorfahren immer wieder. Bis zu seinem Ende 1852 gelten seine Gedanken der deutschen Einheit. Noch kurz vor seinem Tode arbeitet er an einer „Denkschrift über Preussens erbliche Pairschaft".

---

* aus: G. Chr. von Unruh, Reformen im Sinne des Freiherrn vom Stein außerhalb Preußens, Zeitschrift „Die Verwaltung", 1980, Heft 3.

Das Geburtshaus der Mutter in der Straße „Ackerwand" in Weimar. Rechts das langgezogene Haus der Charlotte von Stein.

Die Urgroßeltern: Carl Anton Graf Wedel, Staatsminister im Königreich Hannover, mit seiner Frau Wilhelmine, geb. Freiin v. d. Bussche, und Söhnen.

Diana Freifrau von Gersdorff, verw. Gräfin Pappenheim, geb. Freiin Waldner von Freundstein.

Der Urgroßvater Ernst-Christian August Freiherr von Gersdorff, Staatsminister im Großherzogtum Sachsen-Weimar-Eisenach.

Urgroßvater Friedrich Hermann („Fritz") Graf Beust, General-Adjutant des Großherzogs Carl Alexander von Sachsen-Weimar-Eisenach.

Cécile Gräfin Beust, geb. Freiin von Gersdorff.

Urgroßvater Johann Paul Freiherr von Falkenstein, mehrfacher Minister und Ministerpräsident des Königreichs Sachsen.

Die Großeltern aus Großzschocher: Clemens Graf Wedel und seine Frau Konstanze, geb. Freiin von Falkenstein.

Die dichtende Großmutter „Marie Witilo" aus Weimar, Marie Gräfin Wedel, geb. Gräfin Beust.

Hochzeit der Eltern Clemens Graf Wedel und Pauline („Pally"), geb. Gräfin Wedel in der „Ackerwand" in Weimar im Jahre 1911.

4
Graf Beust – Augenzeugenbericht eines Weimarer Hofmannes

Beim Aufräumen meiner Bibliothek fällt mir ein kleines, unauffälliges Buch mit vielen vergilbten Blättern in die Hand. Jahrelang hatte es unbeachtet sein bescheidenes Dasein zwischen anderen Büchern gefristet. Ich blättere in den ersten Seiten und entdecke, daß es die Erinnerungen meiner Urgroßeltern, Graf und Gräfin Beust aus Weimar, sind, der Eltern meiner ,,zarten, geistvollen Großmama", der Gräfin Wedel.

Sie selbst hat diese Lebensgeschichte herausgegeben. Die treulich wiedergegebenen Briefe des Urgroßvaters lassen einen noblen und begeisterungsfähigen Mann erkennen, der das Bedürfnis hat, die Eindrücke seines unruhigen Lebens immer von neuem seiner Frau mitzuteilen. Bewußt oder unbewußt schildert er stets nur die guten Seiten der Mitmenschen – immer freudig bereit, Leistungen anderer anzuerkennen. Seine Welt zweifelt er nicht im geringsten an. Als liebenswerter Charakter erscheint er mir in seinen Briefen, in denen er seine Epoche mit ihren großen Ereignissen fast naiv und unbekümmert beschreibt.

Ich will versuchen, einiges aus diesen Briefen und Erinnerungen festzuhalten. Sie geben der Nachwelt ein lebendiges Bild der zweiten Hälfte des vorigen Jahrhunderts mit ihren Umwälzungen und Kriegen, in der die deutschen Fürstentümer sich schließlich zu einer Reichseinigung unter Preußens Führung zusammenfanden.

1813 wurde Friedrich Hermann Graf Beust, genannt Fritz, in Altenburg in Thüringen geboren. Da er seine Mutter früh verloren hatte, verbrachte er seine Kindheit im Hause des Großvaters, des Kanzlers des kleinen deutschen Fürstentums Sachsen-Altenburg, des Freiherrn von Trützschler, desselben, der das ,,Freiadelige Magdalenenstift", eine spartanische Erziehungsanstalt für junge Mädchen, in Altenburg gründete, dem er zeitlebens als Propst

beratend zur Seite stand. Er konnte nicht ahnen, daß seine beiden Ururenkelinnen – meine Schwester Viktoria und ich – dereinst im 20. Jahrhundert die gleiche Erziehung mit ihren harten Prinzipien dort genießen sollten.
In der Kadettenanstalt in Dresden erzogen, die ihn entscheidend formte, behält Fritz Beust zeitlebens die gleiche bescheidene Haltung, die ihm geholfen hat, manche Unbilden seines späteren Lebens gelassen zu ertragen.
Im Frühjahr 1837, mit 24 Jahren, nahm Beusts Schicksal eine entscheidende Wendung. Ganz überraschend trug ihm der neunzehnjährige Erbgroßherzog Carl Alexander von Sachsen-Weimar, der spätgeborene Sohn Maria Paulownas, die Stellung eines Adjutanten an, die den Grundstein zu einer Verbindung und Freundschaft legte, die fast das ganze Jahrhundert hindurch bis zu beider Tode unerschüttert fortdauern sollte.
Fritz Beust, dem Ehrgeiz und Berechnung fernliegen, fällt aus allen Wolken, und seine Reaktion ist eher negativ: „Ich passe doch gar nicht nach Weimar, an diesen Musenhof, wo Schiller und Goethe gelebt haben!“ – Wird man von ihm Verse, geistvolle Aussprüche, Kunstkennerschaft erwarten? Von diesem frohgemuten Reiteroffizier, der schweren Herzens von seinen Kameraden Abschied nehmen soll?
Doch bald finden wir ihn in bester Stimmung als jungen Hofkavalier in Wilhelmsthal, dem Sommersitz des Hofes im Thüringer Wald bei Eisenach – wohlwollend aufgenommen vom Großherzog, mit mütterlicher Liebe empfangen von Maria Paulowna.
Doch die Hauptperson ist für Fritz Beust sein „junger Herr“, Carl Alexander. Ihre Naturen sind von Hause aus sehr verschieden. Der Prinz, fünf Jahre jünger als sein Adjutant, stand in der Nachgoethezeit unter künstlerischen Einflüssen, die von seiner Mutter lebhaft unterstützt wurden. Auf ihn, den Sohn einer russischen Großfürstin, der von dem Schweizer Soret erzogen worden war, hatten auch ausländische Bildungselemente eingewirkt. Carl Alexander ist ein feinsinniger Idealist, immer bemüht, Gutes zu tun, immer bestrebt, sich fortzubilden und die Künste nach Kräften zu unterstützen. Die derbe Diesseitigkeit seines Großvaters Karl August, Goethes lebenslangen Freundes, fehlt ihm ganz.

Was die beiden jungen Männer sofort verbindet, ist die gleiche innere Haltung, die gleiche Aufrichtigkeit, die gleiche Höflichkeit des Herzens. So stellt sich schnell ein volles gegenseitiges Vertrauen ein.
Im sogenannten Silbernen Weimar, dem nachklassischen Weimar, herrschte in jenen Tagen ein reges geselliges Leben. Das Großherzogtum hatte durch die europäischen Beziehungen seines Fürstenhauses einen kosmopolitischen Charakter erhalten, der nicht im Widerspruch stand zu der Tradition des ,,klassischen Weimar", das nach wie vor viele Fremde anzog. Es gab ein kleines Diplomatisches Corps, bestehend aus Angehörigen einer russischen und einer französischen Gesandtschaft, der sich 1830 durch die Heirat der Schwester Carl Alexanders, Augusta, mit dem preußischen Prinzen Wilhelm – dem späteren deutschen Kaiser – auch eine preußische Gesandtschaft zugesellte.
Glanz und Großzügigkeit trugen die ausländischen Frauen der Weimarer Fürsten in die kleine Residenz, wenn man sich vergegenwärtigt, daß seinerzeit die junge Maria Paulowna, aus Rußland kommend, in orientalischer Pracht, von Kamelen begleitet, ihren Einzug in Weimar hielt, oder später Sophie, die reiche Oranierin, als Gattin des Erbgroßherzogs Carl Alexander von Sachsen-Weimar über die nötigen Mittel verfügte, um in Weimar auf kulturellem wie auf sozialem Gebiet segensvoll zu wirken.
Vorerst wird ein Reiseprogramm entwickelt. Beust begleitet den Erbgroßherzog nach Wien, wo sie dem allmächtigen Kanzler Metternich – man schreibt das Jahr 1839 – begegnen. Beide jungen Männer sind hingerissen vom österreichischen Charme und bewundern vor allem die österreichische Armee, die sie ,,unstreitig für die eleganteste Europas" halten. Nach einigen, ihnen zu Ehren gegebenen Festen in der Hofburg reisen sie nach Ungarn weiter, wo sie dem Erzherzog-Palatin ihre Aufwartung machen. Reisen nach England an den Hof der jugendlichen Königin Victoria und nach Holland, dessen Königin Anna Paulowna eine Schwester Maria Paulownas ist, folgten.
Im Jahre 1840 findet Beust die Frau seines Lebens in Cécile, der anmutigen Tochter des Weimarischen Staatsministers Freiherrn von Gersdorff. Die Verlobung sollte jedoch wegen der vielen

dienstlichen Verpflichtungen des Bräutigams noch eine Weile geheimgehalten werden. Während der folgenden Reisen, bei denen Beust seinen Herrn begleiten muß, entwickelt sich ein lebhafter Briefwechsel zwischen den Brautleuten, die uns Nachkommen lebendige Eindrücke der damaligen Welt vermitteln.

Im März 1841 reisen Carl Alexander und Beust mit weiterer Begleitung nach St. Petersburg, wo die Hochzeit des russischen Thronfolgers Alexander, des späteren Zaren Alexander II., mit Marie von Hessen-Darmstadt gefeiert werden soll. Glanz und Herrlichkeit von nie gesehener Pracht blenden die Gäste in der Metropole des Zarenreiches. Besonders beeindruckend wirken auf die beiden jungen Reisenden die militärischen Schauspiele, die sie in gleicher Großartigkeit noch nie gesehen haben. Neben glänzenden Galauniformen waren es vor allem die malerischen Trachten und wilden Erscheinungen der Kosaken und Tscherkessen, die das Interesse auf sich zogen und die dem russischen Heer ein so fremdartiges Gepräge gaben.

Kein Zweifel, hier befand man sich im mächtigsten Reich Europas, an dessen Größe der korsische Eroberer zerschellte wie die Woge am Felsen. In wohltuender Weise jedoch vereinigte sich die Machtentfaltung nach außen mit einem einfachen, herzlichen Familienleben im Inneren des Zarenpalastes. Zar Nikolaus I., gewaltiger Herrscher aller Reussen, vor dessen Stirnrunzeln Europa erzitterte, war seiner Frau Charlotte Prinzessin von Preußen, der liebenswürdigen Tochter König Friedrich Wilhelms III. und der Königin Luise von Preußen, und den Kindern ein liebevoller Ehemann und Vater. Seinen Neffen Carl Alexander aus Weimar betrachtete er als Sohn des Hauses.

Mit Strenge jedoch hielt er die Zügel des Staates in der Hand, obwohl die Regierungszeit seines Vorgängers und Bruders Alexanders I. schon vom Geist der Reformen und Verfassungsentwürfe bestimmt gewesen war.

Die Tage vor der Hochzeit des Thronfolgers werden mit Besichtigungen der Sehenswürdigkeiten St. Petersburgs ausgefüllt: der Kathedralen, der berühmten Bibliothek, der Wohltätigkeitsanstalten, Kasernen und Kadettenhäusern, der Eremitage und des Winterpalais – monumentalen Bauten aus der Zeit Peters des Großen und Katharinas II. Über die Hochzeitszeremonie berichtet Beust an seine Braut: „Unser Erbgroßherzog hielt während der Feier die Krone über dem Haupt des Bräutigams, während der junge Prinz von Hessen die Krone über dem Haupt der Braut, seiner Schwester, hielt."

Dieser Prinz von Hessen, Alexander, heiratete später das Hoffräulein seiner Schwester, Gräfin Julie Haucke, die er während der Hochzeitsfeierlichkeiten in St. Petersburg kennengelernt hatte. Am Hofe von Petersburg und Darmstadt war man über diese unstandesgemäße Heirat tief bestürzt. Den Kindern, die aus dieser morganatischen Ehe hervorgingen, wurde von ihrem Großvater, dem Großherzog Ludwig II. von Hessen, der Titel eines/r „Prinzen/Prinzessin von Battenberg" verliehen, benannt nach dem Eder-Städtchen Battenberg, wo der Großherzog von Hessen-Darmstadt ein Jagdschlößchen hatte. Das zweite Kind aus dieser Ehe, Sohn Ludwig Alexander, wurde später Englands erster Seelord. Auf Wunsch des englischen Königs Georg V. hatte er zuvor seinen Namen Battenberg in Mountbatten geändert. (Aus dieser Familie ist auch der Gatte der englischen Königin Elisabeth II., Prinz Philip, hervorgegangen.)

Nach zahllosen Festlichkeiten, Banketten, Couren und Galabällen an den darauffolgenden Tagen zogen die Neuvermählten nach Moskau, wo sie feierlich Einzug in die alte Zarenstadt hielten. Beust schreibt seiner Braut: „Moskau ist prächtig, so imposant, als dass eine Beschreibung, namentlich von einer Feder wie der Meinen, auch nur entfernt genügen könnte. Während ich dies schreibe, habe ich von meinem Fenster eine im Kreml gelegene Kirche mit zwölf runden, goldenen Kuppeln vor Augen, auf jeder Kuppel ein kolossales goldenes Kreuz."

Als er diesen Brief versiegelt, ahnt er nicht, daß Cécile, seine Braut, schon auf dem Wege zu ihm ist. Bald werden sie einander begegnen, und zwar auf eine so einzigartige Weise, daß die Geschichte noch von Enkeln an Urenkel weitererzählt wird.

Am 23. Juli 1841 trifft das Weimarer Großherzogspaar zum Besuch des kaiserlichen Bruders und Schwagers auf dem russischen Dampfschiff „Bagathyr" im Hafen von Kronstadt ein. In ihrem Gefolge befindet sich auch Cécile Gersdorff. Zar Nikolaus I. mit

Familie und Begleitung, darunter auch Beust, eilt seinen Verwandten in einer ,,Pirocaphte" (Barkasse) entgegen, um seine Schwester in die Arme zu schließen.
Unter so vielen Zuschauern kann sich das Brautpaar nur in der zurückhaltendsten Weise begrüßen, denn die Verlobung war immer noch geheim. Kaum jedoch hatte Nikolaus, noch nicht lange an Deck des Schiffes, von seiner Schwester Maria Paulowna unter dem Siegel der Verschwiegenheit erfahren, daß ein Brautpaar unter ihnen sei, als er auch schon mit lächelndem Blick auf den jungen Beust zueilt – ihn, ehe dieser wußte, wie ihm geschah, mit seinen herkulischen Armen aufhebt, ihn wie ein Kind durch die erstaunte Menge trägt und zu Füßen seiner errötenden Braut niederlegt. Man lachte schallend, und mit dem Geheimnis war es nun vorbei.
Auf des Zaren Befehl wurde das Brautpaar bei der Tafel stets nebeneinander plaziert. Überdies ließ er den Bräutigam jedesmal wissen, wann die gestrange Oberhofmeisterin mit Maria Paulowna ausgefahren war. Lächelnd sagte er dann zu dem Verlobten: ,,J'espère que vous avez profité de l'absence de la comtesse." Fritz und Cécile verlebten glückliche Tage in Schloß Peterhof, wo es ländlicher zuging und man sich zwangloser bewegte als in der Hauptstadt.
Nach alter Sitte des Zarenhofes wurden dem Gefolge bei Fürstenbesuchen Schmuck und Orden überreicht. Cécile Gersdorff erhielt als Verlobungsgeschenk vom Zaren ein besonders schönes Brillant-Diadem mit Saphiren. Dieses Diadem erbte meine Mutter. Heute ist es in meinem Besitz, als mir sehr liebe Erbschaft der Vergangenheit.
Zum Abschluß aller Hochzeitsfeierlichkeiten gab es einen Ball, zu dem auch die ausländischen Damen in russischem Nationalkostüm, dem pelzverbrämten Sammetüberkleid mit lang herabhängenden weißen Ärmeln über einem Unterkleid von Atlas und dem so kleidsamen Kopfputz, dem ,,Kokochnik" mit Schleier, erscheinen mußten.
Im Frühjahr 1842 reiste Carl Alexander mit seinem Adjutanten nach Holland, um sich mit Sophie, der Tochter des Königs Wilhelm I. von Oranien, zu verloben. Der König versammelte seinen

Hof und proklamierte kurzerhand: ,,Comme roi et comme père je vous déclare promis."
Im Herbst wurde die Hochzeit des Erbgroßherzogs mit Sophie in Amsterdam gefeiert. Zum Abschluß der Zeremonie brachten Gesangvereine ihre Ovationen dar, und Herren der Hofgesellschaft begleiteten die Vermählten zu Pferde bis zu den Toren der Stadt. Zu Schiff fuhr das junge Paar von Rotterdam der neuen Heimat entgegen.
An der Grenze des Großherzogtums Sachsen-Weimar-Eisenach begrüßten ein Oberhofmeister, eine Oberhofmeisterin, ein Kammerherr und ein Hoffräulein die Neuvermählten. In Eisenach waren es dann schon dreißig Festmarschälle zu Pferde, eine Abteilung Husaren und acht blasende Postillone, nicht zu vergessen die Ehrenjungfrauen ... Erhebend war der Besuch auf der nahen Wartburg, wo beim Durchschreiten des Tores vom Turm der Choral ,,Nun danket alle Gott" geblasen wurde.
Schließlich folgte der Einzug in die Hauptstadt des kleinen Landes selbst. Zwanzig Jungfrauen in niederländischer Tracht und ebenso viele in altweimarischer Bauerntracht begrüßten vor den Toren von Weimar das junge Erbgroßherzogspaar. Die Bürgerschaft schenkte einen großen offenen Wagen, in den sich die Prinzessin setzte, während ihr Gatte nebenher ritt. Stadtrat und Bürgerschaft schlossen sich dem Zuge an, und schließlich begrüßten Großherzog und Großherzogin ihre Kinder im Schloß. Ein Festgottesdienst am Nachmittag und ein Hofkonzert am Abend beschlossen die Einzugsfeiern.
Bei diesem Konzert spielte auch der 30jährige Franz Liszt, und zwar so hinreißend schön, daß die russische Großherzogin und die holländische Erbgroßherzogin von ihren Plätzen aufsprangen und, am Flügel stehend, dem Künstler abwechselnd das Notenblatt wendeten.
Im November 1842, genau vier Wochen nach der Amsterdamer Hochzeit, heirateten Fritz Beust und Cécile Gersdorff im Beisein der ganzen Hofgesellschaft. Eine getönte Zeichnung des Paares hat sich erhalten. Der Bräutigam in der Galauniform seines Regimentes ist groß und hager; seine langen, dünnen Beine stecken nach damaliger Mode in engen Röhrenhosen. Seine Schläfenhaare

sind in die Stirn gebürstet. Die großen blauen Augen blicken freudestrahlend auf die liebliche kleine Braut an seinem Arm. Glattes, in der Mitte gescheiteltes Haar umrahmt das sanfte Oval ihres regelmäßigen Gesichts, und die Taille über der sich bauschenden Krinoline ist so schmal, daß ihr Erwählter sie mit beiden Händen umfassen könnte.

Nach der Heimkehr von einer kleinen, in einer Kutsche zurückgelegten Hochzeitsreise zu sächsischen Verwandten bezog das junge Paar den zweiten Stock eines dem Schlosse benachbarten Hauses. Oft jedoch wurden die jungen Eheleute, denen in den nächsten Jahren zwei Söhne und eine Tochter geboren wurden, auf Wochen getrennt. Beust, inzwischen zum Hofmarschall des ,,jungen Hofes" ernannt, hatte weiterhin als Adjutant den Erbgroßherzog auf dessen häufigen Reisen zu begleiten.

Im Mai 1845 fährt man nach Paris an den Hof des Bürgerkönigs Louis Philippe, der mit seiner großen Familie das Schloß von Neuilly bewohnt. Mein Urgroßvater schreibt: ,,Der König setzte uns schnell à son aise, die Königin erscheint mir höchst ehrwürdig, und Madame Adelaide, die Schwester des Königs, ist gescheit und munter in der Konversation. Beim Diner legte der König einige Gerichte selbst vor. Später erklärte er uns die Bilder des Schlosses."

Mit der Herzogin von Orléans, einer Kusine Carl Alexanders, fährt man über Sèvres nach Versailles, vorbei an den Wasserspielen hin zu den mit Menschen dicht gefüllten Gärten nach Trianon. Danach fand in dem kleinen Theater von Petit Trianon eine Vorstellung statt.

,,Der König ließ die nette kleine Oper ,,Le Déserteur", geben. Bei der Arie, die mit den Worten endet: ,,Vive le roi, le gracieux roi!", wurde lebhaft geklatscht, so daß sich der König erhob und nach allen Seiten freundlich dankte." So erzählt Beust, und niemand ahnt an diesem Sommertag, daß schon drei Jahre später dieser letzte Bourbone mit seinen Söhnen für immer von der politischen Bühne würde abtreten müssen.

Vorläufig genießen die zwei Weimaraner alles, was Paris an Sehenswürdigkeiten zu bieten hat. Sie besichtigen den Invalidendom mit dem Sarkophag Napoleons: ,,Die vielen Kriegskrüppel hier, die einen Kultus mit ihrem General und Kaiser treiben", lassen dem gütigen Beust die Tränen in die Augen treten. Sie gehen in eine Oper, nehmen an einer Sitzung im Institut der Wissenschaften teil, und der Großherzog empfängt die Minister Thiers und Guizot.

Auf verschiedenen großen Festen lernen die zwei Reisenden auch die hervorragendsten Schriftsteller und Künstler kennen. Den Dichter Victor Hugo schildert Beust als einen ernsten Mann von sehr verhaltenem Wesen. Sie treffen den Maler Horace Vernet, den Schriftsteller Graf Ségur, der über die Napoleonischen Feldzüge geschrieben hat, den Komponisten Adam und andere Berühmtheiten. Auch besuchen sie die inzwischen altgewordene Madame Récamier, bei der sie ihren ergrauten Freund Chateaubriand antreffen. Seine Konversation erschöpft sich in Klagen über das jetzige Frankreich. „Pauvre France, pauvre France", murmelte er immer wieder, als schaue er mit dem Seherblick des Dichters in eine trübe Zukunft.

Dieser Verwandtenreise nach Frankreich folgte 1847 eine Fahrt nach England, wo das erbgroßherzogliche Paar mit seinem Hofmarschall Beust am Hof von Windsor gastlich aufgenommen wurde. Mit dem greisen Lord Wellington, dem Sieger von Waterloo, trafen sie häufiger zusammen. Wellingtons Söhne hatten Weimar mehrmals besucht. Tatsächlich war das nachklassische Weimar von einem ständigen Strom ausländischer Besucher bevölkert, die den Spuren der großen Geister nachgingen.

Eine eindrucksvolle Feier erlebten die Reisenden an der Universität von Cambridge, die den englischen Prinzgemahl Albert zum Kanzler erwählt hatte. Die vielbejubelte Königin Victoria fuhr aus diesem Anlaß zum Trinity-College und nahm dort auf einem Thronsessel Platz. Durch die Tür, ihr gegenüber, am anderen Ende des Saales, trat kurz darauf Prinz Albert herein, in einem schwarz-goldenen Gewande mit langer Schleppe. Er verneigte sich vor der Königin und verlas ihr seine Rede. Danach begrüßte sie die Wahl ihres Gemahls zum Kanzler und ließ sich von sämtlichen anwesenden Würdenträgern die Hand küssen. Die Feier schloß mit einer Preisverleihung und einem Festmahl für 350 Gäste.

Das Jahr 1848, das aufgrund des politischen Umbruchs auch das „tolle Jahr in Europa" genannt wurde, entfesselte viele Kräfte des Aufruhrs. Weimar besaß zwar die erste deutsche freiheitlich-demokratische Verfassung, trotzdem konnte sich die kleine Welt der Residenz dem neuen Geist nicht entziehen; ging doch die Welle der Auflehnung Hand in Hand mit der Sehnsucht und dem Streben nach einer Einigung Deutschlands. Ein lärmender Volkshaufen erschien eines Abends vor dem Schloß. Gelassen trat der Großherzog ans Fenster und rief: „Wenn ihr etwas zu fordern habt, tut es bitte schriftlich. Euer Geschrei ist keine Art, ein Anliegen vorzubringen. Ich werde dann sehen, was ich tun kann. Für heute wünsche ich euch eine gute Nacht, so wie auch ich gedenke, gut zu schlafen." Seine ruhige Haltung verfehlte ihre Wirkung nicht – wenn auch die bisherigen Minister seines Kabinetts zurücktreten mußten.

Die Nachricht von der Revolution und dem Sturz des Königtums in Frankreich erregte lebhafte Teilnahme in Weimar.

Patrioten setzten ihre Hoffnungen auf die Frankfurter Nationalversammlung in der Paulskirche und die Wiedererrichtung eines deutschen Kaiserreiches. Aber als dem König von Preußen, Friedrich Wilhelm IV., von der Nationalversammlung die Kaiserkrone angeboten wurde, lehnte er sie ab, weil er an sein Gottesgnadentum glaubte und sie nicht aus der Hand des Volkes entgegennehmen wollte.

Im Jahre 1853 starb Großherzog Carl Friedrich, und sein Sohn übernahm die Regierung. Carl Alexander und Sophie bemühten sich nun intensiv um die Erhaltung und Fortführung von Weimars geistigem und kulturellem Erbe. Die halbverfallene Wartburg wird stilgerecht restauriert und von Moritz von Schwind ausgemalt. Das schöne Doppeldenkmal von Goethe und Schiller, geschaffen von Ernst Rietschel, wurde 1857 vor dem Theater aufgestellt.

Franz Liszt, bereits Hofkapellmeister „in außerordentlichen Diensten", bemüht sich mit Intensität und Erfolg, Weimar zu einem Mittelpunkt zeitgenössischer Musik zu machen, wobei er in dem großherzoglichen Paar die treuesten Verfechter seiner Bestrebungen findet. Er ist es, der die Uraufführungen der Opern „Lohen-

grin“ und ,,Der fliegende Holländer“ seines Freundes Richard Wagner in Weimar durchsetzt, der eine ,,Schumann-Woche“, eine ,,Berlioz-Woche“ veranstaltet – ganz abgesehen von seinen eigenen, in Weimar entstandenen symphonischen Dichtungen, ungarischen Rhapsodien und Oratorien.
Eine Kunstschule wird gegründet. Etwas später entsteht mit erheblicher finanzieller Beihilfe des Hofes ein Museum. 1869 wird der wuchtige Neu-Renaissancebau fertiggestellt, um Bilder von Thoma, Trübner, Uhde, Lenbach, Böcklin, Kalckreuth (Vater und Sohn) und später Liebermann, Rohlfs und anderen aufzunehmen.
Der letzte Goethe-Enkel, Walter (1818–1885), vermachte der Großherzogin Sophie in seinem Testament das Goethehaus samt all seinen Schätzen und Manuskripten, mit der Auflage, es als Nationalmuseum zu erhalten und der Öffentlichkeit zugänglich zu machen, ein Zeichen seines unbedingten Vertrauens in die kluge, gebildete Fürstin. Und sie hat sich dieser Aufgabe großzügig und gewissenhaft unterzogen. Nach ihrem Plan und auf ihre Kosten wurde der repräsentative Bau des Goethe-Schiller-Archivs zur Unterbringung aller Manuskripte Goethes und später auch Schillers errichtet. Er ist heute eine Forschungsstätte von internationalem Rang.
Außer dem nach ihr benannten ,,Sophienstift“, einer höheren Töchterschule, gründete die Großherzogin eine Krankenpflegerinnen-Anstalt, das ,,Sophienhaus“. Noch heute ist es das beste Krankenhaus Weimars und der meistgesuchte Hafen der ,,Mühseligen und Beladenen“.
Nach einem zweiten Sohn wird dem Ehepaar Beust 1855 eine Tochter geboren und erhält, als Patenkind der Großherzogin-Mutter, den Namen Marie. Sie wird meine Großmutter, ,,die zarte, geistvolle, dichtende Großmama in hellem Atlas“, so wie ich sie vom Hochzeitsbild meiner Eltern her kenne.
Zar Alexander II. von Rußland kam mit seiner deutschen Frau, Marie von Hessen-Darmstadt, mehrmals zu Besuch nach Weimar. Vor dem Tode der Großherzoginwitwe Maria Paulowna, im Jahre 1859, war es ihr noch vergönnt, ihren Neffen zu einem politischen Gespräch mit Kaiser Franz Josef von Österreich in

ihrem Witwensitz, Schloß Belvedere, zusammenzuführen. Österreich hatte während des Krimkrieges eine drohende Haltung gegenüber Rußland eingenommen. Hier in Belvedere konnte Maria Paulowna im Oktober 1857 eine Verständigung zwischen dem Zaren und dem Kaiser herbeiführen, die ganz Europa erleichtert begrüßte.

Das nun folgende Jahrzehnt brachte bedeutungsvolle Ereignisse, die schließlich zur Gründung des Deutschen Reiches führen sollten. Es begann mit der Einsetzung von Carl Alexanders Schwager Wilhelm, dem späteren Kaiser Wilhelm I., zum König von Preußen. 1866 versetzte der Krieg zwischen Preußen und Österreich ganz Deutschland in höchste Aufregung. Zwischen Hannover, dem Bundesgenossen Österreichs, und Preußen kam es bei Langensalza zu einem blutigen Gefecht, in welchem Brüder und Vettern gegeneinander kämpften und schließlich Hannover kapitulieren mußte.

Auch in Weimar war die Stimmung geteilt; die einen wünschten den Österreichern, die anderen den Preußen den Sieg. Von wem hing das Heil für Deutschland ab, so fragte man sich bangen Herzens.

Beust erhielt den Auftrag, in das Hauptquartier der preußischen Armee in Böhmen zu eilen, um Preußen den Kriegsbeitritt Sachsen-Weimars anzutragen. Er war dort kein Unbekannter; der König begrüßte ihn wohlwollend, und Bismarck empfing ihn mit den Worten: „Ich freue mich, daß der Großherzog gerade Sie schickt, lieber Graf Beust. Sie werden nicht allzu weitläufig sein, und ich dächte, wir machten die ganze Unterredung bei einer Zigarre ab." In diesem leichten, munteren Ton verhandelte der große Staatsmann gern, und die Besprechung wurde mit einem für Weimar günstigen Ergebnis abgeschlossen. Noch vom Hauptquartier aus erlebte Beust die Schlacht bei Königgrätz und den Sieg Preußens.

Europa war nun eine kurze Zeit des Friedens beschieden. Frankreich eröffnete 1867 die Pariser Weltausstellung, die auch vom Großherzog Carl Alexander, in Begleitung Beusts, besucht wurde. Dies war der Abendsonnenglanz des französischen Kaiserreiches. Zum letzten Mal vor seinem Sturz entfaltete Napoleon III. seine ganze Macht und zeigte der Welt, wie er die ,,Grande Nation" an die Spitze der Zivilisation zu führen verstand.

Beust gewann einen sympathischen Eindruck vom Kaiser der Franzosen. Er fand dessen Auftreten würdig, obwohl er von sehr kleiner Statur war. Der verschleierte Blick der halbgeschlossenen Augen, die doch alles scharf beobachteten, entbehrte nicht eines gewissen Reizes und wirkte eigentümlich fesselnd. Entzückt war Beust von der Anmut und natürlichen Liebenswürdigkeit der Kaiserin Eugenie.

Während der Weltausstellung fehlte es nicht an Hoffesten, Theatervorstellungen und militärischen Schauspielen, bei denen sich die französische Armee in prunkvollen Uniformen und in vollem Glanz ihres alten und neuen, auf der Krim errungenen Ruhmes präsentierte. Während einer Parade, als Beust zu Pferde stundenlang neben dem Kriegsminister hielt, raunte ihm dieser zu, daß es für Preußen wohl ein Glück gewesen sei, daß der Krieg von 1866 nur von kurzer Dauer gewesen wäre. Einen längeren Feldzug mit größeren Strapazen hätten die preußischen Truppen niemals durchgestanden! So gesprochen drei Jahre vor 1870!

Denn in diesem Jahr zogen am politischen Horizont schwere Gewitter auf. Selten geschah dies so gewaltig und plötzlich wie im Jahre 1870, als der Krieg zwischen Preußen und Frankreich ausbrach. Die Nachricht traf das Land Weimar völlig unvorbereitet. Beusts ältester Sohn Carl ist als Berufsoffizier auf der Berliner Kriegsakademie vom ersten Tag an bei der kämpfenden Truppe. Thilo, der zweite Sohn, der sein juristisches Doktorexamen ,,cum laude" gemacht hat und zu der Zeit Regierungsreferendar war, meldet sich als Kriegsfreiwilliger, das heißt als einfacher Grenadier. Er schreibt an seine Eltern: ,,Es geht ein Zug durch die Geister, dem sich niemand verschließen kann. Es ist mir unmöglich, dem Feldzug müßig zuzuschauen. Von der Begeisterung, der Opfer- und Kriegsfreudigkeit, könnt Ihr Euch keine Vorstellung machen. Ich bitte Euch um Verzeihung, daß ich Euch solche Sorgen mache, aber wenn das Vaterland in Gefahr ist, darf sich kein Mann diesem Ruf entziehen."

Wenig später befindet sich Beust als General-Adjutant seines Großherzogs im Hauptquartier zu Mainz. Sie finden gastliche

Aufnahme beim Erzbischof Ketteler, dessen Liebenswürdigkeit und geistvolles Wesen Beust rühmt. Er schreibt an seine Frau: „So pflichtgetreuen Menschen, wie man sie hier beisammen sieht, kann der Segen Gottes nicht fehlen, wenn er uns auch mancherlei Prüfungen zugedacht haben sollte, ehe wir das Ende des großen Kampfes erreichen."

Bald kam die Siegesnachricht von Wörth. „Wir müssen Gott auf den Knien danken", schreibt Beust an Cécile, „die Stimmung in der Armee ist wundervoll." Unter dem 18. August schreibt er aus Pont-à-Mousson: „Das war gestern ein ermüdender Tag. Nachts zwölf Uhr erhielten wir Befehl, aufzubrechen und ritten fünf Meilen bis in die Nähe von Metz, wo abends zuvor ein sehr blutiges Gefecht wieder zu unseren Gunsten stattgefunden hatte. Wir blieben acht Stunden auf dem noch mit vielen hundert Leichen und Verwundeten bedeckten Schlachtfeld, immer gegenwärtig, jede Minute wieder loszuschlagen. Der Feind wich uns aber immer aus ...

Die Zeit war nicht verloren, da wir alle, jeder nach seiner Kraft, den unzähligen daliegenden Verwundeten Hülfe zu leisten suchten, wobei der Großherzog in rührender Weise, den ganzen Tag Wasser herbeischleppend, alle stärkte und unermüdlich durch Heranziehen von Trägern und Wagen sorgte, daß sie nach den Lazaretten gebracht werden konnten ...

Alle Offiziere versichern, daß das Schießen bei Königgrätz ein Kinderspiel im Vergleich zu dieser Schlacht gewesen sei. Wir sind heute mit dem König an der Landstraße wenigstens noch an 700 bis 800 bereits vor vier Tagen Gebliebenen vorbeigekommen und empfingen heute eine Deputation von französischen Ärzten, die uns sagten: ‚Ce n'est plus la guerre, messieurs, c'est une boucherie!', worauf wir ihnen freilich erwiderten, das sei nicht unsere Schuld ...

Auch wir hatten gestern die Ehre, mit dem König und dem Großherzog im Feuer zu sein ... Alle unsere Garde-Infanterie-Regimenter haben ihre Commandeure verloren, die Garde-Schützen ihre sämtlichen Offiziere ... Ich kann nur wiederholen, daß unser Großherzog, wo er nur kann und weiß, den Verwundeten hilft. Wir nehmen immer Frühstück und Wein mit, hungern aber, weil der Großherzog, wo er nur einen liegen sieht, hinläuft und ihn füttert und tränkt. Dabei ist er immer guten Mutes und mit allem zufrieden."

Am 1. und 2. September 1870 fand die große Entscheidungsschlacht von Sedan statt. Zwei deutsche Armeen schlossen die Stadt ein, und die Franzosen wurden gezwungen, sich nach tapferer Gegenwehr zu ergeben. Kaiser Napoleon, der sich in der mächtigen Festung befand, schickte als Parlamentarier einen General ins preußische Hauptquartier und ließ symbolhaft seinen Degen zu Füßen König Wilhelms niederlegen. Dieser antwortete mit einem kurzen Brief, den er auf der Satteltasche eines Adjutanten schrieb.

Über die Begegnung des Königs von Preußen mit seinem kaiserlichen Gefangenen berichtet mein Urgroßvater, Wilhelm habe dem tiefgebeugten Napoleon III. lange stumm die Hand gedrückt. Die französischen Generäle schienen unbeeindruckt und gaben sich laut und scheinbar heiter.

Wenig später erwähnte Bismarck gegenüber Beust, er habe während der Übergabe der Festung zwei Stunden mit Napoleon eine Zigarre geraucht und, da es geschmacklos gewesen wäre, mit ihm von Politik zu sprechen, während dieser Zeit ungefähr eine Unterhaltung mit ihm geführt, wie man sie mit einem jungen Mädchen hat, mit dem man zum ersten Mal den Kotillon* tanzt und das man wenig kennt . . .

König Wilhelm bittet nunmehr um einen Gottesdienst in der Dorfkirche von Ferrières. Die deutschen Fürsten, Offiziere und Soldaten des Regiments, das bei Sedan mit großen Verlusten gekämpft hatte, füllten die kleine Kirche. Statt der Orgel spielte die Militärmusik, die Predigt wäre „echt christlich und ergreifend" gewesen, schreibt Beust. Anfang Oktober siedelt das preußische Hauptquartier nach Versailles über. Paris ist nun von allen Seiten eingeschlossen.

Beust blieb es jedoch nicht erspart, dem Kriege das größte Opfer zu bringen, welches einem Vater abverlangt werden kann: den eigenen Sohn. Thilo hatte Anfang November bei einem Gefecht

---

* Gesellschaftstanz aus dem 19. Jh.

nordöstlich von Paris den Heldentod gefunden. Mit ihm erloschen die Hoffnungen der Eltern auf die Laufbahn eines Hochbegabten. Der Sarg mit seinem Leichnam konnte nach Weimar überführt und dort bestattet werden.
Carl, Thilos älterer Bruder, Oberleutnant in einem Ulanen-Regiment, wird nun auf Veranlassung des Großherzogs als Adjutant ins Hauptquartier kommandiert, wo er seinem Vater nahe sein kann.
Am 18. Januar 1871 ist mein Urgroßvater Zeuge der deutschen Kaiserproklamation in Versailles. Er schreibt an seine Frau: „Punkt zwölf Uhr traf der König, nicht etwa im Galawagen, sondern in seinem Reisewagen, im Schloß ein, empfangen von allen hier anwesenden deutschen Fürsten. Wir begaben uns sofort in die lange, prachtvolle galerie aux glaces, wo auf der einen Seite das ganze Offiziercorps – Preußen, Sachsen, Bayern, Württemberger – auf der anderen Seite die aus diesen Heeresteilen decorirten Mannschaften Spalier bildeten. Vor dem mittleren Fenster stand der Altar. Ihm gegenüber nahm der König* mit den Fürsten Platz. Militärchor und Militärmusik stimmten das ‚Jauchzet dem Herrn alle Welt' an. Dann sangen alle Anwesenden ‚Sei Lob und Ehr' dem höchsten Gott'. Nach der trefflichen Predigt des Pfarrers Gesang und Segen.
Hierauf verneigte sich der König vor der Geistlichkeit und schritt militärisch rasch zum Ende der Galerie, wo ein hohes Trittbrett angebracht war, auf dem die Fahnen- und Standartenträger standen. Der König begab sich auf die Mitte des Podests, umgeben von den Fürsten. Er verneigte sich und las eine kurze, treffliche Rede vor, wie er den Fürsten für ihr Vertrauen dankte und sich bereit erklärte, seine Proklamation an das deutsche Volk zu verlesen.
Als dies geschehen, trat der Großherzog von Baden vor und rief: ‚Es lebe Kaiser Wilhelm, hoch!', worauf denn ein namenloser Jubel und Schwenken der Helme stattfand. Dann eilte der Kaiser zuerst auf seinen Sohn zu, um ihn zu umarmen, worauf sich dieser vor ihm auf die Knie warf und ihm beide Hände küßte. Alsdann

* Wilhelm I. von Preußen

umarmte er den Großherzog von Sachsen-Weimar, seinen Schwager.
Nun machte das ganze Offiziercorps rechts um und defilierte, sich verbeugend, vor dem Kaiser, der nun von dem Podest stieg und an der ganzen Reihe der Mannschaften vorbeischritt, mit vielen redend, einigen besonders Decorirten die Hand schüttelnd. Es gab nur eine Meinung, daß das Ganze sehr würdevoll war und in sehr taktvoller Weise nicht ein Hoffourier zu sehen, sondern nur Soldaten."

Kurz darauf versuchten die Franzosen einen Ausfall aus Paris, der fehlschlug. Es begannen Waffenstillstandsverhandlungen. Unter dem 26. Januar 1871 schreibt Beust seiner Frau: „Wie ich Dir schon schrieb, ist Jules Favre wieder in Versailles, nachdem er vorgestern nach Paris zurückgekehrt war, woraus man doch schließen kann, daß er zu Unterhandlungen ermächtigt ist. Ein Umstand läßt dies auch in verstärktem Maße hoffen: Du weißt, daß, wenn auf der Jagd der Hirsch von den Hunden gepackt ist, der Jäger ein Halali bläst. Als gestern Bismarck mit Favre gesprochen und dann Sr. Majestät Bericht erstattet hatte, ging er an dem Zimmer vorbei, in welchem die Flügeladjutanten den Tee tranken, steckte nur den Kopf herein, pfiff Halali und verschwand wieder – recht originell wie alles, was Bismarck tut ... er würde aber doch den Witz nicht machen, wenn derselbe nicht einen realen Hintergrund hätte."

Am 2. März wurden die Friedensratifikationen unterzeichnet. Von dem Einzug in Paris berichtet Beust: „Soeben kehren wir aus Paris zurück, wo wir an der Spitze von 30000 Mann feierlich einzogen ... Die Pariser standen Kopf an Kopf, ohne einen Laut zu thun. Als wir aber am Arc de triomphe ankamen, fing das Volk auf einmal an, zu Tausenden uns auszupfeifen und fortwährend ‚Vive la république' zu rufen. Dazwischen schrien sie uns greuliche Schimpfworte zu, was wir lachend, ohne ein Wort zu erwidern, hinnahmen. Übrigens verhallte ihr Pfeifen dadurch, daß unsere sämtlichen Musikcorps spielten, und zwar denselben Marsch, mit dem wir 1815 in Paris eingezogen sind.

Fabelhaft mutig, ja herausfordernd, hat sich Bismarck benommen, der, als wir in Paris einzogen, uns schon als von da zurückkehrend, in voller Cürassier-Uniform, eine Zigarre rauchend, entgegengeritten kam. Er war nach der großen Revue in Longchamps allein hierhergeritten . . ."

Am 6. März erging der Befehl, von Versailles aufzubrechen. Drei Tage später traf das Hauptquartier in Frankfurt ein. Beust machte noch den Einzug des siegreichen deutschen Heeres in Berlin mit. Dann kehrte er für immer nach Weimar zurück. 1887 war er fünfzig Jahre im Dienst Carl Alexanders. Nach längerem Leiden starb er im Juni 1889.

Nachdenklich schlage ich dies kleine Buch der Erinnerung zu – die Aufzeichnungen eines sympathischen Mannes, der meistens in Weimar lebte und doch auf seine Weise teilnahm und teilhatte an den einschneidenden politischen Entwicklungen seiner Zeit.

Der Tod seines Sohnes Thilo im Kriegs 70/71 traf ihn schwer. Und doch – der in Sachsen-Altenburg aufgewachsene und Sachsen-Weimar dienende Beust hat sich innerlich für Preußen und für die Reichseinigung entschieden.

Und immer weiter drängt es mich, Lebendiges aus der Vergangenheit zu entdecken, denn ich spüre beim Lesen dieser alten Dokumente denselben Geist und dieselbe Haltung, die auch mein Leben bestimmten.

5
Doppelhochzeit in Berlin

Nach der Gründung des deutschen Kaiserreichs mußte sich Berlin als neue Hauptstadt des geeinten Reiches profilieren. Es erscheint mir reizvoll, die Erzählungen der jüngsten Schwester meines Vaters, Else Gräfin Wedel, wiederzugeben, die 1906 in Berlin als Schleppenträgerin an der kaiserlichen Doppelhochzeit teilnahm.

Im Salon der gestrengen Großmama in Großzschocher lauschten wir Kinder ihren Erzählungen über die Doppelhochzeit. Es war die Silberhochzeit Ihrer Majestäten Kaiser Wilhelms II. und der Kaiserin Auguste Viktoria und zugleich die grüne Hochzeit des Prinzen Eitel-Friedrich mit der Tochter Sophie Charlotte des Großherzogs von Oldenburg, Tante Elses geliebter „Zessi", der Jugendgespielin aus ihren Oldenburger Kindertagen.

Tante Else begann: „Am 23. Februar 1906 treffe ich mit meiner Mutter in Berlin ein, und wir steigen im Hotel Windsor ab, wo viele meiner Freunde wohnten. Am folgenden Tag machten wir erste Besuche, schreiben uns bei den Fürstlichkeiten ein und erfreuten uns am Trubel der Großstadt. Alles war eifrig beim Schmücken der Feststraße, die Feuerwehr mit ihren riesigen Leitern dekorierte das Brandenburger Tor, nur das Wetter war leider schlecht. Als gebürtige Oldenburgerin freute ich mich über die vielen blau-roten Fahnen, die überall auftauchten. Wir fuhren zum Empfang der Oberhofmeisterin Gräfin Brockdorff ins Schloß. Im großen Salon empfing uns die liebenswürdige Gräfin und erteilte mir Instruktionen über den Ablauf des großen Ereignisses. Die Staatsdame Fräulein von Gersdorff, die Ehrendame Gräfin Bismarck und der Kammerherr Graf Rantzau machten mit ihr die honneurs. Es war ein dauerndes Kommen und Gehen. Mich amüsierte es, wie mich die Leute zunächst nicht beachteten, dann sich erkundigten, und als sie vernahmen, ich sei die ,Schleppenträgerin der Durchlauchtigsten Braut' plötzlich im höflichen Eifer sich vorstellen ließen.

Am 1. Abend vor den Hochzeitsfeierlichkeiten hatten wir eine Einladung zur Gala-Oper. Mama bekam einen Platz im ersten und ich im zweiten Rang, wo nur junge Mädchen saßen. Das Theater war prachtvoll geschmückt. Von allen Rängen hingen zahllose persische Teppiche herab, dazwischen Girlanden von rosa Nelken und silbernen Blättern. Die breite Brüstung der Hofloge war in einen Teppich von frischen, roten Rosen verwandelt, die Vorhänge der Mittelloge mit silbernen Myrthenzweigen besteckt. Die Bühne hatte einen neugemalten Vorhang, mit Primkenau, dem Geburtsort der Kaiserin, und dem kaiserlichen Schloß in Berlin. Für die Berliner bedeutete dieser neue Vorhang ein Ereignis.

Pünktlich um 20 Uhr erschienen die Majestäten mit ihren sechs Kindern und vielen Fürstlichkeiten in der Mittelloge. Der Kaiser sah streng und ernst aus, die Kaiserin majestätisch in ihrem weißen Haar. Mit unbeschreiblichem Liebreiz grüßte sie wieder und wieder nach allen Seiten. Im Parkett saßen die Herren , ein buntes Bild der verschiedensten Uniformen. Überall sah ich prachtvollen Schmuck, aber eigentlich keine auffallenden Schönheiten, nur vereinzelte noble Erscheinungen. Die Oper, der zweite Teil von ,Orpheus und Euridyke' war herzlich langweilig und nur wegen seiner großartigen Dekorationen erträglich. Gegen 21.30 Uhr hielten die Majestäten kurz ,Cercle' im großen Foyer, wozu aber wir jungen Mädchen vom zweiten Rang nicht zugelassen wurden. Die Kaiserin wollte sich schonen, so hieß es. Also wanderten wir zum Korridor des ersten Ranges und trafen dort Verwandte und Bekannte. Die Majestäten verließen das Foyer. Wir blieben lange, und es wurden Butterbrote und Champagner serviert.

Am nächsten Morgen gingen wir zum Festgottesdienst in den Dom. Oberhofprediger Dryander hielt die Predigt über einen vom Kaiser bestimmten Text: Col. 3, 14: ,Über alles aber ziehet an die Liebe, die da ist das Band der Vollkommenheit.'

Die kaiserliche Familie saß hinter uns auf der Empore. Der Dom hat nichts Feierliches, doch beeindruckten mich die Fenster am Altar. Nach dem Gottesdienst flutete eine vieltausendköpfige

Menge ‚Unter den Linden' entlang. Wir schoben uns nur langsam vorwärts und schlängelten uns an Hofwagen und Galawagen vorbei. Nachmittags besuchte ich mit meinen Brüdern die Jahrhundertausstellung in der Nationalgalerie, wo moderne Bilder der Maler Böcklin, Hans Thoma, Max Liebermann und anderen ausgestellt waren. Später aßen wir bei Cousine Ise mit den blauen Augen zu Abend. Ihr Mann, General von Schwarzkoppen, ist ‚Exzellenz' und Inspekteur des Militär-Erziehungswesens. Den späteren Abend verbrachte ich bei meiner Freundin, Gräfin Ada Finckenstein, im Schloß, die zu meiner Freude von den Majestäten zur Hofdame der Prinzessin Eitel-Friedrich bestimmt war. Wie schön und großzügig waren die zahllosen Gänge und Treppen im kaiserlichen Schloß."

Schlüter, ein echter Künstler des Barock, ein genialer Bildhauer und Architekt, hatte das Schloß ursprünglich für den preußischen König gebaut. In der Folge wurden ergänzende Bauten vorgenommen, die der Anlage das abgerundete Bild gaben, das heute in unserer Erinnerung lebt.

Der Soldatenkönig gab 1728 anläßlich des Besuchs des Königs von Polen (es war August der Starke, König von Sachsen) den Befehl zu umfangreichen Umbauten im Schloß. Hierbei entstand der prunkvolle Saal, der als „Weißer Saal" in die Geschichte eingegangen ist, der Thronsaal der preußischen Könige. Hier fand die Hochzeit der Lieblingsschwester Friedrichs des Großen mit dem Erbprinzen von Bayreuth statt, und hier feierten an einem Heiligen Abend auch Königin Luise und Friedrich Wilhelm III. ihre Hochzeit.

Unter dem Thronhimmel des „Weißen Saales" stand Friedrich Wilhelm IV., als er im Mai 1848 die neugewählte preußische Nationalversammlung eröffnete, die dem Königreich eine Verfassung geben sollte. Am selben Platz leistete er 1850 den Eid auf die Verfassung des preußischen Staates, die den Übergang zur konstitutionellen Monarchie bedeutete.

Herzogin Viktoria-Luise von Braunschweig, die Tochter Kaiser Wilhelms II., schreibt in ihren Memoiren: „Hier reichte Wilhelm I. nach den Jahren des Verfassungskonflikts, als er siegreich aus dem Krieg gegen Österreich heimgekehrt war, den Abgeordneten

der Opposition die Hand zur Versöhnung und erbat für die Politik seines Kanzlers Bismarck die nachträgliche Billigung der Steuern und Ausgaben.
Immer wieder stand der ‚Weiße Saal' für große Staatsakte zur Verfügung. Der spätere Kaiser Wilhelm I. eröffnete hier den Reichstag des Norddeutschen Bundes, in dem Bismarck eine Vorstufe eines geeinten Deutschlands sah. Und als am 21. März 1871 der Deutsche Reichstag zum ersten Mal zusammentrat und der König von Preussen seine erste Thronrede als deutscher Kaiser hielt, versammelte man sich im ‚Weißen Saal'. Der Kaiser sagte in dieser ersten Thronrede, daß die wahre Größe der Nation für die Zukunft darin bestehen möge, daß nach den Kriegen ein glorreicher Reichsfriede folgen möge und die Aufgabe des deutschen Volkes fortan darin bestehe, sich im Wettkampf um die Güter des Friedens zu erweisen. Das war die Geburtsstunde des ersten Parlamentes des Deutschen Reiches. Aus dem historischen ‚Weißen Saal' des Berliner Schlosses wurde schließlich ein Thronsaal, der dem Rang der deutschen Kaiserkrone entsprach . . ."
Tante Else erzählt weiter: „Am Abend aßen wir zusammen mit der neuen Oberhofmeisterin des jungen Paares, der Gräfin Schlieffen. Um in ihren Salon zu gelangen, gingen wir durch endlose Gänge und Säle, in denen ich mich rettungslos verlaufen hätte, wenn ich allein gewesen wäre. Wir kamen zufällig dazu, als im Schweizer Saal die Schloßgarde zum Gala-Diner der Fürstlichkeiten aufzog. Die riesigen Kerls in den bunten Uniformen mit weißen Zopfperücken sahen glänzend aus."
Tante Else erzählt, mit schwarz umrändertem Zwicker auf der Nase und der strengen Schwesternhaube des Johanniter-Ordens angetan, deren steife Schleife beim Sprechen leise bebte:
„Nach dem kleinen Diner bei Gräfin Schlieffen führte sie uns im Schloß herum, um uns protokollarische Anweisungen über den Weg zu geben, den wir am Hochzeitstage zu gehen hatten. Das war eben deshalb besonders beeindruckend, weil das Gala-Diner nun schon begonnen hatte und wir beobachten konnten, wie sich der ganze Pomp des Hofes entfaltete. An jeder Tür standen zwei Schloßgardisten, abwechselnd ‚Garde du Corps' und ‚Leibgen-

darmen'. Überall begegneten uns in langen Reihen reichbetreßte Lakaien.
Am nächsten Tag streikten die Droschken in Berlin – o Schreck!!! Es war der Tag des feierlichen Einzugs des Brautpaares vor den Hochzeitsfeierlichkeiten in der Hauptstadt. Wir hatten vom Hofmarschallamt Karten für das Prinzessinnenpalais bekommen. Vom ersten Stock aus konnten wir den Einzug beobachten. Hier traf ich viele Oldenburger Bekannte, die zur Hochzeit von ‚Zessi' und Prinz Eitel-Friedrich eingeladen waren. Das Menschengewühl war unbeschreiblich, alle Dächer und Fenster schwarz von Menschen. Wir warteten über eine Stunde auf das Brautpaar, doch es gab immer etwas zu sehen; z. B. die Wache uns gegenüber, die unaufhörlich antrat, wenn Generäle und Hofwagen vorüberfuhren. Punkt 17 Uhr verkündete das Läuten aller Glocken den Beginn des Einzugs und versetzte uns in feierliche Stimmung.
Gleich darauf ertönte Militärmusik, und Prinz Eitel-Friedrich erschien an der Spitze der Leibkompanie des ersten Garderegiments. Er ritt einen prachtvollen Fuchs und grüßte mit seinem Degen strahlend nach allen Seiten. Die drei jüngeren Brüder begleiteten ihn. Prinz August-Wilhelm als Flügeladjutant und die Prinzen Oskar und Joachim als Fahnenoffiziere. Alle vier Prinzen trugen das Band vom Schwarzen Adlerorden. Kurz darauf verkündeten Salutschüsse hinter dem Zeughaus, daß der Zug das Brandenburger Tor erreicht hatte. Nun sprengten die ersten Schutzleute heran und verkündeten die Spitze des Zuges. Postillone zu Pferde eröffneten den Zug, ihnen folgte eine Escadron von Dragonern, dann kamen drei Galawagen mit je sechs Pferden, mit den Herren vom Gefolge, den Herren vom Ehrendienst und dem oldenburgischen Minister des Hauses. Dann auf einem wundervollen Schimmel Herr von Holtzing, der beste Reiter der Armee, der den Reitstall Sr. Majestät kommandiert.
Der Gala-Wagen mit acht Pferden bespannt, alle von Stallknechten geführt: mit der Herzogin-Braut Zessi und ihrer Großmutter. Auf dem Rücksitz die Oberhofmeisterin Gräfin Schlieffen. Zessi winkte strahlend zu uns hinauf. Links von ihrem Wagen ritt der Kronprinz, als Führer der Leibescadron des ‚Garde du Corps' mit dem oldenburgischen Ordensband über dem weißen Rock. Dem

Wagen folgten noch etliche Prinzen und Generäle. Ein zweispänniger Galawagen mit den Hofdamen und zum Schluß eine Excadron Garde-Kürassiere. Der Jubel und die Begeisterung der Bevölkerung waren groß. Ich mußte mir immer wieder klarmachen, daß er meiner Zessi galt.

Abends dinierten wir bei Onkel Carl Wedel, seinerzeit Kaiserlicher Botschafter in Wien, im Hotel Bristol. Am nächsten Tage besuchten wir den Hausminister des Kaisers, Herrn von Wedel-Piesdorf, und trafen viele Wedelsche Verwandte zum Mittagessen. Daraufhin begab ich mich eiligst ins Hotel, um mich von einer Kammerfrau und einer Friseuse verschönern zu lassen. Punkt 15 Uhr erwartete mich der Hofwagen, und wir fuhren zunächst zum Kronprinzenpalais, um die Tochter des Hofmarschalls des Kronprinzen abzuholen. An einer vieltausendköpfigen Menschenmenge vorbei fuhren wir zum Schloß, und es machte mir ein kindliches Vergnügen, an der Reihe von Wagen, die langsam in der ‚queu' aufrückten, vorbeizusausen.

Im Schloß versammelten wir vier Schleppenträgerinnen uns auf dem Treppenabsatz, während schon die ganze Treppe hinauf Gardisten mit Bajonetten Spalier standen. Die drei anderen Schleppenträgerinnen waren: Hofdame Laura von Plettenberg, Hofdame Gräfin Ada von Finckenstein und Fräulein von Trotha. Wir vier trugen gleiche Kleider von blaßgrüner Seide mit Chiffonsamt und Spitzen garniert und Courschleppen von Damast in derselben Farbe, geblümt. Die Schleppe hielten wir dauernd über dem Arm. Im Haar trugen wir weiße Straußenfedern und einen langen weißen Tüllschleier. Die Oberhofmeisterin Gräfin Schlieffen führte uns in den Salon der Herzogin-Braut, wo wir warten mußten.

Sehr bald meldete ein Kammerherr die Ankunft Ihrer Majestät, der Kaiserin. Plötzlich stand ein fröhliches Kind vor mir, das mir kräftig die Hände drückte, Prinzessin Viktoria-Luise . . ., ihr folgte die Kaiserin auf dem Fuß, die in ihrer gewinnenden Art uns freundlich anredete. Die Kaiserin trug ein Kleid von Silber, nicht Brokatstoff, sondern feingewalztes echtes Silber, in Rußland hergestellt, mit Pelz verbrämt. Im Haar trug sie einen breiten Kranz von Silbermyrthen und darüber eine Krone aus Diamanten. Das sah in ihrem weißen Haar wunderhübsch aus. Mich aber begei-

sterte vor allem die große Liebenswürdigkeit und Herzlichkeit der Kaiserin.
Die Kaiserin ging nun – alter Sitte gemäß – zum Aufstecken des Myrthenkranzes der Braut und kam mit dem jungen Paar und dem Großherzog von Oldenburg zurück. ‚Zessi' sah reizend aus und strahlte ebenso wie Prinz Eitel-Friedrich. Punkt 16 Uhr mahnte Ihre Majestät zum Aufbruch, wir ergriffen die Schleppe der Braut und folgten dem jungen Paare, treppauf, treppab, durch Gänge und Säle. Neben uns Gräfin Schlieffen und der Großherzog von Oldenburg. Das Gehen auf den Treppen mit den langen Kleidern, der eigenen Schleppe über dem Arm, die schwere Brautschleppe in den Händen, war ein schwieriges Kunststück. Die Kaiserin ging jetzt noch, bevor der Zug sich formierte, direkt hinter mir, und natürlich auch deren vier Schleppenträgerinnen. Als wir durch den Schweizer Saal schritten, trat die Schloßgarde an die Gewehre. Mit wahnsinnigem Gepolter grüßten sie auf friederizianische Art, breitbeinig auseinandertretend, und das Musikkorps empfing das junge Paar mit schmetternden Fanfaren und Pauken. Daraufhin zogen wir in das Kurfürstenzimmer, wo die fünf kaiserlichen Prinzen, die Großmutter und der Vater der Braut das Paar begrüßten. Dann schenkte Zessi uns Schleppenträgerinnen jeder ein goldenes Kettenarmband, mit ihrem auf Elfenbein gemaltem Miniaturbild, eingefaßt von Perlen und Rubinen mit einem goldenen Krönchen darüber, eine reizende Erinnerung. Hastig und erfreut legten wir die Armbänder an. Inzwischen hatte ein alter Geheimrat, escortiert von zwei Garde du Corps und einem Offizier, die Prinzessinnenkrone in das chinesische Kabinett gebracht, wo die Kaiserin sie der Braut aufsetzte. Kammerfrau und Friseuse befestigten sie umständlich. Das chinesische Kabinett war so eng, daß wir die Schleppe der Braut nur hineinwerfen konnten, auch die Enge an der Tür war unbeschreiblich.
Nun erschien der Kaiser und begrüßte alle, indem er sich verbeugte. Im Kurfürstenzimmer folgte die standesamtliche Trauung durch den Hausminister, Exzellenz von Wedel-Piesdorf. Dabei legten wir die Schleppe der Braut nieder, standen aber doch dicht hinter ihr. Laut und freudig erklang das ‚Ja' des jungen Paares. Ein zweiter Beamter verlas nun ein langes Protokoll, der Kaiser, der

Großherzog von Oldenburg und das Brautpaar unterzeichneten, und damit fand die Feier ihren Abschluß.
Nun formierte sich der Zug zur Aufstellung in der Kapelle, was wohl 20 Minuten dauerte. Das war für mich die Gelegenheit, die kaiserlichen Prinzen in Ruhe zu betrachten. Alle sind groß und schlank und haben wenig Farbe im Gesicht. Bis auf Prinz Joachim haben alle kluge, lebendige Augen. Der Kronprinz wirkte in seinem Äußeren noch etwas unruhig und jungenhaft. Der Bräutigam gab sich ruhig und gesetzt. Prinz Adalbert ist bildhübsch, er hat die schönen Augen seines Vaters geerbt und versucht ihn zu imitieren, was nicht überzeugend wirkt. Prinz August-Wilhelm hat ein Jungengesicht und scheint immer vergnügt zu sein. Sicher hat er es faustdick hinter den Ohren. Prinz Oskar wirkt für einen so jungen Menschen auffallend ernst, fast melancholisch, während Prinz Joachim sehr zart aussieht. Prinzessin Viktoria-Luise ist dem Kronprinzen ähnlich, ein sehr natürliches Kind. Es war rührend zu sehen, wie mütterlich und liebevoll die Kaiserin mit ihren Kindern umging.
Gegen 17 Uhr beginnt endlich die Cour zur Kapelle, voran der große ‚Vortritt' und die Herolde sowie die Herren vom Ehrendienst, dann das junge Paar mit Gefolge, danach das kaiserliche Jubelpaar.
Durch Gänge und Säle des Schlosses bewegt sich nun langsam und feierlich der Zug durch den ‚Weißen Saal' bis zur Schloßkapelle. In der Bildergalerie warteten Hunderte von Zuschauern, die begeistert winkten. Zessi sah aber auch mit ihrer kleinen, zierlichen Prinzessinnenkrone zu hübsch aus. Beim Eintritt in die Kapelle stimmte leise der Domchor an, was sehr feierlich wirkte. Wir blieben am Altar hinter der Braut stehen. Die Fürstlichkeiten gruppierten sich im Halbkreis rechts und links vom Altar, so daß ich dem kaiserlichen Jubelpaar direkt gegenüber stand.
Die Traurede hielt Hofprediger Dryander über den vom Kaiser bestimmten Text: 1. Cor. 18: ‚Unser Herr Jesus Christus wird Euch fest behalten, bis an das Ende.' Es war eine gute Predigt, doch fehlten Herzlichkeit und Wärme; der Oberhofprediger erschien mir kalt und streng. Sehr bewegend für mich war der Moment des Ringwechsels, als draußen die Salutschüsse fielen

und der Reichshauptstadt die vollzogene Trauung verkündeten. Noch am Altar umarmten die Majestäten und der Großherzog das Paar. Dann zogen wir in die Galerie. Hier fand die Gratulationscour statt.

Etwa 40 Verwandte, Herren und Damen, umarmten und küßten die Braut. – Ganz allerliebst sahen die kleinen Söhne von Prinz Friedrich-Leopold aus. Der Jüngste, erst zehn Jahre alt, gratulierte in der Leutnantsuniform des ersten Garderegiments. Schließlich ging es zurück in den ‚Weißen Saal', die Fürstlichkeiten nahmen unter dem Traubaldachin zur Defileecour Aufstellung, wir Schleppenträgerinnen eng aneinandergedrückt hinter ihnen. Gegenüber dem Thron standen Kopf an Kopf die Herren vom Hof. Während der ganzen Zeit des Defilierens der Fürsten und ausländischen Botschafter standen die Majestäten. Ich stand unmittelbar hinter dem Stuhl des Kaisers, auf den er sich anschließend setzte. Er unterhielt sich angeregt mit der Prinzessin Eitel-Friedrich zu seiner Linken und mit der Großherzogin von Oldenburg zu seiner Rechten. Die endlose Reihe der Defilierenden war ein pompöses Bild. Ich sah schöne und exotische Erscheinungen, prunkvolle Uniformen aus aller Herren Länder und prachtvolle Roben in unglaublicher Mannigfaltigkeit.

Ich bewunderte die Fürstlichkeiten, die 1½ Stunden mit derselben freundlichen Höflichkeit grüßten. Die Kaiserin sagte nachher, ihr schmerzten alle Halsmuskeln von dem ewigen Grüßen mit dem schweren Diadem auf dem Kopf. Wir Schleppenträgerinnen, die wir die ganze Zeit fast bewegungslos standen, wurden blaß und blässer, schließlich sahen wir kaum noch, wer vorbeizog. Wir schielten verstohlen nach der Tür, ob der Zug immer noch kein Ende nähme. Es war eine große Erlösung, als es zu Ende war. Hinter mir stand die ganze Zeit der Kommandeur der Leibgendarmerie, von Scholl, der in einer schillernden Uniform mit Zopfperücke wie ein Hofnarr aussah. Er raunte mir die Namen der vorüberziehenden bekannten Persönlichkeiten zu, das war unterhaltend.

Wir geleiteten nun das junge Paar in den Rittersaal zur Zeremonientafel und hängten die Schleppe über den Stuhl, deckten Servietten darüber und verschwanden eiligst ins Nebenzimmer, wo

wir erschöpft auf unsere Stühle sanken und auch etwas zu essen bekamen. Wir acht Schleppenträgerinnen aßen allein an einem runden Tisch und bekamen ein vorzügliches Diner serviert.
Die erste Rede des Kaisers auf das junge Paar konnte ich leider nicht hören, dafür aber die Rede vom Prinzen Heinrich und des Kaisers Antwort. Prinz Heinrich sprach verhalten, um so kerniger aber sprach der Kaiser. Die kurzen Worte über Arbeit und Pflichterfüllung, die das Höchste in diesem Leben seien, und den warmen Dank an die Kaiserin und alle Gäste werde ich nie vergessen. Ich stand vollständig unter dem Eindruck der gewaltigen Persönlichkeit des Kaisers. Nun nahmen wir unsere Plätze hinter den Stühlen der Fürstlichkeiten wieder ein und konnten die Tafel ungestört beobachten. Außer dem Jubelpaar und dem jungen Paar, die sich eifrig mit ihren Nachbarn unterhielten, machten die meisten Anwesenden gelangweilte Gesichter.
Die Tafel war mit goldenen Aufsätzen und rosa Rosen herrlich geschmückt. Vor dem Jubelpaar standen silberne Myrthenbäumchen, vor dem jungen Paar grüne Myrthen, kugelförmig geschnitten.
Nach dem Diner ging es wieder in den ‚Weißen Saal', wo sogleich der traditionelle ‚Fackeltanz' begann. Das war ein erhebender Anblick. Zwölf Pagen in roten Röcken mit langen Wachskerzen auf silbernen Tellern gingen langsamen Schrittes paarweise voran. Das Jubelpaar folgte und machte langsam einen Rundgang durch den Saal. Beide Majestäten schritten hoheitsvoll einher und verneigten sich dauernd mit solcher Freundlichkeit und Verbindlichkeit, daß alle begeistert waren. Ich sehe in der Erinnerung immer wieder das Kaiserpaar im Schmucke der Silbermyrthen, als Glanzpunkt der Feste.
Den zweiten Rundgang machte das junge Paar, sie bezaubernd durch ihre Anmut, er strahlend vor Glück und Freude. Danach führte der Kaiser seine neue Tochter und sah mit stolzer Freude auf sie herab. Gleichzeitig ging der Bräutigam mit der Kaiserin. Danach folgte ein Rundgang der Braut mit ihrem Vater und des Bräutigams mit der Großherzogin von Oldenburg. Weiter ging die Braut mit je vier Prinzen, der Bräutigam mit zwei Fürstinnen – so gingen sie schließlich elf Runden, wobei sie jedesmal sechs

Verbeugungen machten, d. h. eine vor Kaiser und Kaiserin beim Fortgehen und Zurückkommen. Als Schleppenträgerinnen machten wir die tiefen Verbeugungen der Braut nicht mit, mußten aber sehr aufpassen, immer mit der Schleppe rechtzeitig einzuschwenken. Das reizendste Bild war der Rundgang der Braut mit ihren vier Schwägern.
Um 21 Uhr war der Fackeltanz beendet, und Sr. Majestät entließ den Hof. Wir begleiteten das junge Paar zurück zum Chinesischen Kabinett, wo in Gegenwart der Majestäten unter denselben Formalitäten die Prinzessinnenkrone wieder abgenommen wurde. Der Kaiser war bester Laune und witzelte mit Graf Pfeil. Die Oberhofmeisterin Gräfin Schlieffen verteilte das ,Strumpfband' an alle, die in der Nähe waren. Es ist ein weißes Moireeband mit Goldfransen und eingewirktem Monogramm der Braut und dem Hochzeitsdatum. Danach ging es zurück zum Salon der Prinzessin, wohin nur die Kaiserin und die Großherzogin folgten und uns entließen. Nur Frl. von Plettenberg half noch beim Umziehen.
Die Kaiserin rief mich noch einmal zurück und bat mich, bis zur Abreise des jungen Paares zu bleiben. Gleich darauf erschien das Paar im Reiseanzug. Zessi erkundigte sich bei mir noch nach allen Freundinnen, die sie nicht hatte sprechen können, dann nahmen wir Abschied. Es war mir schwer ums Herz, denn ein gemeinsamer Lebensabschnitt war hiermit abgeschlossen. Draußen noch ein Händedruck an alte Oldenburger Lakaien, und schon liefen sie im Galopp die Treppe hinunter. Die Kaiserin stand am Fenster und sah der Abfahrt zu. Dann entließ sie uns und meinte lächelnd: „Ich freute mich, wie tapfer die Kleine war." Kurz nach 22 Uhr war ich wieder zu Hause im Hotel. Mama kam später, sie war ganz heiser, denn sie hatte in Zugluft gestanden.
Am nächsten Morgen weckte uns ein Brief der Oberhofmeisterin, der uns um 16 Uhr zur Audienz zur Kaiserin befahl. Wir verschoben unsere Abreise um einen Tag und fuhren nach dem Mittagessen zum Schloß, wo wir Frau von Frydag mit Tochter trafen. Gräfin Brockdorff und Kammerherr von Winterfeld empfingen uns in einem großen Salon, wo alle Geschenke zur Silberhochzeit aufgestellt waren. Kurz darauf empfing uns die Kaiserin in einem kleinen Salon. Sie setzte sich mit meiner Mutter auf ein Sofa, die

übrigen setzten sich im Halbkreis dazu. Die Kaiserin war reizend in ihrem echt weiblichen und herzlichen Wesen, und mich beeindruckte die selbstverständliche Auffassung ihrer ermüdenden Pflichten. Liebevoll sprach sie von ihren Söhnen und von der neuen Schwiegertochter. Sie befragte mich mit echt menschlichem Interesse und behielt uns fast eine Stunde in angeregter Unterhaltung bei sich. Das war für mich ein schöner Abschluß der Festtage in Berlin."

Acht Jahre nach diesem glanzvollen Ereignis brach der Erste Weltkrieg aus.

6
Kindheit in Hannover und Großzschocher

An einem 1. April um die Mittagszeit wurde ich als Kind des Kgl. preußischen Landrats Clemens Graf Wedel und seiner Frau Pauline geb. Gräfin Wedel geboren. Ich erblickte das Licht der Welt in der Dienstwohnung meines Vaters im Landratsamt der Stadt Hannover. Das Ereignis muß wohl schnell vor sich gegangen sein – saß doch mein Vater gerade in einer Kreistagssitzung, als ein Amtsbote ihm meldete: „Herr Landrat, Sie haben soeben eine Tochter bekommen." Belustigt wehrte mein Vater ab und hielt diese Nachricht für einen Scherz – April, April! Da sich aber der Sitzungssaal im gleichen Gebäude wie die Dienstwohnung befand, konnte er sich schnellstens von der Richtigkeit der Meldung überzeugen.

Meine erste Erinnerung geht auf die Geburt meines Bruders Carl-Stephan zurück. Ich war vier Jahre alt, als frühmorgens die Gouvernante das Kinderschlafzimmer betrat, das ich mit meiner älteren Schwester Viktoria teilte, und uns „im Auftrag des Neugeborenen" je eine Tüte mit Süßigkeiten übergab. Dann durften wir den neugeborenen Bruder bewundern. Noch deutlicher entsinne ich mich an den Tag seiner Taufe. Der Sitzungssaal im Landratsamt wurde für die kirchliche Feier hergerichtet. Meine Mutter hielt den Täufling im Arm. Ich durfte neben ihr auf einem kleinen Stühlchen im weißen Seidenkleid mit weißen Strümpfen und schwarzen Lackschuhen sitzen.

Der damals in Hannover lebende spätere Reichspräsident, Feldmarschall von Hindenburg, ein Freund unserer Familie, war Taufpate. Aus der Perspektive meines niedrigen Kinderstuhls erinnere ich mich deutlich an die Uniformhosen mit den breiten roten Längsstreifen. Ich sah eine würdige, unbewegliche Gestalt, ordensgeschmückt, mit steifem, graumeliertem Schnurrbart und mit sogenanntem Bürstenhaarschnitt. Neben ihm seine Frau, eine stattliche Dame, die ein schwarzes Spitzenkleid über einem glänzenden lachsfarbenen Untergewand trug. Schon damals beobachtete ich aufmerksam die Garderobe der Erwachsenen. Frau von Hindenburg war, wie zu der Zeit noch üblich, ungeschminkt und trug das Haar glatt gescheitelt. Ich fand diese Aufmachung unvorteilhaft. Wie unbeschreiblich schön kam mir dagegen meine Mutter vor in ihrem dunklen Seidenkleid mit weißem Chiffonkragen und baumelnden Saphirohrringen!

Hindenburgs waren in jenen frühen zwanziger Jahren gerngesehene Gäste in unserem Elternhaus. Ich erinnere mich noch an ein großes Malheur, welches dem greisen Feldmarschall bei einem Diner, das meine Eltern ihm zu Ehren gaben, passierte. Der Diener Georg hatte den Auftrag, die etwas wackligen unter den von den Großeltern geerbten Eßzimmerstühlen auszusortieren. Vor allen Dingen sollte der Stuhl des Ehrengastes sitzfest sein. Als sich jedoch die Gäste zu Tisch setzen wollten, stand durch ein Versehen der bedrohteste Stuhl am Ehrenplatz. Hindenburg ließ sich gemächlich nieder, es gab einen Krach – gerade noch konnte der hinter ihm stehende Diener die mächtige Gestalt des Feldmarschalls auffangen und das Schlimmste verhüten. Wie peinlich ein solcher Zwischenfall für die Gastgeber; meine Mutter entschuldigte sich auf das angelegentlichste!

Als Hindenburg 1925 zum Reichspräsidenten gewählt wurde, stand mein Vater ihm während der Wahlkampagne zur Seite; war doch mein Elternhaus nach Tradition und damaliger Parteienlandschaft deutschnational geprägt.

Ich erinnere mich auch, daß Hindenburg meiner Mutter zu ihrem Geburtstag am 7. Mai alljährlich seine Aufwartung machte. Er fuhr dann mit einer hochtürigen Limousine vor. Wir Kinder durften unsere Sonntagskleider anziehen.

Nach seiner endgültigen Wahl sollte der Reichspräsident am 9. Mai 1925 offiziell in Berlin seinen Einzug halten. So glaubten wir, daß der alte Herr in Vorbereitung seines Aufbruchs meiner Mutter nicht mehr gratulieren würde. Aber pünktlich, wie all die Jahre vorher, fuhr die schwarze Limousine vor! Schaulustige versammelten sich diesmal um das Auto, als er ausstieg, um ihm zuzuju-

beln. Dann saß er, wie alljährlich, im Salon meiner Mutter, kerzengerade und ungerührt von den Ereignissen, die auf ihn zukamen, im damals üblichen Stresemann-Anzug. Auch diesmal hatte er wieder einen großen Blumenstrauß mitgebracht.
Meine Eltern fuhren von da an jedes Jahr für ein paar Tage nach Berlin, um Einladungen des Reichspräsidenten Folge zu leisten. Da Frau von Hindenburg inzwischen verstorben war, bekleidete seine Schwiegertochter die Stellung der Hausfrau und der ersten Dame des Reiches. Die Abende waren stets glanzvoll. Lakaien in Frack und Escarpins (Kniebundhosen) sorgten für die Gäste, Kerzen schufen eine feierliche Stimmung im Reichspräsidentenpalais in der Wilhelmstraße. Hindenburg selbst war für seine Person von größter Bescheidenheit.
Auch mein Vater führte ein anspruchsloses Leben. Mit Rücksicht auf die Finanzlage seines Landkreises Hannover, dem er, parteipolitisch nicht gebunden, als Landrat vorstand, beanspruchte er keinen Dienstwagen, sondern radelte auf seinem uralten Fahrrad, meist im grünen Jagdanzug, im Landkreise herum, machte seine Besuche und Inspektionen und nahm an Veranstaltungen teil. Erst in späteren Jahren leistete er sich für größere Entfernungen ein Mietauto.
Meine Eltern führten in Hannover ein offenes Haus. Kollegen meines Vaters, Politiker und Verwandte gingen ein und aus. Dunkel erinnere ich mich an den Besuch des Generals von Lettow-Vorbeck, der mich in seiner Kolonialuniform und dem kahlgeschorenen Kopf sehr beeindruckte und dessen Geschichten über afrikanische Abenteuer ich atemlos lauschte. Aber auch der welfische Landadel sowie die Offiziere der Reitschule und des Kavallerie-Regiments 13 waren bei uns willkommen. Wenn Gäste zum Diner erwartet wurden, schien mir im Haus eine gehobene und gespannte Atmosphäre zu herrschen. Mamsell war in Erregung, wir Kinder wagten den liebgewordenen Gang zur Küche nicht, Diener Georg bemühte sich, frische weiße Handschuhe überzustreifen. Im letzten Moment rauschte meine Mutter, schon im festlichen Kleid mit blitzendem Schmuck, in den oft von mir bewunderten Goldkäferschuhen, durch die Räume, um mit einem altmodischen Mundgebläse köstlichen Zimmerduft, den soge-

nannten ,,Duft der königlichen Gemächer", zu versprühen, und sogleich schien sich mir mein Elternhaus in ein märchenhaftes Königsschloß zu verwandeln!

Zur Begrüßung der Gäste wurden wir Kinder herbeizitiert. Knicks mit Handkuß für die Damen waren selbstverständliche Kunststücke, die wir lässig absolvierten. – Sonst lebte ich mit meinen drei Geschwistern, von einem ,,Fräulein" betreut, ein eigenes Leben in den Kinderzimmern, wo wir auch die Mahlzeiten einnahmen, wenn Diners stattfanden. Unsere Tischmanieren ließen dann allerdings zu wünschen übrig! Waren wir uns selbst überlassen, gab es keine Grenzen für unseren Übermut – wilde Streiche und Prügeleien mit den Brüdern eingeschlossen. Aber wir wußten von klein auf, wie wir uns im Ernstfall zu benehmen hatten, nämlich so, daß man niemanden kränken durfte, sich auf andere Menschen einzustellen hatte, immer bereit war, eine Artigkeit gegen andere zu zeigen, die von Herzen kam. Das wurde uns nicht gepredigt; wir lernten es am Beispiel, das uns die Eltern gaben. Ob sich diese Einstellung auch in Notzeiten bewähren würde?

Die ersten Weihen gesellschaftlicher Etikette erfuhr ich durch eine höchst seltsame Patentante, nach der ich den nicht ungewöhnlichen Namen Elisabeth erhielt. Diese Patentante, Elisabeth Gräfin Crayenberg, wohnte in Hannover. Unbekümmert um die Umwelt lebte sie ein Leben wie zur Zeit vor dem Ersten Weltkrieg, von der ich nur aus Erzählungen und von Bildern etwas ahnte. In einer geräumigen Villa am Stadtpark gebot sie über eine Reihe von Salons in zarten Pastellfarben mit hellbezogenen Seidenmöbeln. Eine Duftkerze in einer Ecke des Hauptsalons verbreitete Gerüche wie aus 1001 Nacht. Sie selbst, die Patentante, hatte die Mode von etwa 1910 beibehalten. Zu bräunlich getöntem, onduliertem und hochfrisiertem Haar trug sie bodenlange wallende Gewänder mit Spitzenkragen und Fichus (Halstüchern), dazu Perlen um den nicht mehr jungen Hals geschlungen und eine Lorgnette an langer, dünner Kette.

Eine Equipage mit Kutscher stand ihr zur Verfügung. Zum Ausfahren bevorzugte sie große, mit Straußenfedern garnierte Hüte, einen über das halbe Gesicht gezogenen Tüllschleier, feinste lange

Glacéhandschuhe, graziöse Stiefeletten und einen schmalen, schwarzseidenen Regenschirm mit reichverziertem Emailknopf. Als Achtjährige überlegte ich immer wieder, wie es in dieser Zeit der gründlich veränderten, jetzt gaminhaften weiblichen Mode möglich war, noch solche Attribute einer vergangenen Epoche zu beziehen; welche geheimnisvollen Schuster, Schneider, Hut- und Handschuhmacher da am Werke waren?

Einmal im Jahr, jeweils am 1. April, ihrem und meinem Geburtstag, fuhr meine Mutter mit mir zu Tante Elisabeth in deren Prunkvilla. Später erfuhr ich, daß sie vor dem Weltkrieg kurze Zeit mit einem Prinzen von Sachsen-Weimar verheiratet gewesen war. Dieser – Angehöriger eines großherzoglichen Hauses – verband sich mit Elisabeth Gräfin Schulenburg wegen ihrer Schönheit und ihres liebenswerten Charakters. Für das Fürstenhaus jedoch bedeutete diese Eheschließung eine „Mesalliance", so hielt man damals auf Standesunterschiede. Die junge Frau konnte den Rang ihres Gemahls niemals erreichen und erhielt zum Trost den Namen einer Gräfin von Crayenberg.

Als ich Halbwüchsige ihre Geschichten hörte, ahnte ich, daß es eine geheimnisvolle Anziehungskraft zwischen Menschen, zwischen Mann und Frau, geben mußte, die stärker ist als noch so strenge Konventionen und protokollarische Komplikationen. Ich begriff auch, daß manche Frauen in Mode und Lebensführung in derjenigen Zeitspanne stehenzubleiben wünschten, die ihre glücklichste und erfüllteste war. Das nahm dem Erlebnis „Tante Crayenberg" jede Lächerlichkeit.

Meine Mutter, als geborene Weimaranerin, hatte zu ihr ein inniges Verhältnis. Sie sahen sich oft und schwelgten in Erinnerungen an das unvergleichliche Städtchen und seinen Hof. Diese Eindrücke nahm ich mit wachsender Neugier in mich auf, zu einer Zeit, da Rosa Luxemburg und Klara Zetkin von sich reden machten und Frauenrechtlerinnen allenthalben um Gleichberechtigung kämpften.

Gerne erinnerte ich mich an die gelegentliche „Invasion" der norwegischen Verwandten Wedel bei uns in Hannover, hörte von ihnen Wunderdinge über Schnee und Wintersport, über Amundsens Expeditionen und die Verwandtschaft mit Fritjof Nansen,

dessen Mutter eine Wedel war. Die norwegischen Kusinen waren hochmondän, mit gelockten Bubiköpfen, Zigarettenspitzen, kurzen Röcken und langen Taillen – Wesen von einem anderen Stern! Als Gastgeschenk brachten sie den obligaten norwegischen Mysost mit, eine Käsedelikatesse, die uns aber nicht schmeckte. Auch der polnische Onkel kommt mir in den Sinn, der abends, wenn wir schon in den Betten waren, nach dem Abendgebet Kissenschlachten mit uns veranstaltete und voller Temperament von seinem sagenumwobenen, halb abgebrannten Schloß bei Posen erzählte. Für unsere Streiche und Heimlichkeiten hatte er stets volles Verständnis.
Wie oft besuchten uns auch die drei unverheirateten Geschwister meiner Mutter aus dem Weimarer Großelternhaus, eine Tante und zwei Onkel. Onkel Erhard, der Diplomat, kam immer in Eile und etwas zu spät zu unserer mit Erregung erwarteten Weihnachtsfeier, eine Hutschachtel in der Hand, in die er seine Geschenke verkramt hatte. Er wußte alles über Weimar und seine Geschichte und deklamierte mit geschlossenen Augen aus „Faust“ oder „Tasso“, summte wohl auch Passagen aus dem „Lohengrin“ oder dem „Fliegenden Holländer“, die einst in Weimar uraufgeführt worden waren.
Gerade die Verwandtenbesuche aus Weimar liebten wir besonders, obwohl wir diesen berühmten Ort noch gar nicht kannten. Die Höhepunkte in unserem Kinderleben bildeten die Abendgebete mit unseren Eltern. Das Vaterunser und die Bitte, unsere Lieben alle zu beschützen, gaben uns das glückliche Gefühl der absoluten Geborgenheit und Harmonie mit unserer Umwelt. Wenn unsere Mutter danach noch an unseren Betten sitzen blieb, in der Hand eine ovale Silberschale mit blauem Glaseinsatz, aus der wir uns ein Stück Schokolade nehmen durften, und wir ihr unsere kleinen Sorgen und Tageserlebnisse erzählten, war die ganze Welt für uns in Ordnung.
Dunkel erinnere ich mich an die Inflationsjahre, als mit Millionen- und Billionengeldscheinen bezahlt wurde. Trotzdem gab es nichts mehr zu kaufen. So opferte mein Vater seine langen Kürassierstiefel, die er zu seiner weißen Uniform getragen hatte. Der Schuster fertigte Kinderschuhe für uns Vier daraus. Auch zog mein erfinde-

rischer Vater das dünne Leinentuch von seinen Militärlandkarten aus dem Kriege ab, aus dem Taschentücher für uns geschnitten wurden. In der Schule gab es die sogenannte Quäkerspeise für unterernährte Kinder. Ich war besonders dünn und blaß – mehr aus Veranlagung als durch schlechte Ernährung –, und so schluckte ich regelmäßig in der großen Pause eine süße Kakaosuppe.

In den Sommerferien fuhren wir oft nach Sachsen zu meiner „gestrengen" Großmutter, Gräfin Konstanze Wedel, nach Großzschocher, ihrem Besitz bei Leipzig, nur wenige Kilometer von der sich ausbreitenden Großstadt gelegen und doch mit ländlicher Atmosphäre. Das Haus war dicht mit Efeu bewachsen, in dem die Spatzen ihre Nester bauten und ein geräuschvolles Familienleben führten und Spinnen unverdrossen an ihren Netzen webten.

Imponierend lag das Haus, nur durch einen kleinen Park vom Fluß getrennt, am Ufer der Elster. Mit Renaissancegiebeln hatte man versucht, eine alte Burg in ein Schloß zu verwandeln. Für mich blieb es immer ein großes, gemütliches Landhaus mit Repräsentationsräumen im ersten Stock und verwinkelten Gängen und zahlreichen Stuben im zweiten Stock.

Zu der weltoffenen, musischen Lebenshaltung im Weimarer Elternhaus meiner Mutter stand die Lebensführung in dem meines Vaters im strikten Gegensatz. Beide Häuser, so verschieden sie waren, haben meine Kindheit geprägt und bestimmt.

Die strenge Großmama väterlicherseits war eine Tochter des sächsischen Kulturministers Johann Paul Freiherr von Falkenstein. Ihre Ehe mit meinem norddeutschen ernsten Großvater Clemens Wedel hatte ihrem Leben eine ausgesprochen puritanische Richtung gegeben, die sich in ihrer Witwenzeit mehr und mehr ausprägte. Sie war eine wohlhabende Erbin. Schloß und Gut Großzschocher stammten aus ihrer Familie. Doch hielt sie auf äußerste Sparsamkeit und rechnete genau. Mein Vater, der den Besitz gern verwaltet hätte, wurde nach seiner Militärzeit in ein ungeliebtes Jurastudium gepreßt. Und die Landwirtschaft wurde verpachtet. Nur der kleine Wald blieb in eigener Regie.

Bei Großmama lebte bis zu ihrem Tode ihre unverheiratete jüng-

ste Tochter – Tante Else –, Krankenschwester im evangelischen Orden der Johanniter. Sie beschreibt als 25jährige ihre Erlebnisse anläßlich der Doppelhochzeit in Berlin.
In unseren Kindertagen in Großzschocher war sie eine gestrenge Autorität, mit großen blauen Augen, immer im altmodischen grünen Lodenkostüm, mit langem Rock, schwarzen Stiefeln, einer Wollbluse mit hohem Kragen, grünem Strickschlips, auf dem eine Hirschhornnadel prangte. Wir Kinder wurden hin und wieder zur Frühgymnastik in ihr Zimmer zitiert. Dort stand Tante Else im Unterkleid, mit geschnürtem Mieder, weißen, gewickelten Pumphosen mit Spitzenvolants, und machte Frühgymnastik, an der wir unter ihrem Kommando teilnehmen sollten! Wir fanden das lustig. In ihrem Zimmer sollte ich nach dem Tode der gestrengen Großmama selber bis zu meiner Hochzeit wohnen. Dort hatte mir die alte Gouvernante mein Hochzeitskleid anzuziehen und den Schleier aufzustecken.
Ich erinnere mich noch daran, wie am Hochzeitstag der Chauffeur an die Tür klopfte mit dem Ruf: ,,Frau Gräfin, wir müssen zur Kirche fahren" – und ich erschrocken feststellte, daß ich nun, nach der standesamtlichen Trauung, schon einen neuen Lebensabschnitt begonnen hatte und nicht mehr das junge Mädchen aus Großzschocher war. Beklommen fuhr ich mit den Eltern zur Kirche.
Mein Vater kam nach Studienjahren in Heidelberg und Berlin und nach der Referendar- und Assessorenzeit schließlich als Landrat nach Hannover. Das war eine Stellung, für die er durch die nicht nur preußischen, sondern auch hannoverschen Traditionen in unserer Familie besonders geeignet war. Bei den ausgesprochenen ,,welfisch" gesinnten Bauern seines Landkreises war er denn auch nach kurzer Zeit sehr beliebt und angesehen, während meine Mutter durch ihre heitere Unbefangenheit und Liebenswürdigkeit sich in der hannoverschen Gesellschaft viele Sympathien erwarb.
Durch die langen Sommerferien, die wir hier verbrachten, wurde Großzschocher neben Hannover unsere zweite Heimat. Wie staunte ich schon als Kind über manche Dinge in diesem Großelternhaus! Da hingen breite gestickte Bänder mit Griffen an den Türen, mit denen man ein verrostetes Glöckchen zu einem klägli-

chen Klingeln in Bewegung setzte, um die Familie zu den Mahlzeiten zu rufen. Die Wände des Eßsaales waren noch aus der Biedermeierzeit mit Weinranken bemalt. Man aß gut sächsisch auf Meißner „Zwiebelmuster"; zu besonderen Gelegenheiten auf der „Blauen Blume". Unser Entzücken bildete ein vollständig eingerichtetes Puppenhaus aus der Kindheit der Großmama.

Hier führte sie als verwitwete alte Dame, umgeben von ihrer unverheirateten Tochter Else, der Jungfer Anna, der Köchin Marie und dem Diener Johann, ein genau geregeltes Leben, über welches sich nur der geliebte Boxerhund „Rigo" mit großer Unbekümmertheit hinwegzusetzen pflegte.

Von ferne ahnte ich etwas von den Kompetenzkämpfen zwischen Marie, Anna und Johann. Dieser trug einen dunkelblauen Frack mit schwarz-gelb gestreifter Weste und weißer Krawatte, wenn er mit flatternden Schößen von der Küche zum Speisezimmer eilte. Anna sehe ich mit gestärkten Volants auf den Schulterbändern ihrer weißen Schürze, hochgekämmtem Haar, unter dem sich der damals modische „falsche Wilhelm" versteckte, und mit der Brennschere gedrehten Stirnlöckchen vor mir – ganz Würde und duftende Sauberkeit.

In der Bibliothek des Hauses, dem großen, gemütlichen Wohnraum, wo sich allabendlich die Familie um den runden Tisch zu Handarbeiten und Kartenspiel zusammenfand, hing, den Raum beherrschend, das Altersbild meines sächsischen Urgroßvaters Johann Paul Freiherr von Falkenstein mit schlohweißem Haar und Backenbart. Über das schneeweiße Hemd zog sich quer ein leuchtend blaues Ordensband, ebenso blau wie seine klugen, gütigen Augen. Mit ihm konnte ich jeden Augenblick Zwiesprache halten, so schien es mir.

Prunkstück des Hauses war der Rote Salon, so genannt nach seiner sanft-tomatenroten Tapete, den schweren, rotseidenen, von Messingknöpfen gehaltenen Vorhängen und den gleichfarbigen Bezügen seiner originellen, etwas behäbigen Louis-XV.-Möbel. Die Rokoko-Stuckdecke war ebenso weiß gehalten wie die hohen Doppeltüren und die Fenster. Dieses Interieur in Weiß und Rot schuf einen wirkungsvollen Rahmen für die vielen Familienbilder der sächsischen Verwandtschaft wie auch für die zum Teil von

Graff und einem der Tischbeins gemalten Portraits Lessings, Goethes, Schillers und Wielands. Schiller imponierte mir durch seine flammendrote Toga, und „Papa Wieland“ im schwarzen Käppchen gewann durch seinen freundlich-sinnenden Blick mein Vertrauen.

Zu diesen Portraits gesellten sich, vom Großonkel meiner Großmutter, dem reichen Handels- und Ratsherrn der Stadt Leipzig, Heinrich Blümner, mit Kennerschaft gesammelte deutsche und holländische Landschaften und Genrebilder des 17. und 18. Jahrhunderts. Einen besonderen Eindruck machte mir „Die Versuchung des Hl. Antonius“ von Teniers. Eine Schöne, mit Kopfputz und üppigem Seidenkleid, steht als Verführerin vor dem Alten, aber unter ihrer gerafften Schleppe entdeckte ich zu meinem Schrecken einen wahrhaftigen Pferdefuß!

Alle Gemälde waren im gleichen Empire-Goldrahmen in verschiedenen Größen gerahmt, was dem Raum die Ausstrahlung eines festlichen Museums verlieh. Das lebensgroße Ölbild des jugendlichen Urgroßvaters Falkenstein mit seiner Braut, der Tochter des Leipziger Oberbürgermeisters und Bankiers Gruner, hing dem Eintretenden gegenüber an der Mittelwand, um ihn gleichsam in der Galerie zu begrüßen. Ich liebte dieses Zimmer; es strahlte Intimität und Kunstverständnis des Sammlers aus und wirkte stark auf mein kindliches Gemüt.

Zuweilen vergaß Großmama ihre Strenge. Ich erinnere mich deutlich, wie sie, einen weißen Wollschal mit langen Fransen über ihrer stets dunklen Garderobe und auf einen Stock gestützt, dem großen Sessel in der Bibliothek zustrebte, um uns Geschichten zu erzählen, die sich einst in und um Großzschocher zugetragen hatten. So bekam das Haus im Oktober 1813, während der Völkerschlacht bei Leipzig, französische Einquartierung. Nach dem Zurückweichen der Armee Napoleons, als der russische General Poniatowski zu Pferde den Fluß überqueren wollte, um auf das westlich gelegene Schloß zu gelangen, geriet er in einen Strudel und ertrank, nicht ohne vorher laut zu rufen: „Wie heißt dieser Fluß?“ Ob er die Antwort „Elster“ noch verstanden hat, ist ungewiß. Jedoch überliefert ist eine Erzählung von ihm selbst, daß ihm vor vielen Jahren eine Wahrsagerin aus der Hand gelesen habe, er

würde eines Tages durch eine „Elster" sterben. Sicher hat er zu jener Zeit nicht an einen Fluß gedacht . . .
Auch von den Freiheitskriegen erzählte die Großmama und von den „Lützower Jägern", die das Land durchstreiften. Zu ihnen gehörte der junge Freiheitsdichter Theodor Körner. Schwerverwundet wurde er von der Schloßgärtnerstochter in einem nahegelegenen Wäldchen aufgefunden. Er glaubte zu sterben. Auf ein kleines Blatt Papier schrieb er sein Gedicht:

Die Wunde brennt, die bleichen Lippen beben,
ich fühl's an meines Herzens mattem Schlage:
hier stehe ich am Ende meiner Tage . . .

Doch es sollte nicht sein Ende sein. Das Mädchen holte Hilfe, und Körner wurde in das kleine Gärtnerhaus am Parkende getragen, wo er, versteckt vor der damals noch französischen Einquartierung, in einem Kämmerchen gesundgepflegt wurde.
Schließlich konnte Körner in der Verkleidung eines alten Mannes ein Boot auf der Elster besteigen und fliehen, um wieder zu seinen Lützowschen Jägern zu eilen. Bald darauf aber fiel er bei einem Gefecht in Mecklenburg. An der Stelle jedoch, wo er in dem Wäldchen nahe Großzschocher schwer verwundet wurde, hat meine Großmutter ihm einen Gedenkstein setzen lassen.
Es hat sich ein Foto erhalten, auf dem mein Vater anläßlich der Hundertjahrfeier der Völkerschlacht im Jahre 1913 diesen Gedenkstein für Theodor Körner in Anwesenheit der örtlichen Honoratioren einweiht. Ehrenjungfrauen in weißen Kleidern und Blumenkränzen umstehen ihn. Dazu erzählte mein Vater später, daß er eine Rede gehalten habe, worauf man ein vaterländisches Lied anstimmte und schließlich eine der Ehrenjungfrauen – wohl in gut sächsischem Dialekt – das todestraurige Gedicht von Körner aufsagte, welches er einst an dieser Stelle niedergeschrieben hat.
Wir baten die Großmama, uns nicht nur von Körner und Poniatowski, sondern auch von sich selbst und „von früher" etwas zu erzählen: „Wie war es, als du jung warst?", und sie ließ sich nicht lange bitten: „Ihr wißt ja, daß mein Vater, euer Urgroßvater, im Jahre 1844 zum Innenminister des Königreichs Sachsen ernannt

worden war. Damals zählte ich zwei Jahre. Meine Eltern bewohnten mit uns drei kleinen Töchtern – einen Bruder hatte ich nicht – ein schönes altes Palais in der Dresdner Moritzstraße. Aber auch an ihnen gingen die Revolutionstage von 1848 nicht spurlos vorüber. Wild aussehende Männer lagerten in den Straßen, Barrikaden wurden errichtet. Der alte Diener erschien schreckensbleich mit der Nachricht, er habe in der Straße Rufe gehört, wie: ‚Den Minister bringen wir als ersten auf die Guillotine!‘ Dies veranlaßte meinen Vater, in einer alten Droschke, nur mit Kutscher, Frau und Töchtern, unauffällig die Stadt zu verlassen. Als Gepäck führten wir ein paar Umhängetaschen mit, die das Nötigste enthielten. So kutschierten wir, eine Spazierfahrt vortäuschend, die über hundert Kilometer von Dresden nach Leipzig. Die Fahrt war gefahrvoll, aber die beiden braven Pferde hielten durch, und so landeten wir nach einigen Tagen glücklich in Großzschocher. Kurz darauf ging eines der beiden Wagenpferde an Erschöpfung ein. Ich lief in den Stall und weinte bitterlich beim Anblick des schönen, treuen Braunen.
Danach verbrachten wir einige Jahre in Großzschocher, bis mein Vater 1853, diesmal als Kultusminister, wieder nach Dresden berufen wurde . . .
Mein vielbeschäftigter Vater versäumte es nie, die Oberaufsicht über die Schulaufgaben seiner Töchter zu führen. Er war streng und gerecht und pflegte zu sagen: ‚Wer nicht gehorchen kann, wird nie befehlen lernen.‘ Jeden Morgen versammelte er seine Familie zur Andacht. Ein Lied aus dem Gesangbuch und das Vaterunser mußten von uns Kindern aufgesagt werden. Fest stand er in seinem Glauben, war aber fern von Unduldsamkeit und immer bereit, anderen zu helfen. 1853 heiratete meine ältere Schwester in der Kirche von Großzschocher. Bei der Trauung wurde viel geweint, und ich schloß mich dem so gründlich an, daß mein kleines, rotgerändertes Taschentuch nicht ausreichte, um meine Tränen zu trocknen. Als bald darauf meine zweite Schwester, Johanna, heiratete, war ich ihre Brautjungfer, stickte ihr das Brauttaschentuch und wand ihr den Myrtenkranz.
Nun war ich die einzige in unserem Dresdner Stadthause. Weil Mama im Frauenverein sehr tätig war, fiel mir die Aufgabe zu,

meinen Vater regelmäßig vom Ministerium abzuholen, um mit ihm spazierenzugehen.
Einmal begleitete ich meine älteste Schwester Linna, die einen Herrn Krug von Nidda geheiratet hatte, zur Kur nach Bad Reichenhall, wo wir im Hotel Axelmannstein abstiegen. Die Reise ging über München und Rosenheim per Zug. Dann fuhren wir mehrere Stunden in der Kutsche am Chiemsee entlang bis nach Reichenhall. Es fand sich hier eine lustige Gesellschaft zusammen. Wir wurden beim Badekommissar eingeladen, wo viele Leute: Rechberg, Bredow und auch ein Graf Clemens Wedel aus- und eingingen. Mit letzterem ging ich zuweilen spazieren und ärgerte mich sehr, als meine Schwester sagte: ‚Ich weiß gar nicht, was du an dem langweiligen Grafen Wedel so Angenehmes findest!' Ich aber genoß diese Tage, und so wurde mir die Trennung schwer. Nicht wenig war ich erstaunt, als sich Clemens Wedel bei unserer Abreise noch einmal einfand, obwohl wir uns schon am Abend vorher verabschiedet hatten, und ich glaubte, ihn nie wiederzusehen. Er war jetzt so herzlich, daß ich förmlich erschrak, wie ein Trennungsweh mich ergriff . . .
Ich war ja noch so jung, stand erst vor meinem 17. Geburtstag und sollte zu Neujahr 1860 in einem weißseidenen Kleid mit rosa Manteau, der mit Maiblumen garniert war, bei Hofe vorgestellt werden. Da mein Vater als Minister an allen Hofbällen teilnahm, die immer mittwochs stattfanden, begleitete ich ihn oft auf diese Feste. Ich tanzte gern mit dem Kronprinzen Albert oder mit dem depossedierten Erbgroßherzog von Toscana. Alle Herren strebten danach, die Damen zu unterhalten und ihnen Höflichkeiten zu erweisen, wo sie konnten, die wir artig annahmen. In meinem Herzen aber vergaß ich Clemens Wedel nicht. Er kam in der Folgezeit mehrmals nach Dresden, um uns zu besuchen und schließlich bei meinen Eltern um mich anzuhalten.
Im Juni 1863 verlobten wir uns und waren unendlich glücklich. Wir waren es durch gegenseitige tiefe Herzensneigung und durch die aufrichtige Freude und den Segen beider Elternpaare. Bald begann ein endloser Gratulationsstrom der vielen überraschten Freunde und Bekannten. Der gute alte König Johann schalt, daß ich mein Sachsenland verlassen wollte, denn mein Bräutigam war

Oberstallmeister beim Großherzog von Oldenburg, und wir würden in der Stadt Oldenburg leben. Im Oktober 1863 fand unsere Hochzeit in Großzschocher statt. Ich erinnere mich wenig an den Tag – nicht, weil ich teilnahmslos war, sondern weil ich innerlich zu tief bewegt war und alles nur wie im Traum erlebte . . ."

Soweit die Erzählungen von Großmama. Es wurde eine selten glückliche Ehe, die 43 Jahre währte. Als Clemens Wedel 1907 starb, hinterließ er vier Kinder, von denen der 1866 geborene Sohn, Clemens Wedel, mein Vater war. Großmama zog von Oldenburg, wo sie Jahrzehnte mit ihrem Mann gelebt hatte, nach Großzschocher in Sachsen, dessen Besitzerin sie inzwischen war. Ihre Trauerkleidung hat sie nie wieder abgelegt.

Erst nach ihrem Tode und der Pensionierung meines Vaters im Jahre 1930 zogen wir ganz auf den lieben Familienbesitz in Sachsen, den wir von Jahr zu Jahr mehr als unsere Heimat betrachteten.

Außer Großzschocher gab es noch ein anderes verlockendes Ferienziel für uns heranwachsende Kinder: Norderney! Seit Generationen besaßen Mitglieder der in Ostfriesland ansässigen Wedels – zu deren Abkömmlingen meine Eltern zählten – ihre Sommerhäuser auf dieser Nordseeinsel. In manchen unserer großen Ferien mieteten wir eins dieser Domizile: die urgemütliche, altmodische Villa „Fresena". Mit Sack und Pack brachen wir an die Küste auf und ließen uns von einem kleinen Dampfer übersetzen.

Die beiden Stammsitze der Familie Wedel lagen in Ostfriesland – Evenburg bei Leer und Gödens bei Wilhelmshaven. Evenburg wurde lange Zeit von dem Chef unserer Sippe, Onkel Erhard Wedel, und seiner Frau, Tante Julia geb. Bussche-Ippenburg, mit ihrer großen Kinderschar bewohnt. Onkel Erhards mächtige Gestalt ist mir in guter Erinnerung! Er trug einen wohlgepflegten weißen Spitzbart und fuhr ein für damalige Zeiten hochmodernes offenes Auto, einen Sechssitzer, nur mit einem notdürftigen Gabardinverdeck für Regenfälle ohne seitlichen Schutz versehen. Neben dem Steuerrad, an der Außenseite, prangte ein großer schwarzer Gummiballon mit einer Metallöffnung nach unten – das Hupsignal –, das Onkel Erhard bei seinen Rundfahrten mit verbissener Wut bei Richtungsänderungen drückte! Oftmals gab der Ballon aber kein Warnsignal von sich, sondern stöhnte nur leise vor sich hin, worauf Onkel Erhard mit hochrotem Kopf reagierte!

Er versäumte jedoch nicht, uns zum Hauptsitz Gödens bei Wilhelmshaven zu fahren. Gödens ist ein prachtvolles Rennaissance-Wasserschloß, das mein Vetter Eduard Wedel nach seiner Heirat mit Heidi Faber-Castell ganzjährig bewohnte. Heute ist Gödens eine Oase des Friedens und der Erholung für müde Großstädter. Die Hausfrau lädt zu Hauskonzerten ein.

In den Ferien in Norderney waren wir mitten im fröhlichen Treiben von Verwandten und Freunden. Neben Schwimmen und Burgenbauen betrieben wir den Tennissport, angesteckt von der Familie Cramm, die sich in der Nachbarvilla einquartiert hatte. Von den sechs Söhnen spielte einer besser als der andere. Wie groß war mein Schreck, als ich von einem der Brüder zu einem Single aufgefordert wurde; zu meiner Erleichterung konnte ich ihm seine Bälle einigermaßen zurückgeben. Gottfried von Cramm, der begabteste Spieler unter den Sechsen, trug, neben den bekannten Turnierreitern der Kavallerieschule Hannover, in den Jahrzehnten nach dem Ersten Weltkrieg nicht unwesentlich dazu bei, durch sportliche Höchstleistungen das deutsche Ansehen zu heben.

Gottfried sah nicht nur nobel aus, er war es durch und durch. Dazu sehr gepflegt: Nie anders als in langen hellen Flanellhosen, mit tadelloser Bügelfalte, erschien er auf den Tennisplätzen der Welt. Mit seinen strahlenden blauen Augen gewann er alle Herzen. Seine absolute Fairneß war bekannt. War im härtesten Match einmal eine unsichere Entscheidung gefällt worden, so verzichtete der internationale Star auf seinen eventuellen Vorteil und bat um Wiederholung.

Eine völlig andere Norderneyer Größe war eine uralte originelle Dame: unsere Großtante Lu Groeben, die in erster Ehe mit einem Bruder meines Weimarer Großvaters Wedel verheiratet gewesen war. Während der Sommermonate residierte sie in ihrer prachtvollen Villa am Strand. Bei ihr war alles weiß – schneeweiß sogar: das glänzende Haar, das leicht gepuderte Gesicht, die blaugeäderten Hände. Weiß war ihr Kostüm aus leichtem Flanell oder Leinen, das sie auf der Strandpromenade trug, weiß waren die Bluse,

die Handschuhe, der Sonnenschirm und die Leinenschuhe mit breiten Schnürsenkeln. Großtante Lu Gräfin Groeben, verw. Gräfin Wedel, geb. von Eschwege, hatte Familiensinn und prägte meinen Eltern streng ein, daß sie sich schon jetzt nach einer vorteilhaften Heirat für ihre Töchter umzusehen hätten. Meine Schwester und ich waren zehn und zwölf Jahre alt, und was sich die engere und weitere Familie unter einer „vorteilhaften Heirat" vorstellte, entsprach keineswegs unseren erwartungsvollen Gemütern.
Wir besuchten Tante Lu später noch häufig in ihrem großen Haus am Berliner Königsplatz, wo sie eine gepflegte Geselligkeit kultivierte. Da saß sie dann in ihrem mit rotem Damast ausgeschlagenen Salon – ihre schneeweißen Hände mit viel zu weiten Brillantringen, die bei jeder Bewegung leise klirrten, auf einer Fuchsdecke liegend, die ihre Knie bedeckte – und empfing ihre Gäste: meist alte, würdige Gestalten, „Ehemalige" aus der Hofzeit. Wir betrachteten diese Szene wie ein lustiges Schauspiel, das uns nichts anging, entschlossen, hier keinen Umgang zu pflegen, sollten wir erwachsen sein und eigene Wege gehen.
So endete die Kindheit im Elternhause. Ein neuer Lebensabschnitt, sehr viel spartanischer, sehr viel strenger, begann.

7
Mädchen in Uniform

Als ich fünfzehn Jahre alt war, brachten mich meine Eltern in ein Mädcheninternat, das ,,Freiadelige Magdalenenstift" in Altenburg, einer kleinen thüringischen Residenzstadt. Ob es ein weiser Entschluß war – ich weiß es nicht. Schon die einheitliche reizlose Kleidung mit weißen Pikeekragen, schwarzen Schürzen, schwarzen Schuhen und Strümpfen, preßte uns unausweichlich in eine ,,Mädchen-in-Uniform"-Lebensführung, ohne daß dies jedoch auf die Geisteshaltung abfärbte. (Ähnlich einheitliche Kleidung sah ich vor einigen Jahren in den Moskauer Museen, durch welche Schulklassen geführt wurden: andächtig lauschende kleine Mädchen mit strenggescheitelten Haaren, oftmals mit schwarzen Taftschleifen abgebunden.) Wir nahmen damals die Einfachheit des Internats als gottgegeben hin, wußten wir doch, daß das warme Nest eines schützenden Elternhauses im Hintergrund auf uns wartete.

Unvergessen aber bleibt die Gestalt der ,,Frau Pröpstin", Hildegard von Thadden-Trieglaff, deren in Mecklenburg ansässige Familie seinerzeit dem Freundeskreis des jungen Bismarck angehörte. Sie führte uns in die Sagenwelt des Archäologen Schliemann ein, des Entdeckers und Ausgräbers von Troja und Mykene, für den sie sich immer wieder begeisterte. Fast jede ihrer Erzählungen an langen Sonntagnachmittagen, die wir klassenweise im Wechsel bei der Frau Pröpstin im düsteren Kapitelsaal des Stiftes verbringen durften, begann mit dem Satz: ,,Mein Mann Schliemann . . .", was immer sie damit meinte. Aber sie las uns auch mit ihrer volltönenden, warmen Stimme aus Goethes ,,Wahlverwandtschaften" vor, oder sie ließ uns Schillers Dramen mit verteilten Rollen lesen, wobei ich regelmäßig den Part eines Räubers oder Liebhabers zugeteilt bekam. Diese Sonntagnachmittage im

Kapitelsaal waren aber auch deshalb beliebt, weil jedes ,,Stiftskind" zwei kleine, trockene Stückchen Streuselkuchen und eine Tasse dünnen Bohnenkaffee zu sich nehmen durfte – ein unerhörter Luxus! Dieses Privileg war für die glückliche Empfängerin so enorm, daß wir uns veranlaßt fühlten, den nicht so bevorzugten Kameradinnen etwas von diesen Kuchenstückchen mitzubringen; als Überraschung und Betthupferl sozusagen. Es bedurfte einer besonderen Kunst, diese Kuchenstückchen aufzuteilen. Ich tat es meist etwas ungeschickt mit der Nagelschere, da ich in meinem Schulschrank auf dem Korridor kein Messer haben durfte, und oftmals blieben dann für mich selbst nur ein paar Krümel übrig. Die verehrte Frau Pröpstin – personifizierte Würde und Distanz – trug stets langwallende schwarze Gewänder mit einem weißen Kragenrand am hochgeschlossenen Hals, dazu eine imponierende Witwenhaube, weiß gerändert mit wehendem schwarzen Chiffonschleier. Warum sie angesichts der vielen unbeschwerten Jugend um sich herum immer Trauer trug, blieb ein Geheimnis. Doch war ich bereit, ihre Autorität anzuerkennen, auch wenn gelegentlich ihre klugen braunen Augen strafend auf mir ruhten und sie mich für schlechte Manieren und fröhliche Frechheit rügte.

Frau Pröpstin war literarisch interessiert und versiert, das spürten wir. Wie erstaunt waren wir aber, als sie selber ein Theaterstück verfaßte, ein historisches Drama: ,,Berengar und Otto"! Das Stück sollte gespielt werden. Ich mußte die Rolle des Markgrafen Berengar von Italien übernehmen, der in einem dramatischen Kampf Kaiser Otto I. die Lombardenkrone zu entwinden hatte. Kaiser Otto wurde von unserer Klassenersten, Maxa von Laer, gespielt, damals einem rundlichen Pummelchen mit freundlichen blauen Augen. Sie wurde in eine martialische Ritterrüstung gepreßt und sollte mich besiegen. Ein früheres Stiftskind, Annchen Bülow, schon etwa zwanzig Jahre und deshalb als ,,altes Stiftskind" von uns abgetan, kam extra für einige Zeit nach Altenburg, um das Stück einzustudieren sowie die Dekorationen und Kostüme zu entwerfen. Denn es sollte zu einem großen Theaterabend eingeladen werden. Annchen Bülow erschien mir schön und rassig.

Geld für Kostüme besaßen wir nicht, das störte jedoch unsere souveräne Pröpstin keineswegs. Not macht erfinderisch. So nahmen wir alte Möbel aus den Klassenzimmern, bastelten sie zu pompösen Rednerpulten um und stellten aus Pappe die genau kopierte ,,Eiserne Lombardenkrone" her, die ich mir selbst auf mein königliches Haupt stülpen sollte. Eine alte Gardine diente mir als Königsmantel, und vom farbig dekorierten Schulpult der Mathematiklehrerin sollte ich dann eine donnernde Thronrede an das kaum vorhandene Volk richten – so schrieb es die Frau Pröpstin vor. Das gedemütigte Volk bestand, mangels vorhandener Statisten, aus zwei Klassenkameradinnen, die, in alte Kartoffelsäcke gehüllt, mir wiederwillig zuzujubeln hatten. Bei der Hauptprobe packte mich während meiner Rede ein unwiderstehlicher Lachreiz. Aber der gestrenge Blick der Frau Pröpstin und ihr erhobener Zeigefinger brachten mich sogleich wieder in die richtige Form und die hier gewünschte Rolle. Otto der Große mußte siegen, so verlangte es die Historie. Er nahm mir Land, Frau, Rednerpult und Lombardenkrone und jagte mich von dannen. Die von mir geraubte Frau, Mathilde hieß sie, folgte Otto nur widerwillig in sein königliches Dasein. Das war das Happy-End der historischen Schnulze.
Zur Erstaufführung wurden die Honoratioren der Stadt Altenburg eingeladen, darunter literarische Lokalgrößen, wie die Schriftstellerin Erika von Watzdorff-Bachoff und der Balladendichter Börries Freiherr von Münchhausen. Auch ein junger Pfarrer, Hanns Lilje, kam, der später Bischof der Vereinigten Evangelisch-Lutherischen Kirche Deutschlands wurde. Angesichts dieser Prominz hatten wir doch Lampenfieber und spürten etwas von dem erregenden Glanz des Theaterlebens. Immerhin war es eine willkommene Abwechslung in unserem eintönigen Alltag.
Wie sah dieser nun aus? Wie lebten und lernten wir? Was war schicklich für uns höhere Töchter? – Zunächst wurden wir zu etwa vierzehn Schülerinnen in großen ungeheizten Schlafsälen untergebracht. Außer eisernen Bettgestellen gab es weder Stühle noch Nachttische, noch gar Nachttischlämpchen. Keine Gardinen, keinen Teppich, kein Bücherregal. Ein einziger Lichtschalter für eine Glühbirne an der Zimmerdecke wurde von der Schlaf-

zimmerersten bedient, aber auch dies nur nach strengen Vorschriften. Licht war nach dem Abendgebet nicht mehr erlaubt.
Jeder Schlafsaal hatte einen Vorraum, den sogenannten Waschraum, mit einer Dusche, die gelegentlich warmes Wasser ausspuckte. Sonst hatte jede nur einen kleinen, rohen Holztisch mit einer angestoßenen weißen Emailschüssel und einer Blechkanne, um Wasser von der Dusche zu holen. Dazu einen Haken für zwei Gerstenkornhandtücher mit unseren eingestickten Initialen. – Es galt als unschick und albern, die grauen Gummivorhänge, die um jeden Waschtisch angebracht waren, zuzuziehen. Die Neuankömmlinge, die es nicht besser wußten, wurden ausgelacht beim Versuch, sich hinter einem solchen Vorhang zu waschen. Dergleichen Prüderien wurden schnell abgeschafft.
Abends ging Frau Pröpstin mit ihrem wehenden Schleier durch alle Schlafsäle. In der Mitte des Saales stehend, betete sie mit uns das Vaterunser. Wir Mädchen knieten in unseren Betten, ihr zugewandt, mit dem Rücken zur Wand. Jeder einzelnen wünschte sie dann mit leichtem Kopfnicken im Rundgang eine gute Nacht. Soweit es uns in unseren Betten mit gefalteten Händen möglich war, verneigten wir uns vor ihr und antworteten artig: ,,Gute Nacht, Frau Pröpstin" in der ersten Woche oder ,,Good night, Lady Patroness" in der zweiten oder ,,Bonne nuit, Madame la Patronne" in der dritten Woche, denn wir sollten uns ja in Fremdsprachen üben. Immer, in jedem Satz, mußte die direkte Anrede ,,Frau Pröpstin" gebraucht werden, und stets wurde sie in dritter Person angeredet. Das größte Verbrechen aber wäre es gewesen, hätten wir ihr irgendwann am Tage den Rücken zugedreht! Bei jeder Begegnung und jedem Gespräch versanken wir in einen tiefen Hofknicks, so verlangte es die Vorschrift . . .
Nach dem Abendgebet im Schlafsaal war es für die meisten Schülerinnen unmöglich, sogleich einzuschlafen. Licht, um versteckte und verbotene Bücher zu lesen, durfte nicht mehr eingeschaltet werden. Aber durch die offenen Fenster schimmerte hin und wieder das milde Mondlicht. Dann improvisierten wir kleine nächtliche Tänze, zu denen wir die Melodien summten, bis wir schließlich, müde geworden, eine nach der anderen in unse-

re Betten sanken. Manche lautlose Heimwehträne mag im Dunkeln noch die Kopfkissen genäßt haben . . .
Immer war es ein Trost, in diesem streng eingeteilten, spartanischen Alltag ein kleines Geheimnis für sich zu haben. So krümelte es oft in den Betten, denn wo konnten wir die Plätzchen und Kuchen, die uns zuweilen in erlaubten Elternpaketen geschickt wurden, anders verstecken als unter dem Kopfkissen? Es war ein kleines Glück, diese nach Großmamas Rezept liebevoll gebackenen Genüsse zu verschlingen und in Gedanken an das heimatliche Paradies einzuschlummern.
Ich erinnere mich, daß mein Vater mir einmal zwei gebratene Rebhühner schickte. Derartige Luxusbrocken waren an sich verboten, aber sie rutschten unbemerkt von der Postkontrolle des Stiftes zu mir durch. Ich mußte sie also verstecken! Es war schwierig, sie, in Butterbrotpapier gewickelt, zwischen den Schulbüchern im Flurschrank aufzuheben. Ich beschloß also, schnell zu handeln. Ganz allein zwei Hühner zu verspeisen, schien mir doch etwas viel; so lud ich eine Freundin ein, mit mir das kleine Diner zu genießen. Aber wo? Es gab nur einen einzigen Ort, der eine abschließbare Tür besaß, und das war eines der WCs in einem größeren Raum. So wählten wir eine dieser Lokalitäten aus und fingen, bei offenem Fenster mit baumelnden Beinen auf der Fensterbank sitzend, genüßlich unseren Schmaus an. Doch wer beschreibt unseren Schrecken, als plötzlich die Tür ging und die gestrenge Mathematiklehrerin das Nebenlokal betrat! Unser Butterbrotpapier knisterte laut, unser Flüstern wurde vernommen, und ihre strenge Stimme rief: ,,Wer schwatzt denn da nebenan?“ Wir, ganz personifiziertes schlechtes Gewissen, warfen, von Panik ergriffen, die fetten Rebhühner in das WC. Ich zog ausgiebig, das Wasser rauschte laut, und im Schutze dieser Geräuschkulisse verließen wir eilig den Ort und mischten uns unter die anderen Schülerinnen. Gottlob wurde nicht weiter nach den Übeltätern geforscht, aber unsere Rebhühner waren verloren.
Frühmorgens, noch vor dem Frühstück, sangen wir im Eßsaal ein Kirchenlied. Der Schrecken war, wenn auch hierzu Frau Pröpstin erschien und stehend einstimmte. Wir hatten den Auftrag, diese vorher festgelegten Lieder auswendig zu lernen, und die Pröpstin

suchte täglich eine von uns aus, die anschließend alle Verse hersagen mußte. Ich hatte Glück, denn ich wurde fast nie aufgerufen. Nach dem frugalen Frühstück folgte der Unterricht. Mein Lieblingsfach war Geschichte, die uns der alte Herr Burger, ein in Altenburg lebender pensionierter Studienrat, nahebrachte. Durch ihn lernte ich etwas über europäische Zusammenhänge, über den Dualismus zwischen Habsburg und Hohenzollern, über die Auflösung des Heiligen Römischen Reiches und die Neugründung Deutschlands durch Preußen und Bismarck. Die Katastrophe von 1918 und ihre Folgen wurden nur gestreift. – Die viel angeschwärmte Deutschlehrerin, Fräulein von Kuhlberg, eine sympathische junge Baltin, verstand es, uns für die Werke unserer Dichter zu interessieren und gute Aufsatzthemen zu geben.

Die Mittagsmahlzeiten waren gleichförmig, und der Speisezettel wiederholte sich wöchentlich. Auch der Speisesaal war, wie unser Schlafsaal, von spartanischer Einfachheit. Lange, rohgezimmerte Holztische, ebensolche Bänke ohne Rückenlehnen, kein Tischtuch, keine Blumen, nur Serviettentaschen mit unserem Namenszeichen und einer Nummer, die jede Schülerin bei ihrer Einweisung für Wäsche und Schulbücher zugeteilt bekam. Der sehr populäre Hausdiener, Herr Lory, mit weißem Kaiser-Wilhelm-Schnurrbart und freundlich zwinkernden Augen, latschte in seiner gestreiften Jacke von Tisch zu Tisch, wo er große verbeulte Blechschüsseln abstellte, aus denen das durch den Wolf gedrehte Lungenhaschee mit Kartoffelpüree oder ähnliches ausgeteilt wurde. Die Nachspeise, immer derselbe Pudding, wenn auch in verschiedenen Formen aufgetischt, war mit einem roten Saft übergossen, in dem stets tote Ameisen schwammen, die es herauszufischen galt. Als Getränk gab es Leitungswasser; abends manchmal eine sogenannte kalte Platte, dazu dünnen Tee. Nach dem Mittagessen absolvierten wir in unseren Klassenzimmern die Hausaufgaben. Aufsichtführend war die Gymnastiklehrerin, Fräulein Jurenew, eine russische Emigrantin. Ihre Seele schien in der östlichen Weite ihrer Heimat geblieben zu sein, denn sie kontrollierte uns nur lässig, und wir tanzten ihr, gelinde gesagt, auf ihrer spitzen Nase herum.

Endlich, um 16 Uhr, schellte es, Wir waren erlöst, Hefte und

Bücher flogen in den Flurschrank, und wir stürzten uns auf den Nachmittagskaffee. Im Flur standen lange Tische mit uralten Holztabletts, auf denen, eine an der anderen in großer Zahl aufgereiht, längliche Musschnitten lagen. Immer klebte auch die Rückseite voll Mus – Butter gab es nicht –, und das Pflaumenmus, im Wechsel mit Vierfruchtmarmelade, durchnäßte die ganze Brotscheibe. So war das Verzehren der Schnitte immer ein Balanceakt. Fräulein Lory, die Tochter unseres Faktotums, stand in blauer Schürze mit einer großen Kanne dünnem Kaffee bereit, um uns nach Wunsch unsere Becher zu füllen.

Danach wurde spazierengegangen. Sport gab es wenig, keinen Tennisplatz, kein Schwimmen, keinen Park zum Auslaufen. Wieder unter der Führung der spitznasigen Russin gingen wir im Gänsemarsch Hand in Hand zu zweit in gleichen dunkelblauen Lodenmänteln und Hüten durch die Stadt. Taschengeld besaßen wir so gut wie keines. Einkaufen oder auch nur Stehenbleiben, um Ladenfenster anzuschauen, war verboten. Die Kinder der Stadt sangen uns Spottlieder nach. Unbeirrt gingen wir weiter, bis wir wieder durch das Tor den Innenhof des uralten Gebäudes erreichten.

Einer scharfen Kontrolle unterlag auch unser Schriftverkehr. Täglich nach dem Mittagessen verteilte die Frau Pröpstin die einzelnen Briefe an deren Empfängerinnen. Alle waren sie geöffnet und kontrolliert worden, außer denjenigen, welche durch die Aufschrift „Elternbrief“ deutlich gekennzeichnet waren und den entsprechenden Absender und Poststempel trugen. So konnten sicherlich keine Liebesbriefe passieren. Wir erwarteten auch keine; viel mehr interessierten uns die liebevollen Worte der Eltern und ihre Freßpakete. Wie erschrocken war ich aber, als Frau Pröpstin mit lauter Stimme meinen Namen aufrief und mir mit unwilliger Miene einen geöffneten Brief überreichte, der eine fremde Handschrift trug. Es war eine Art Liebesbrief von einem blonden Vetter. Eilig nahm ich den Brief in Empfang, las ihn halb beglückt und versteckte ihn unter meinem Kopfkissen.

Dies schien mir jedoch auf die Dauer kein sicherer Ort zu sein. Ich trug damals Schlüpfer mit Gummiband um die Knie. Unter dies Gummiband schob ich den Brief, denn ich vermochte mich nicht

von ihm zu trennen. Aber eines Tages muß der Brief herausgerutscht sein: Unbemerkt war das Gummiband zerrissen! Trotz verzweifeltem Suchen fand ich diesen meinen ersten Liebesbrief nie wieder . . .
Um unsere Körperpflege kümmerte man sich resolut, wenn auch etwas barbarisch. Uns alle paar Wochen die Haare zu waschen, oblag dem erwähnten, den Kaffee ausschenkenden Fräulein Lory. Dies ging folgendermaßen vor sich: Wir standen Schlange vor einem Haushaltsspülbecken im Flur, das nur einen Kaltwasserhahn besaß. Daneben stand Fräulein Lory, ein großes Stück Kernseife in der Hand. Man trat an sie heran, hielt den Kopf mit kurzem oder langem Haar unter den fließenden Wasserhahn und bekam mit ein paar kräftigen Griffen die Seife ins Haar gerieben, die nicht recht schäumen wollte. Dann nahm Fräulein Lory einen bereitstehenden Krug mit heißem Wasser und spülte die Seife heraus – die Nächste bitte! Die Augen hielten wir während der ganzen Prozedur fest geschlossen; Vorsichtige brachten sich einen Waschlappen mit, um keine Augenentzündung zu bekommen.
Wie genüßlich – wenn auch nur an einem Samstag – waren dagegen die warmen Wannenbäder, die uns von der Stiftsleitung in der Waschküche genehmigt wurden. Fräulein Lory stand mit dem obligaten Stück Kernseife vor einer großen Blechwanne, in der anderen Hand hielt sie eine borstige Bürste. (Wir behaupteten, daß es dieselbe Schrubberbürste wäre, die alltags zum Reinigen der großen Steintreppe am Flur diente.) In Badetücher gewickelt nahmen wir wieder in Schlange Aufstellung, und auf los ging's los: Zu zweit hüpften wir in die Blechwanne, die Rücken wurden von unserer Bademeisterin kräftig gebürstet, mit Seife und unseren Händen säuberten wir den Rest – einmal wohlig ausstrecken in der warmen Brühe –, dann war der Traum schon aus. Wie oft das Wasser gewechselt wurde, weiß ich nicht mehr.
Sagenhaften Gerüchten zufolge sollten in früheren Jahrzehnten die jungen Damen nicht ohne ein Hemd bekleidet in die Wanne haben steigen dürfen.
Ein erstes Unmutsgefühl über diese Primitivität hatte ich, als ich von meinem ältesten Bruder eine Einladung zum Primaner-Sommerfest in sein Internat, die „Klosterschule Roßleben“, erhielt.

Meine Eltern schickten mir ein von der Hausschneiderin fabriziertes Abendkleid aus rosa Tüll mit allem Zubehör. Ich durfte eine Freundin mitnehmen, die mein Bruder ebenfalls eingeladen hatte. Aber mir schwante, daß unsere struppigen Haare nicht recht zu diesem ersten Ausflug in die große Welt passen würden. So wagte ich es, die Frau Pröpstin um eine kurze Audienz zu bitten. Nach dem obligaten tiefen Knicks trug ich auf englisch – wir hatten gerade die englische Sprachwoche – meine kurze Bitte vor: „Excuse me, Lady Patroness, may I go to the Hairdresser?" – – Pause, keine Antwort. Mit leiser Stimme wiederholte ich zaghaft meine Bitte. Sie zog mich am Ohrläppchen und sagte schließlich vorwurfsvoll: „Mein Kind, wie eitel du bist!" Tief beschämt über meine Luxusanwandlungen wollte ich mich demütig zurückziehen. Irgendwie aber schien Frau Pröpstin mein frivoles Anliegen zu verstehen. Jedenfalls begleitete mich am nächsten Tag Fräulein Jurenew zum Friseur in die Stadt.

So konnten wir schließlich an einem Samstagnachmittag, Margarete Martius und ich, im elterlichen Auto zu diesem Primanerball nach Roßleben fahren. Das uralte Kloster im lieblichen, von Waldhügeln begleiteten Unstruttal war nach der Reformation in ein Internat für Jungen umgewandelt worden. (Die Schule besteht unter dem Namen „Goetheschule" in der DDR weiter.)

In der Turnhalle wurde das Sommerfest ausgerichtet. Man hatte die Töchter der umliegenden Bekannt- und Verwandtschaft eingeladen, und die Kapelle aus dem Nachbardorf spielte zum Tanz auf. Wir beiden Neuankömmlinge hatten Angst, als Mauerblümchen ein trauriges Dasein führen zu müssen. Aber es kam ganz anders. Die Primaner hatten schon Tanzstunde gehabt und waren versessen darauf, ihre Künste auszuprobieren. Ich wurde von dem jungen Sahm – dem späteren Botschafter der Bundesrepublik in Genf – aufgefordert. Er tanzte noch etwas steif mit seinen langen Beinen. Dann bat mich der noch längere Prinz Burkhard von Preußen um den nächsten Tanz, der, immer gegen den Takt, mit seinen großen Füßen auf meinen sehr viel kleineren herumtrampelte. Ich tat so, als ob ich es nicht merkte, und lächelte etwas gequält.

Auch der heutige General Steinhoff gehörte zu dem Schüleraufgebot, aber da er noch nicht Primaner war, hatte er keine Tanzerlaubnis. Dagegen war der feurige, schwarzhaarige Angus Douglas schon ganz in die Geheimnisse der großen Welt eingeweiht, wie er mir zu verstehen gab. Wir amüsierten uns großartig, aber interessanter fanden wir eigentlich noch die sogenannten „alten Herren" der Klosterschule, die an dem Primanerfest als Besucher teilnahmen und bereits Fähnriche waren oder an Universitäten studierten. So war diese Einladung für uns ein erster Schritt in die Gesellschaft der Erwachsenen.

Sehr animiert und zugleich etwas bänglich vor dem nun wieder beginnenden klösterlichen Alltag kehrten wir in unser Stift zurück. Wir kamen gerade zur wöchentlichen Abendandacht in der kleinen Kapelle zurecht. Frau Pröpstin saß nahe dem Altar in einem reichgeschnitzten Stuhl und las ein Kapitel aus der Bibel vor. Danach sangen wir, wie schon so oft, ihr Lieblingslied „Die güldne Sooonne – voll Freud und Wooonne . . .", so langgezogen wie möglich, denn wir kannten die Tücken der alten Orgel, welche die Deutschlehrerin spielte und deren Blasebalg eine Schülerin trat. Bisweilen setzte das eigenwillige Instrument trotz langsamen Spielens und eifrigen Tretens aus oder gab nur einzelne stöhnende Töne von sich . . .

So spielte sich unser Leben zwischen Zucht, Einfachheit und geistiger Anregung ab – vielleicht eine gute Mischung für junge Menschen. Das Bild der Frau Pröpstin bleibt unvergessen; sie lehrte uns etwas von unschätzbarem Wert für unser späteres Leben: die Gelassenheit gegenüber äußerer Unbill und die hohe Wertschätzung immaterieller Dinge.

Abgeschlossen wurde diese Internatserziehung mit der feierlichen Konfirmation, die stets erst zu Pfingsten stattfand und ihr ganz eigenes Gepräge trug. Wir empfanden sie als Höhepunkt zwischen unserer Kindheit und einem neuen Lebensabschnitt. Der Stadtpfarrer, Herr Zimmermann, hatte uns vorbereitet. Er bewegte unsere Gemüter sehr, war er doch der einzige jugendliche Mann, der in unser abgeschlossenes Leben eindringen und es sogar beeinflussen durfte – halb von uns bewundert, halb auch kritisiert.

Die Eltern der Konfirmandinnen wurden von Frau Pröpstin zur Feier in der Kirche und zum anschließenden Festmahl im Kapitelsaal eingeladen. Die Väter im Frack, die Mütter in großer Robe – so erwarteten sie ihre Kinder am Pfingstsonntagmorgen stehend in der Kirche. Anwesend war auch der derzeitige Stiftsprobst, Freiherr von Seckendorff, welcher der Pröpstin beratend zur Seite stand, so wie es seit der Gründung des Stiftes im frühen 18. Jahrhundert festgesetzt war.

Wir Konfirmandinnen waren in Weiß gekleidet und betraten singend, angeführt von der Pröpstin in würdigem Schwarz mit leuchtend rotem Ordensband, mit gefalteten Händen einzeln hinter ihr gehend, die Kirche. Der Altar war mit jungen Birken, die nach frischem Grün dufteten, geschmückt. Die Feier wurde, immer begleitet von Orgelspiel, mit der Einsegnung beendet. Eine nach der anderen knieten wir vor dem Altar, hörten unseren Spruch und spürten die segnende Hand des Pfarrers. In tiefer Ergriffenheit und mit den besten Absichten kehrten wir zu unseren Plätzen zurück– nunmehr aufgenommen in die Gemeinschaft der Gläubigen und Erwachsenen, was uns dasselbe zu sein schien. Keine Zweifel oder Ängste befielen uns.

8
Ich werde erwachsen

Das Abschlußexamen und die Konfirmation lagen hinter uns. Zwei Stufen zum Erwachsensein waren geschafft. Ich kehrte ins Elternhaus zurück, bereichert durch Perlknöpfe in den Ohrläppchen und eine goldene Armbanduhr, meine Konfirmationsgeschenke. Zuviel Schmuck zu tragen galt für junge Mädchen als unschicklich. Ein Siegelring war verpönt. Man könne doch sein Wappen nicht so vor sich hertragen, hieß es.
Wen gab es nun zu Hause? Die Eltern, die ältere Schwester, den kleinen Bruder. Ferner ,,Mamsell", noch von Großmutters Zeiten geblieben, und das Faktotum Behnke, zuständig für die Pflege des dunkelblauen elterlichen Autos und den hellen Sportwagen der Kinder, zuständig aber auch für das Servieren in grauer Livree mit den üblichen weißen, immer wieder gestopften Zwirnhandschuhen. Behnke half meinem Vater bei der Morgentoilette, pflegte dessen Garderobe und flüsterte ihm die täglichen häuslichen Neuigkeiten zu. Dann gab es noch die einflußreiche Gouvernante, Fräulein Seidel, ein fester Bestandteil unseres Familienlebens, obwohl es eigentlich nichts mehr zu erziehen gab. Des weiteren das Stubenmädchen Martha, immer heiter und vergnügt, und schließlich den Boxerhund, ein wichtiges und geliebtes Familienmitglied. Wehe, wenn der Förster mit seinem Jagdhund in die Nähe des Hauses geriet! Dann meinte Boxi, Haus und Herrschaft verteidigen zu müssen, während er in der Küche gegen Lieferanten oder Bettler tolerant war. Wurden diese von Mamsell gutherzig bewirtet, fiel nämlich auch für ihn ein Bissen ab.
Mein ältester Bruder Gustav-Wilhelm war bei meiner Rückkehr aus dem Magdalenenstift schon aus dem Hause. Nach bestandenem Abitur in Roßleben, der altehrwürdigen Klosterschule, studierte er in Heidelberg Jura und war dort als ,,Fuchs" in das Corps

Saxo-Borussia eingetreten, dem schon mein Vater angehört hatte. Dort herrschten strenge Sitten. Der Fuchs hatte sich zunächst unterzuordnen und zu bewähren. Man erprobte seine Tapferkeit und Standfestigkeit beim Fechten, seine Disziplin gegenüber der Umwelt und auch seine Trinkfestigkeit. Ich durfte einmal mit den Eltern nach Heidelberg fahren und einen Besuch auf dem Fechtboden der Saxo-Borussen machen. Die Gesichter der jungen Leute waren beim Üben durch Drahtmasken geschützt, Brust und Arme wattiert. Bei den sogenannten Mensuren wurde ohne Drahtmasken gefochten, man hatte „den Kopf hinzuhalten". Es gab blutige Schmisse, welche die jungen Corpsbrüder mit Stolz trugen. War diese Tradition noch zeitgemäß?

Hier also lebte er, der Älteste, Stolz der Familie – als solcher mit traditionsgemäß größeren Rechten als die Nachgeborenen: meine Schwester Viktoria, mein Bruder Carl-Stephan und ich. Der Älteste war der unbestrittene Erbe des Besitzes und des Elternhauses samt allem Mobiliar. Das war klar; geredet zu werden brauchte hierüber nicht. Also mußte Gustav auch entsprechend ausgestattet werden. Er erhielt nach dem Abitur ein Auto, einen monatlichen Wechsel und hatte das Recht, maßgeschneiderte Anzüge zu tragen.

Meine Schwester und ich lebten dagegen als „höhere Töchter" weiter zu Hause, bekamen ein mageres Taschengeld zugeteilt, und unsere Garderobe wurde von Fräulein Seidel mit billigen Stöffchen aus dem Warenhaus zusammengeschneidert. Es kam uns nicht in den Sinn, die Eltern um mehr Taschengeld zu bitten. Eher schon trauten wir uns, Fräulein Seidel um Vorschuß aus ihren Mitteln anzugehen, wozu sie stets freundlich bereit war.

Sie spielte überhaupt eine große Rolle, *die* Seidel, wie wir sie nannten, wenn wir von ihr sprachen. Abends lag sie schon früh in ihrem Zimmer im Bett und las Zeitung – immer ein rosa Haarnetz über dem gelockten, schütteren Haar und eine riesige dunkle Hornbrille auf der Nase. Sie war unbestritten unsere Beichtmutter. Weder wir Kinder noch unsere jüngeren und älteren Hausgäste konnten Schlaf finden, ohne bei ihr hereingeschaut zu haben, um das Neueste zu besprechen oder ihre wohlmeinende Kritik einzustecken. Auf diese Weise erfuhr ich etwas über mich, über

meine Wirkung als angehende junge Dame und über das, was sie für falsch oder richtig hielt.
Sie wußte als erste, welche jungen Herren sich für mich interessierten. Ich selbst war mir dessen noch gänzlich unbewußt. Mein Äußeres, mein Wesen, konnte ich es durch einen Blick in den Spiegel begreifen? Und wollte ich das eigentlich? War es nicht viel schöner, noch zu verharren in der Geborgenheit der ersten Jugend, in der alles festgelegt war? Viele Gedanken über die eigene Zukunft machten wir uns nicht.
Zur Fortbildung besuchten meine Schwester und ich Oberschul- und Handelsschulkurse in Leipzig. Eine junge Französin und eine sympathische Schottin polierten im Wechsel unsere Sprachkenntnisse auf. Auch Tennisstunden wurden uns zugestanden.
Der Alltag hatte seinen regelmäßigen Rhythmus durch die gemeinsamen Mahlzeiten. Der Sonntag begann mit dem Kirchgang in die naheliegende Patronatskirche, wo wir in der Nähe des Altars eine eigene Loge hatten und die Eltern in mächtigen weißen Stühlen, sichtbar für die Gemeinde, Platz nahmen. Wir sangen gern aus vollem Halse; wenn aber die Predigt zu lange dauerte, versank mein Vater, den Kopf tief im Mantelkragen, in ein Nickerchen. Das war das Signal für den Pfarrer, zum Ende zu kommen. Zu ihm und seiner Familie hatten wir immer einen herzlichen Kontakt. Mir selbst war es eine Freude, auf Wunsch des Pfarrers beim sonntäglichen Kindergottesdienst die Konfirmandengruppe zu betreuen und über das anstehende Bibelwort zu sprechen. Es fiel anfangs schwer, Lehrende zu sein. Allmählich aber gewann ich das Vertrauen der Kinder, was mir wiederum ein Ansporn war, mich gut vorzubereiten.
Bei allem Zusammenhalt lebte doch in unserem Hause jeder für sich in einer eigenen Welt. Der Vater liebte die Jagd, den Park, den Wald. Er war – zufrieden mit Familie, Haus und Besitz – ein typischer Landedelmann. Die Mutter, lesend, schreibend, geistig interessiert und angeregt, auch voller Humor, liebte ihren ausgedehnten Mittagsschlaf mit der Begründung, daß eine große Familie, insbesondere vier lebhafte Kinder in verschiedenen Altersstufen, doch sehr anstrengend seien. Sie schrieb viele

Briefe an Verwandte, und viele Verwandte und Freunde kamen als willkommene Gäste zu uns.
Mein Bruder Carl-Stephan, der vielgeliebte Jüngste, besuchte in Leipzig die altehrwürdige Thomasschule, deren interne Schüler den berühmten Knabenchor der Thomaskirche bildeten, der Kirche, an der Johann Sebastian Bach als Kantor gewirkt hatte. In meiner Jugend waren Professor Straube und nach ihm Professor Ramin die Thomaskantoren. Beide erlangten Weltgeltung.
Unser Elternhaus Großzschocher nahm, was die gesellschaftlichen Verbindungen betraf, eine besondere Stellung ein. Als Gutsbesitzer waren wir eng verbunden mit den Gutsnachbarn sowie mit nahen und ferneren Verwandten. Hier war der Rahmen ziemlich weit gespannt. Balleinladungen in der Nachbarschaft, aber auch nach Dresden, Berlin oder München waren nichts Ungewöhnliches.
Durch die unmittelbare Nähe Leipzigs waren wir aber auch dem vielseitigen Leben der Handelsstadt zugewandt. Die gesellschaftlich führenden Persönlichkeiten des damaligen Leipzig überblickte man am besten bei einem Gewandhauskonzert. „Das Gewandhaus“ – so heißt das weithin berühmte Konzerthaus, in dem nahezu alle großen Dirigenten ihrer Zeit, so Nikisch, Furtwängler, Bruno Walter, dirigiert haben und sich die berühmtesten Solisten um ein Gastspiel bemühten.
Es war eine feste Regel, daß jeweils am Neujahrstage hier die Neunte Symphonie von Beethoven gespielt wurde. Man erschien dazu im großen Abendkleid. Die Begeisterung war groß und der tosende Beifall der Leipziger Zuhörer so überwältigend, daß Furtwängler – für dieses Neujahrskonzert als Gastdirigent aus Berlin gekommen – zu einer Zugabe bereit war. Und was dirigierte er? Den Kaiserwalzer von Johann Strauß! Diese Zugabe war beim Neujahrskonzert alter Gewandhausbrauch. Ich war selig, daß auch Furtwängler sich daran hielt.
Die Eltern waren, wie innerhalb der Leipziger Gesellschaft üblich, in jeder Saison auf die Donnerstagskonzerte des Gewandhauses abonniert und hatten stets dieselbe kleine Loge rechts neben den gewichtigen Mittelplätzen. Die protokollarische Sitzverteilung im Gewandhaus war streng. Man überblickte sofort, wer in Leipzig

Rang und Bedeutung hatte. In der Mitte erhöht – dem Orchester gegenüber – befand sich die große Loge der Gewandhausdirektoren, deren Präsident der ehrwürdige Musikverleger Max Brockhaus war. Seine schöne, heitere und graziöse Frau Daisy, eine geborene Dufour-Feronce, ist mir durch ihren Charme und ihren liebenswürdigen Witz ganz unvergeßlich und wohl vielen anderen Leipzigern auch. Im Haus von Max und Daisy Brockhaus in der Salomonstraße erlebte ich als junges Mädchen festliche Empfänge und Konzertabende. Heute steht das Haus nicht mehr. Es ist ein Opfer des Bombenterrors im Zweiten Weltkrieg geworden, wie auch das Gewandhaus selber und wie auch mein Elternhaus in Großzschocher.

Unterhalb der Direktoriumsloge im ersten Rang saß unübersehbar der Präsident des Deutschen Reichsgerichtes, Erwin Bumke, neben ihm seine quicklebendige Frau, eine geborene von Merkatz, Tante des späteren Bundestagsabgeordneten und Bundesministers Hans-Joachim von Merkatz. Sie trug jahraus, jahrein dasselbe graue, manchmal etwas zerknitterte Abendkleid. Voller Güte und Freundlichkeit unterhielt sie sich in der großen Pause mit allen, die ihr vorgestellt wurden. Meine Mutter war gebeten worden, mit Frau Bumke zusammen den Vorsitz des „Vereins der Freundinnen junger Mädchen“ zu übernehmen, dessen Aktivitäten, in welcher Richtung auch immer, uns jüngeren Leuten nie so recht einleuchten wollten und zu ironischen kleinen Bemerkungen herausforderten. Aber wahrscheinlich irrten wir uns da gründlich!

In der anschließenden Loge residierte das Ehepaar Kippenberg, Besitzer des Insel-Verlages. Norddeutsch-kühl Katharina Kippenberg mit blasser, durchsichtiger Haut, rötlichblondem Haarknoten, sehr distinguiert, verschlossen und abwartend. Sie war eine faszinierende Erscheinung und trug für mich den Glorienschein ihrer Freundschaft mit Rilke unsichtbar um sich. Anton Kippenberg wirkte neben ihr derber, dynamisch und geistvoll.

Der Insel-Verlag hatte hohe literarische Qualitäten. Für viele damals junge Menschen war er *der* Verlag. Wir bewunderten die schön ausgestatteten Klassiker-Ausgaben, vor allem den „Insel-Goethe“, sowie die herrliche Rilke-Ausgabe. Besonders aber liebten wir die „Insel-Bücherei“ – die kleinen, leicht zu erschwingenden, liebevoll ausgestatteten Bändchen mit Gedichten, Erzählungen und Bildwiedergaben. Im Insel-Verlag erschien auch, von Katharina Kippenberg herausgegeben, die berühmte Sammlung „Deutsche Gedichte". Kippenbergs führten ein großes Haus. Leseabende und Hauskonzerte wechselten einander ab. Meine Eltern liebten diese Abende. Wir jungen Leute waren noch nicht zugelassen.

Bei dem ersten schweren Bombenangriff auf Leipzig im Dezember 1943 ist das Gebäude des Insel-Verlages, zusammen mit den meisten anderen Leipziger Verlagshäusern im „Buchhändlerviertel", vernichtet worden. Das kultivierte Kippenbergsche Privathaus verbrannte bei dem letzten Bombenangriff im Februar 1945. Doch die hervorragende Goethe-Sammlung Anton Kippenbergs ist gerettet, da sie rechtzeitig evakuiert worden war. Heute ist sie im Goethe-Museum (Anton-und-Katharina-Kippenberg-Stiftung) in Düsseldorf untergebracht.

Doch zurück in das Gewandhaus. Zu den Menschen, deren ich mich besonders deutlich entsinne, zählt das ungemein liebenswürdige Ehepaar Herfurth, Besitzer der „Leipziger Neuesten Nachrichten", einst eine der bekanntesten Tageszeitungen Deutschlands. Herfurths besaßen ein prachtvolles Haus mit großem, parkähnlichem Garten im Leipziger Vorort Raschwitz. In den Sommermonaten gaben sie dort regelmäßig Abendempfänge von großzügiger Gastlichkeit. Die Jugend – stets reichlich vertreten – tanzte auf der Gartenterrasse.

Menschen kamen und gingen um den „harten Kern" der Gewandhaus-Zuhörerschaft. Menschen, die Musik liebten, und Menschen, die gesehen werden wollten. So ist mir der ehemalige rumänische Zar Ferdinand in unauslöschlicher Erinnerung. Ein entthronter Monarch, der mit seiner langen Nase, dem gepflegten Spitzbart, der mächtigen Figur, die Hände in den Taschen seines Smokingjacketts, in der Pause lässig im Foyer auf und ab schritt. Er liebte nicht nur die Musik, sondern auch schöne Edelsteine. Man sagte, er habe in seinen großen Jackentaschen immer Steine mit sich herumgetragen.

Gelegentlich begegnete man auch dem Oberbürgermeister von Leipzig, Carl Goerdeler, im Gewandhaus. Schon damals fielen mir sein nachdenklicher Gesichtsausdruck und seine tiefliegenden blauen Augen auf. Er war ein Einzelgänger, das spürten auch wir Jugendlichen. Ein Mann, der hinter die Kulissen des Weltgeschehens zu sehen schien, ganz selbständig und unbeeinflußbar, und offenbar meist düsteren Gedanken nachhing.

Übrigens war die Grundhaltung der meisten Repräsentanten der Gewandhaus-Gesellschaft ausgesprochen liberal. Mit dem NS-Regime hatte man hier wenig im Sinn. Über die Entfernung des Mendelssohn-Denkmals vor dem Gewandhaus durch die neuen Machthaber herrschte einhellige und unverblümt geäußerte Empörung. Auch ich erschrak darüber, aber über die Drohung, die darin zum Ausdruck kam, war ich mir doch nicht völlig klar. Die Handelsstadt Leipzig hatte ja eine durchaus judenfreundliche Tradition. Es gab hier zahlreiche jüdische Geschäftsniederlassungen, vor allem am Brühl, der weltberühmten Pelz-Straße Leipzigs, wo der Pelzhandel sein Zentrum hatte. Daran änderte sich nach 1933 zunächst nur langsam etwas. Einige Juden allerdings erfaßten die kommende Situation und emigrierten sofort. Aber viele blieben im Lande trotz wachsender Drangsalierung. Bis dann 1938 durch die Schrecken der „Reichskristallnacht", die sich in Leipzig vor allem am Brühl austobte, endgültig neue Zeichen gesetzt wurden, die schon auf den grauenhaften Ausrottungsplan hindeuteten.

Wie reagierten damals wir jungen Menschen auf das NS-Regime? Das Leben ging scheinbar normal weiter und hatte doch, so glaubten viele von uns, einen neuen Antrieb bekommen. Die allgemeine Wehrpflicht wurde eingeführt und ließ viele nationale Herzen höher schlagen. Aber niemand von uns dachte an Krieg. Autobahnen wurden gebaut, um die Arbeitslosigkeit mit Erfolg zu reduzieren. Der Jugend wurden Ziele gegeben, die an Ehre, Treue und Mut appellierten. Wie vieldeutig diese Begriffe waren und wie sie mißbraucht werden sollten, ahnten wir nicht.

Nähere Erfahrungen mit der NS-Ideologie waren bei mir so gut wie nicht vorhanden. In den BDM (Bund Deutscher Mädel) brauchte ich nicht mehr einzutreten, und den Arbeitsdienst ersetzte ich durch einen halbjährigen Kursus in einer Haushaltungsschule, was zu diesem Zeitpunkt noch möglich war. Mein ältester

Bruder allerdings machte seine Erfahrungen. Er hatte zunächst die Machtübernahme durch Hitler freudig begrüßt. Aber die Mordserie, die auf den angeblichen „Röhmputsch“ im Sommer 1934 folgte und von der er durch gut orientierte Freunde schreckliche Einzelheiten erfuhr, hatte ihn tief erschüttert. Viel später erzählte er mir einiges davon. Er gab daraufhin sein Jurastudium auf und trat in die Wehrmacht ein, die damals noch ein nazisicheres Refugium war.

Mein jüngster Bruder Carl-Stephan war sowohl in der HJ (Hitlerjugend) als auch im Arbeitsdienst, wie es damals Pflicht war. In der HJ war er nicht gern, doch der Arbeitsdienst brachte ihm Erfahrungen, die ihm wichtig waren. Er lernte Altersgenossen kennen, die aus ganz anderen Schichten kamen als er, befreundete sich mit ihnen. Ihre oft harten Jugendschicksale beschäftigten ihn sehr, und er versuchte immer wieder von neuem, sich damit auseinanderzusetzen. Carl-Stephan war ein bildschöner Jüngling, legte aber auf sein Äußeres überhaupt keinen Wert. Es war ihm lästig, so oft Zielpunkt von Blicken und Annäherungsversuchen zu sein. Seine in sich gekehrte Schweigsamkeit war meiner Fröhlichkeit absolut entgegengesetzt. Aber ich liebte ihn. Im ersten Jahr des Rußlandfeldzuges ist er – blutjung – gefallen.

Meine Schwester Viktoria verlobte sich zwanzigjährig mit einem – wie mir schien – schon sehr alten Mann, der fast dreißig Jahre zählte und einen Besitz bei Merseburg, Bedra, hatte. Hans-Peter von Helldorff sah blendend aus, war witzig und voller Temperament. Die Verlobung wurde in Berlin gefeiert. Ich sehe Viktoria noch im roten Abendkleid mit einem großen gelben Tulpenstrauß im Arm, bezaubernd hübsch, wie sie die Glückwünsche der Gäste entgegennimmt. Vom Tage ihrer Hochzeit an küßte mein Vater ihr – der nunmehr Verheirateten – die Hand, die er mit einem letzten Anflug von väterlicher Autorität lässig an die Lippen zog. Das machte mir Eindruck, und mir wurde klar, daß meine Schwester nun in eine andere Welt hinübergewechselt war, zu der ich noch keinen Zugang hatte.

Viktoria hatte ihren Mann auf einem der Leipziger Studentenbälle kennengelernt, die neben dem Gewandhausball für uns zu den großen Wintereregnissen gehörten. In Leipzig gab es u. a. die

Verbindungen der „Canitzer“ und der „Baarmänner“, die – anders als die Corpsstudenten und die Burschenschaften – nicht farbentragend waren und ihren Mut auch nicht auf dem Fechtboden erprobten. Diese Verbindungen zogen viele junge Leute aus allen Teilen Deutschlands nach Leipzig. Ihr Sinn war es, wie Fabian von Schlabrendorff in seinen Erinnerungen sagt, Engagement am Leben des Staates, der Kultur und der Religion zu wecken, und auch, was er hinzusetzt, die Pflege guter Manieren. Dazu gehörte im weiteren Sinne dann wohl auch die Veranstaltung von Bällen: des allwinterlichen Canitzer-Balls und des Baarmann-Balls, wo wir uns, ohne über solche Ziele weiter nachzudenken, amüsierten, tanzten und flirteten. Bälle waren eben zu jener Zeit für junge Leute immer noch die beliebteste und bewährteste Geselligkeitsform, um sich kennenzulernen. Es gab keine Diskotheken. In Bars und Nachtlokale drang ein junges Mädchen nur ganz gelegentlich unter dem Schutz eines Kavaliers ein, mit dem Gefühl, etwas „nicht ganz Passendes“ zu tun.

Ich war neugierig, wollte mich von den Gepflogenheiten und dem Schutz des Elternhauses lösen, wollte etwas lernen, eine eigene Existenz aufbauen. Mich reizte eine Berufsausbildung, heute für junge Mädchen eine Selbstverständlichkeit – jedoch kam es meinen Eltern nicht in den Sinn, mir eine solche zu ermöglichen: Mädchen heiraten ja doch!

Da mir das Erlernen von Sprachen leichtfiel, versuchte ich, meine Englisch- und Französischkenntnisse im Ausland aufzubessern. Die damaligen strengen Devisenbestimmungen engten jedoch Auslandsaufenthalte erheblich ein. Ein Ausweg fand sich durch einen Au-pair-Austausch zwischen Familien. Mit 17 Schilling in der Tasche reiste ich mutig nach England und wurde von meinen Gastgebern herzlich aufgenommen. Ein halbes Jahr blieb ich dort. Danach stellte ich fest, daß es in begrenzter Menge noch Devisen für Sprachkurse an der Universität Genf gab, und schnell griff ich zu. Was ich damals in der englischen und französischen Sprache gelernt habe, hat mir später entscheidend weitergeholfen.

Im folgenden Herbst lernte ich bei einer Jagdeinladung zu Helldorffs meine späteren Mann, Wolfgang Werthern, kennen, der ein Bruder der Hausfrau war. Als etwas untergebutterte nachgeborene Tochter einer Familie aus der Nachbarschaft – in einem rosa Spitzenabendkleid – sah ich mich zwei eleganten älteren Herren, so schien mir, gegenüber. Beide waren hochgewachsen im tadellos geschneiderten Frack, Leo Diergarths Frackschwänze reichten bis in die Kniekehlen, was mir tiefen Eindruck machte. Wolfgang Werthern trug ein Monokel! Beide sahen wohlwollend auf mich herab und unterhielten sich ausschließlich mit mir. Als Werthern sein Monokel abnahm und mit leiser Stimme zu mir sagte: „Sie sind sehr intelligent", glaubte ich, der Boden unter meinen Füßen öffnete sich und würde mich verschlingen. Das hatte bisher noch nie ein Mensch von mir behauptet, und ich dachte beschämt daran, daß ich vielfach in der Schule von anderen Schülerinnen abgeschrieben hatte. Aber wenn diese eleganten Männer mich anscheinend so ernst nahmen und mich wie eine Erwachsene behandelten, mußte ja etwas Wahres daran sein – so dachte ich nicht ohne Stolz.

Wolfgang schlug mir vor, den Münchener Fasching mit ihm zu besuchen. Es kamen Briefe und Anrufe von ihm. Ich war begeistert und beschloß, zuzusagen. Am ersten gemeinsam geplanten Abend in München gab es jedoch eine herbe Enttäuschung für mich. Als Wolfgang und ich uns in der Hotelhalle trafen, stand plötzlich eine junge Amerikanerin vor uns und teilte mir kurz und bündig mit, daß sie von meinem Begleiter zum Abendessen eingeladen sei. Wolfgang, sichtlich verlegen, entschuldigte sich nach beiden Seiten hin auf das liebenswürdigste und entschwand mit der Dame meinen Blicken.

Wütend berichtete ich meiner Freundin von dem soeben Vorgefallenen. Schnell organisierten wir eine Clique von jungen Leuten und gingen gemeinsam in das Hotelrestaurant. Dort saß zu meiner Überraschung Wolfgang mit seiner schönen Amerikanerin. Ich übersah ihn geflissentlich. Plötzlich stand er auf und verließ mit seiner Begleitung das Restaurant – wie ich glaubte, auf Nimmerwiedersehen.

Kurze Zeit darauf jedoch stand er an unserem Tisch und bemühte sich mir zu erklären, daß er ständig mit Terminschwierigkeiten kämpfe und nur eine von ihm vorgetäuschte Migräne ihn diesmal auf den rechten Weg gebracht habe. Halb versöhnt zogen wir

zusammen in das Faschingsgetriebe; Wolfgang bemüht, mich diesen kleinen Schock vergessen zu lassen.
Nun sahen wir uns täglich. Es gab viele Einladungen zu Privatbällen und lustigen Maskenfesten, die mit dem obligaten Weißwurstessen zu später Nacht in einem Bierkeller endeten.
Wieder daheim, erhielt ich ein unscheinbares Päckchen. Als ich es öffnete, fiel ein geschliffenes Aquamarinherz an langer Kette mit einem Gruß von Wolfgang heraus. Ich war überrascht und glücklich und beschloß, dies Herz heimlich unter meinem Kleid zu tragen. Mehr und mehr hatte ich das Gefühl der Verbundenheit mit diesem Mann und wurde unempfindlich gegen die Aufmerksamkeiten anderer. Meine innere Entscheidung war getroffen, verbunden mit der Bereitschaft, anerzogene Konventionen aufzugeben.
Im folgenden Frühjahr schickten mich die Eltern nach Ostpreußen zu Tante Dönhoff, die einen großen Ruf als perfekte Hausfrau genoß. Ich lernte manche guten Gerichte kochen, Hühner füttern und den Gemüsegarten bestellen.
Wolfgang besuchte mich hier und war fasziniert von der Kultur dieser Provinz, ihren Landhäusern, alten Ordensstädtchen und Kirchen und nicht zuletzt von ihrer berühmten Pferdezucht. Es wurde mir immer selbstverständlicher, mit ihm über meine Eindrücke, Gedanken und Anliegen zu sprechen und an den seinen teilzunehmen.
Allmählich zogen düstere Wolken am politischen Horizont auf. Man mußte auf das Schlimmste gefaßt sein.

9
Krieg, Verlobung, Heirat

Unvergeßlich sind mir die Augusttage 1939. Nervosität und Unsicherheit griffen um sich. Ausländische Freunde verließen Deutschland. Am 1. September frühmorgens hörten wir im Radio Hitlers „Aufruf an die Wehrmacht" mit dem Befehl zum Einmarsch in Polen ohne Kriegserklärung. Am 3. September, also zwei Tage später, erklärten Frankreich und England Hitlerdeutschland den Krieg, was zunächst nur einen Abbruch der Beziehungen nach sich zog. Das deutsche Volk erstarrte in betroffener Ratlosigkeit.

Dies alles erlebte ich gemeinsam mit Wolfgang Werthern. Eine ungewisse Zukunft zeichnete sich für uns ab. Wir beschlossen, nicht mehr auseinanderzugehen. Dieses Versprechen und unsere Verbundenheit gaben uns Mut. Wie sehr wünschten wir uns, daß die Weltlage sich wieder beruhigen möge!

Der Krieg hatte uns endgültig zusammengeführt. Als die Einberufung zu seinem Regiment in Weimar kam, war ich wie betäubt. Wolfgang war Reserveoffizier in einem Schützenregiment, das zur 1. Panzerdivision gehörte, und so mußte er sich für den Polenfeldzug jederzeit bereithalten.

Nur wenige Menschen, die Zugang zu direkten Informationen hatten, erkannten das heraufziehende Unheil. Wie unglaublich geschickt arbeitete die Propagandamaschinerie des Josef Goebbels! Kontrollmöglichkeiten über die offizielle Berichterstattung fehlten. Die Auslandssender, deren Abhören streng verboten war, bildeten die einzige Informationsquelle über die tatsächliche Weltlage. Devisenbestimmungen hatten seit Jahren Reisen in andere Länder unterbunden. Man war abgekapselt, einer Selbstbeweihräucherung durch den Parteiapparat ständig ausgesetzt. Aus Enge und Abgeschlossenheit wuchsen Überheblichkeit und der Glaube, das Rechte für das Vaterland zu tun.

Um nicht zwangsweise eingezogen zu werden, versuchte ich, mich freiwillig zum Kriegseinsatz zu melden. Was konnte ich tun? Durch eine Verwandte in Berlin erfuhr ich, daß Graf Moltke eine Sekretärin beim Oberkommando der Wehrmacht suchte. Hier sah ich eine Chance, stellte mich vor und wurde von ihm eingestellt. So fing ich im OKW am Tirpitzufer in Berlin an zu arbeiten und glaubte, hiermit eine gute Lösung gefunden zu haben. Helmuth von Moltkes tragisches Schicksal – er war der Mittelpunkt des „Kreisauer Kreises" in der Widerstandsbewegung gegen Hitler – endete mit seiner Hinrichtung durch die Nationalsozialisten.
Während Wolfgang ständige Meldepflicht bei seinem Regiment hatte und jeden Tag mit seiner Abberufung rechnen mußte, wurde ich nun mit ganz neuen Aufgaben betraut. Die energische Chefsekretärin des Büros trompetete täglich ungeniert aus, daß die Zeiten deprimierend seien. Moltke verstummte vor ihrer burschikosen, aber im Grunde warmherzigen Polterei. Hochgewachsen, mit leicht krummem Rücken, blaß und mit klugen, tiefliegenden Augen, erschien er täglich im Büro. Mit knappen, aber höflichen Worten übergab er ihr seine engbeschriebenen Seiten zur Übertragung in die Maschine. Sie grollte echt berlinerisch: „Wat heeßt denn dat hier? – Soon langer Graf und sooone kleene Schrift!" Man sah förmlich, wie sich seine Schultern bei diesem Angriff zusammenzogen. So schnell wie möglich schloß er die Tür wieder hinter sich zu, obwohl er wußte, was er an dieser tüchtigen Kraft hatte.
Als Wolfgang mich bald darauf bat, meine Arbeit aufzugeben, begriff ich erst, wie schwer es war, sich vom Kriegsdienst zu befreien. „Drei Tage Heiratsurlaub" war die kategorische Mitteilung der Personalabteilung. Schließlich hatte ich es Moltke zu verdanken, daß ich freigestellt wurde, da mein Verlobter ihm klarmachen konnte, daß ich seinen Betrieb übernehmen müsse, falls er eingezogen würde. So löste sich meine Tätigkeit im OKW auf. Doch die Erinnerung an eine stille, nachdenkliche Persönlichkeit hat mich lange nicht verlassen.
Wenig später hielt Wolfgang in einem wohlgesetzten Brief bei meinem Vater um meine Hand an. Heute klingt die Formulierung seines Briefes altmodisch: „Hochzuverehrender Herr Graf", so

begann er, und in aller Bescheidenheit fragte er „gehorsamst" an, ob er in mein Elternhaus kommen dürfe, um die Einwilligung zur Heirat zu erbitten in der festen Zuversicht, daß ein Segen auf diesem Schritt ruhe, und mit der Versicherung, daß es die schönste Aufgabe seines Lebens sein werde, seine zukünftige Frau glücklich zu machen.

Mein Vater antwortete ihm, daß er kommen möge, und so machte Wolfgang in Uniform seinen Antrittsbesuch als zukünftiger Schwiegersohn – unvorstellbar in heutiger Zeit, wo offizielle Verlobungen kaum noch stattfinden und den Eltern nur noch mitgeteilt wird, mit wem man zusammenlebt. Unter vier Augen führte mein Vater auch ein kurzes Gespräch mit Wolfgang über meine Mitgift. Eine Aussteuer wurde zugestanden, ein Erbteil in Aussicht gestellt.

Die standesamtliche Trauung wurde sehr prosaisch in einem Leipziger Vorort vollzogen. Wir standen mit zwei Trauzeugen in einem ungeheizten Büro. Der Standesbeamte, eine alte Strickjacke unter seinem Gehrock, gab uns auf gut Sächsisch wichtige Lehren auf den gemeinsamen Lebensweg mit. Statt einer Bibel überreichte er uns Hitlers „Mein Kampf" mit der Bemerkung, darin zu lesen, falls wir in unserer Ehe Schwierigkeiten haben würden. Wir konnten uns nur mühsam das Lachen verbeißen.

Noch am selben Tage fand die kirchliche Trauung in der alten Dorfkirche von Großzschocher statt, in der meine „gestrenge Großmutter" und ihre Schwestern geheiratet hatten. Nur die engere Familie nahm teil. Die Brüder und Vettern erwarteten die Einberufung zu ihrem Regiment. Große Hochzeiten waren zu jener Zeit nicht möglich. So war alles bescheiden und doch fröhlich in verwandtschaftlicher Verbundenheit.

Wie sah unser weiteres Leben nun aus? Wolfgang konnte bei seinem Regiment in Weimar unweit Beichlingen, dem Werthernschen Familienbesitz, einige Tage Heiratsurlaub erwirken. Als meine Freundin Ulla aus Baden-Baden anrief und uns in ihr Landhaus einlud, sagten wir begeistert zu. Unsere Gastgeberin nahm uns liebevoll auf und verwöhnte uns auf jede Weise. Sogar ein Schlitten stand uns zur Verfügung, um die schöne Umgebung kennenzulernen. Dankbar und glücklich genossen wir diese Tage des Friedens und der Ruhe, bis der Urlaub beendet war.

10
Beichlingen

Nun begann die Fahrt nach Beichlingen, meiner neuen Heimat entgegen. Ab Naumburg a. d. Saale, der D-Zug-Station, nahmen wir die Bummelbahn und schnaubten durch Dörfer und Wälder bis Kölleda. Dort stand mit einem altmodischen Landauer der Kutscher Fouquet, seit vierzig Jahren im Dienst der Familie, längst pensioniert und seit Kriegsbeginn wieder sein altes Amt versehend.
Wolfgang war unruhig. Er erwartete nach altem Brauch einen feierlichen Empfang für die einziehende junge Frau. Mädchen in thüringischer Tracht pflegten bei solchen Anlässen zur Begrüßung am Eingang zu stehen – mit Brot und Salz, mit Gesang und Gedicht. Mir klopfte das Herz.
Von ferne tauchten die Umrisse von Beichlingen auf. Wegen der Verdunklungsbestimmungen war kein Licht zu sehen. Beklommen pochten wir an die mit Girlanden geschmückte Tür. Da öffnete sich ein Fenster, und wir hörten eine verschlafene Stimme: „Seid ihr schon da? Wir erwarteten euch erst morgen!" Es war Ursula Anna Dohna, die fürsorgliche Hausbetreuerin. Unwillig bat Wolfgang um Einlaß, denn es war bitter kalt. Schnell wurde ein Kaminfeuer angezündet und ein kleines Mahl bereitet. Dann sanken wir müde in das große spanische Himmelbett des Großvaters. Im Einschlafen hörte ich noch die Käuzchen klagen, die um den Turm flogen.
Am folgenden Tag, dem ersten in meiner neuen Heimat, hatte Wolfgang einen Empfang mit den leitenden Angestellten vorbereitet. Major Trompke, ein Offizier aus dem Ersten Weltkrieg, hieß mich willkommen, und ich freute mich, jeden einzelnen kennenzulernen. Danach begann unser Streifzug durch die verschiedenen Gebäude der weitläufigen Burganlage. Das „Hohe Haus",

ein leerstehender Wohnturm aus dem 11. Jahrhundert, mit mächtigen Mauern und kleinen Fenstern, mit Wendeltreppe, Kaminen und kolossalen Schränken, war unser erstes Ziel.
Wir gingen weiter in die Räume des jetzt bewohnten Schlosses mit seinen zeitgenössischen schweren Luthertischen, den reichgeschnitzten Fuggerschränken und spanischen Prunkmöbeln aus der Diplomatenzeit des Großvaters. Überall spürte man den Geist der Vorfahren. Wir betrachten die Familienbilder, gemalt von Pèsne, Graff, Tischbein und Lenbach. Vieles erinnert an die engen Beziehungen der Wertherns zum Weimar der klassischen Zeit: die Biedermeiermöbel, die Schattenrisse von Persönlichkeiten aus Goethes Umkreis, die Kinderbilder der Malerin Luise Seidler, die Glasvitrinen mit Miniaturen, Prozellanen und gestickten Perltäschchen.
Gebannt verharre ich vor einem Ölbild. Es stellt Jeanette Louise Gräfin von Werthern, geborene Reichsfreiin vom Stein, dar, die Schwester des großen Staatsmannes. Das meisterliche Portrait begeistert mich durch die anmutige Haltung und die ausdrucksvollen Augen der Dargestellten. Goethe bewunderte sie und wurde nicht müde, über sie zu schreiben: ,,Wie offt hab ich die Worte Welt, große Welt, Welt haben usw. hören müssen und habe mir nie was dabey denken können; dieses kleine Wesen hat mich erleuchtet. Diese hat Welt oder vielmehr sie hat die Welt, sie weiß die Welt zu behandeln. Sie lebt nur unter den Menschen hin, und daraus entsteht eben die schöne Melodie, die sie spielt. Was in der Kunst das Genie ist, hat sie in der Kunst des Lebens.“ – Das zarte Kolorit ihres lose über die Schultern fließenden blauen Schleiers erweckt in mir den Wunsch, dies Bild zum farblichen Mittelpunkt meines zukünftigen Wohnzimmers zu machen. Wolfgang ahnte es und bot es mir lächelnd an.
Dann treten wir ins Freie. Die Lage von Beichlingen an einem bewaldeten Höhenrücken bezaubert mich, die weite Aussicht auf die Alleen, die Terrassen, den Weinberg, die Rasenflächen, die in Wiesen und Wälder übergehen. Alles nehme ich mit wachen Augen in mich auf und weiß: Hier möchte ich verwurzelt sein, dies Haus mit seiner Geschichte wird mir zur Heimat werden. Wolfgang ist glücklich, als ich es ihm sage. Wir schmieden Pläne,

was wir nach dem Kriege – wann dies sein würde, darüber machten wir uns keine Gedanken – bauen und modernisieren wollten. Wolfgang hat Jahre allein gelebt. Seine Eltern starben, als er noch sehr jung war. Die drei Schwestern hatten geheiratet. Seine Studienjahre in Leipzig, München und Berlin (er hatte schon mit 22 Jahren sein juristisches Doktorexamen glänzend bestanden) waren beendet. Sein hochbegabter älterer Bruder Georg verunglückte in Arosa 1926 tödlich durch eine Lawine. ,,Seine Seele gefället Gott, darumb eilt er mit ihr aus diesem bösen Leben", steht über einem alten Bild in der Beichlinger Kapelle. Die Familie ertrug diesen Schlag äußerlich gefaßt und still: die Mutter, der Bruder, die Schwestern. Dies Haus kannte solche Eingriffe des Schicksals; niemandem fiel es ein, sich dagegen aufzulehnen ...
Wolfgang begleitete mich zum Archiv. Hier regiert ein blasser, ernster Archivar, ordnend und sammelnd – älteste Urkunden bis zu Goethe-Briefen an die Schwestern von Wolfgangs Urgroßmutter. Er zeigt mir einen schwarzen hohen Stab mit reicher Silberverzierung, den Stab des ,,Erbkammer-Türhüters des Heiligen Römischen Reiches Deutscher Nation". Eine für mich unlesbare Urkunde bestätigt, daß ein Werthern schon zur Zeit Karls IV. und der ,,Goldenen Bulle" dies Amt versah. Er war dafür verantwortlich, daß die jeweilige Kaiserwahl in Frankfurt geheim durchgeführt wurde. Ein Galaanzug mit Brillantknöpfen und Straußenfedern am Hut vervollständigten die Würde des Amtes. So sah ich es auf einem alten Stich im Archiv. – Dabei fällt mir eine Bemerkung meines Bruders bei meiner Verlobung ein. Er witzelte: ,,Du heiratest den Portier des deutschen Kaisers."
Allein wanderte ich weiter durch das Haus mit seinen verschiedenen Stockwerken und langen Korridoren und stoße auf die Wäschekammer. In riesigen Schränken liegen Stapel von duftender Bett- und Tischwäsche, sorgsam gebündelt und mit kleinen Schildern versehen. Jede neu einziehende junge Frau hat hier ihre Aussteuerwäsche mit eingesticktem Wappen aufbewahrt. Hieran konnte man genau erkennen, wer in den letzten hundert Jahren Hausfrau in Beichlingen gewesen war. Daneben entdeckte ich etwas für mich Neues. Große Ballen von grobem weißen Leinen mit rot-blau eingewebten Bandstreifen in hübschen Mustern fal-

len mir ins Auge, ein großer Vorrat von handgewebtem thüringischem Bauernleinen, das seit langem zu Bettdecken und Gardinen für Gästezimmer verwendet wurde und was ich liebte.
Im Hause gab es besonders lebendige Erinnerungen an Wolfgangs Großvater Georg Werthern, der als Kind beim alten Geheimrat Goethe Ostereier suchte. Ab 1848 als langjähriger Diplomat in preußischen Diensten in St. Petersburg, Wien, Konstantinopel und danach als Gesandter in Lissabon und Madrid, wirkte er von 1867 bis 1888 für Bismarck in München. Seine Aufgabe bestand darin, die Annäherung von Nord- und Süddeutschland vorzubereiten, die schließlich zur Reichseinigung führte. Als Gesandter in Madrid vermählte er sich mit der viel jüngeren Gertrud von Bülow, die er während einer Badekur in Kissingen kennengelernt hatte. Nach anfänglicher Begeisterung für die Braut hatte er sich nicht zur endgültigen Bindung entschließen können. Da machte er die schwere Entscheidung von einem Zufall abhängig: In seiner ganzen Länge warf er sich verzweifelt auf eine heimatliche Wiese und gelobte sich, das schöne junge Mädchen zu heiraten, wenn er im Bereich seiner langen Arme ein vierblättriges Kleeblatt finden würde, und er soll es gefunden haben! Er lebte in langer glücklicher Ehe mit Gertrud. Eine Tochter und vier Söhne wurden geboren.
1870 zog Bayern gemeinsam mit Preußen gegen Frankreich ins Feld. Bismarck glaubt an den Einigungswillen aller deutschen Fürstentümer. Werthern als Pionier des nationalen Gedankens sucht Ende 1870 mit König Ludwig II. den Modus eines Beitritts zum neuen deutschen Reichsverband zu erarbeiten*. Bayern verlangt als größtes Bundesland, zuletzt beizutreten. Zur Kaiserproklamation in Versailles erschien Ludwig II. allerdings nicht.
Unvergeßlich ist mir ein Gespräch mit Wolfgang im Archiv. Zufällig nehme ich einige vergilbte gebündelte Briefe in die Hand und lese auf dem Umschlag: „Mein Schriftwechsel mit Bismarck über die Reichseinigung 1871. – Bitte erst 50 Jahre nach meinem Tode zu öffnen. Georg Werthern."

* Aus: Holborn, Hajo: Bismarck und Werthern. Auf Grund unbekannter Briefe und Aktenstücke.

Ich frage Wolfgang, was das bedeutet. „Dies sind Briefe meines Großvaters, und wir dürfen sie erst 1948 öffnen. Das haben wir zu respektieren." – (Viel später erfahre ich, daß das gesamte Beichlinger Archiv und mit ihm wohl auch diese bedeutungsvollen Briefe wohlgeordnet in einem Nebengebäude des Wernigeroder Schlosses aufbewahrt werden.)
Großvater Werthern verbrachte die letzten Jahre seines Lebens in Beichlingen. Schließlich bestimmte er in seinem Testament, daß er in Beichlingen nicht auf dem kirchlichen Friedhof, sondern auf einem entfernten Hügel begraben zu werden wünschte. Sein Reitpferd sollte den Trauerzug begleiten. Vier wilde Birnbäume ließ er um diese Stätte pflanzen, damit die Dachse nachts die Früchte holen könnten. Nach seinem Tode ist alles seinem Willen entsprechend ausgeführt worden.

Vater Clemens Graf Wedel, Kgl.-preuß. Landrat in Hannover.

Mutter Pauline Gräfin Wedel, Tochter von „Marie Witilo".

Das Elternhaus Großzschocher bei Leipzig.

Das „Magdalenenstift" Altenburg in Thüringen.

Hochzeit von Elisabeth Gräfin Wedel in Großzschocher mit Wolfgang Graf und Herr von Werthern-Beichlingen.

Gertrud Gräfin und Herrin von Werthern-Beichlingen, geb. von Bülow, mit ihren Kindern in München.

Georg Graf und Herr von Werthern-Beichlingen, Kgl.-preuß. Gesandter in München.

Gräfin Luise Werthern-Neunheiligen, geb. Reichsfreiin vom Stein, Schwester des Reformministers.

Wolfgang Graf und Herr von Werthern-Beichlingen und seine Schwester Reinhild.

Die Autorin und ihre Tochter Luise-Amalie („Luisa").

Otto Fürst von Bismarck/ Friedrichsruh, CDU-MdB und langjähriger Präsident der Deutschen Parlamentarischen Gesellschaft, Bonn.

Aus den Anfängen der Deutschen Parlamentarischen Gesellschaft im Hotel ,,Bergischer Hof" in Bonn: Josef Ernst Fürst Fugger von Glött (CSU), Frau Charlotte Lütkens, Botschafter Dr. Karl-Georg Pfleiderer (F.D.P.), Bundespräsident Prof. Theodor Heuss (F.D.P.), Reichstagspräsident Paul Löbe (SPD) und Dr. Gerhard Lütkens (SPD) (v. l.).

Frau Dr. Agnes Maxsein (CDU), Frau Helene Weber (CDU), Frau Marie-Elisabeth Lüders (F.D.P.) und Frau Lisa Korspeter (F.D.P.).

Laudatio von Prof. Carlo Schmid (SPD) anläßlich des 25jährigen Bestehens der Deutschen Parlamentarischen Gesellschaft und der Verleihung des Bundesverdienstkreuzes 1. Klasse an die Autorin.

Herzlicher Abschied von Bonn. Die Autorin und der ehemalige Bundeslandwirtschaftsminister Josef Ertl (F.D.P.).

II
Tod, Geburt und Abschied von Beichlingen

Wochen vergingen, schnell hatte ich mich in meiner neuen Welt eingelebt. Der Alltag begann. Wolfgang, immer gewärtig, jeden Augenblick zum militärischen Einsatz einberufen zu werden, kümmerte sich weiter um die Verwaltung. Oft besuchten wir gemeinsam die verschiedenen landwirtschaftlichen Betriebe, wobei ich die Familien der Mitarbeiter kennenlernte.

Bei unseren Waldfahrten – Beichlingen besaß weitläufige Forsten – zeigte mein Mann mir Spuren von alten ringförmigen Wall- oder Fliehburgen, ein verwittertes Steinkreuz aus der Zeit von Bonifatius und Bruchstücke von Ruinen. Dieser sanfte Höhenrücken zwischen Thüringerwald und Harz, ,,Schmücke" genannt, steckte voller Geschichte. Heinrich I. saß hier der Sage nach am Vogelherd, als man ihm seine Wahl zum König verkündete, wie das bekannte Lied erzählt. Neben Quedlinburg und Memleben soll er auch der Erbauer von Beichlingen und anderer Grenzburgen gewesen sein, die zum Schutz des christlichen Abendlandes gegen heidnische Völkerstämme errichtet wurden.

Auch erzählte Wolfgang Wunderdinge vom ersten hier ,,landgesessenen" Werthern, ,,Hans dem Glücklichen", wie er im Volksmund genannt wurde, der um 1500 die Grafschaft Beichlingen für einen Beutel voller Goldtaler erwarb, die höhere Gerichtsbarkeit eingeschlossen. Unter einer Linde im Walde, der sogenannten ,,Geldlinde", soll die feierliche Übergabe durch den bisherigen Grafen von Beichlingen stattgefunden haben. Der Großvater Hans des Glücklichen, ,,Hans der Ältere", erhielt um 1420 auf der Burg in Prag von Kaiser Sigismund eine goldene Kette, woran zuunterst ein goldenes Kreuz, auf einem toten Drachen stehend, hing.

Wie gern fuhr ich mit Wolfgang im Pferdewagen in das kleine, verträumte Dorf Burgwenden, gleich hinter dem Wald, um die evangelischen Schwestern vom Orden ,,Mutter Eva Thiele-Winkler" zu besuchen, die dort ein von der Familie gestiftetes Waisenhaus liebevoll betreuten. Hier fanden die Kinder bis zu ihrer Berufsausbildung eine wirkliche Heimat. Auch später blieben sie dem Haus als ,,Ehemalige" treu und verbrachten gern die hohen Festtage bei den Schwestern.

Auf dem Heimweg überlegten wir uns, wieviel Kinder wir uns selbst wünschten. Mein Mann war überzeugt, daß größere Landbesitzungen nicht in einer Hand würden bleiben dürfen, wie immer der Krieg auch enden sollte. Darum, so meinte er, wäre es gut, mehrere Söhne zu haben, um später das Erbe aufzuteilen. ,,Und", fügte er hinzu, ,,unbedingt eine Tochter zum Verwöhnen." Namen hatte er schon bereit. Eine Tochter sollte jedenfalls Luise-Amalie heißen, in Erinnerung an die beiden Weimarer Fürstinnen der Goethezeit.

Später erzählte er einer gemeinsamen Freundin von diesen Plänen – nicht ahnend, daß sie aus der Hand lesen konnte. Sie ergriff meine Hand, blickte auf die Linien der Innenfläche und sagte mit großen, ernsten Augen: ,,Du wirst eine Tochter haben . . ."

Wir fuhren in der Nachbarschaft herum und besuchten die Verwandten. Ich führte artige Unterhaltungen über Haushaltsprobleme mit den Tanten und erzählte von unserer Küche und Keller beherrschenden Köchin, die mir nur wenig Möglichkeiten zur Mitbestimmung einräumte.

Plötzlich erreichte uns der schon lange erwartete Einberufungsbefehl zum Regiment. Nun war es da, was man so gerne noch hinausgeschoben hätte! Ein letztes Mal fuhren wir zu Wolfgangs Schwester Reinhild Helldorff und ihrem Mann, die auf ihrem nahegelegenen Besitz St. Ulrich lebten, um Abschied zu nehmen. Wieder zu Hause, führten wir ein langes Gespräch, in dessen Verlauf Wolfgang mir alle nötigen Vollmachten schriftlich übertrug. Beklommen trennten wir uns am nächsten Tage und versuchten, uns gegenseitig Mut zuzusprechen, der Zukunft gefaßt entgegenzusehen.

Drüben in St. Ulrich wird eine Tochter geboren. Einige Wochen danach stirbt mein Schwager Helldorff. Wolfgang schreibt mir:

Kümmere Dich um Reinhild, sie hat es jetzt so schwer." Ich fahre zu ihr, um ihr beizustehen. Aber sie ist es, die mich mit Liebe und Fürsorge umgibt.
Nie werde ich den Tag vergessen, als sie mir eines Morgens selbst das Frühstück an mein Bett brachte. Ihre Bewegungen waren hastiger als sonst. Ich hörte ihre leise Stimme wie aus weiter Ferne: „Wolfgang ist verwundet." Und etwas später: „Ich habe einen Brief bekommen." Ganz langsam versuche ich, die Frühstückstasse abzustellen. Was war wirklich geschehen? Gerade noch hatte ich einen Feldpostbrief mit guten Nachrichten und vielen Fragen von ihm bekommen. Reinhild zögert – man müßte nachfragen, telefonieren, versuchen, Näheres festzustellen.
In großer Unruhe greife ich zum Telefon, rufe in Beichlingen an und höre eine weinende Stimme: „Es steht alles in Gottes Hand." In wachsender Verzweiflung versuche ich, beim Regiment in Weimar anzurufen. Reinhild ist immer neben mir. Als ich die Verbindung bekomme, spricht eine zögernde Stimme: „Seien Sie bitte ganz stark. Ihr Mann ist in Frankreich gefallen." Der Hörer fällt mir aus der Hand. Reinhild umfängt mich. Wir sind keines Wortes mächtig.
Gemeinsam fahren wir zurück nach Beichlingen. Die Menschen gehen leise, zahllose Hände strecken sich mir entgegen, wie betäubt höre ich Beileidsworte.
Eine Trauerfreier in der Schloßkapelle findet statt. Schützenvereine mit Fahnen, die Forstbeamten und alle Angehörigen der Betriebe, Abordnungen der Kreisstadt, Nachbarn und Freunde – eine unabsehbare Trauergemeinde bewegt sich zur Kapelle. Zuletzt gehe ich mit Reinhild, meinen Eltern und Geschwistern bis vor den Altar. Wie durch einen Schleier sehe ich das überfüllte Gotteshaus, erlebe alles wie im Traum. Weinende Menschen um mich herum. Die duftenden Jasminbüsche am Altar wirken betäubend. Ich klammere mich an Reinhild, versuche zu begreifen, was um mich herum geschieht, und höre sie flüstern: „Denk an das Kind." Im selben Augenblick habe ich mich gefaßt; Frieden und Hoffnung ziehen in meine Seele.
Noch kann ich es nicht verstehen, daß Wolfgang nie mehr wiederkommen wird, will es nicht wahrhaben. Nach und nach erfahre

ich Näheres über sein Sterben. In dem Brief seines Kompaniechefs an Reinhild steht, daß sie am 29. Mai 1940 vormittags Schloß und Park West-Chapelle, nahe Dünkirchen, besetzen sollten, in dem sich ein britisches Regiment verteidigte. Aus dem Fenster des Schlosses traf Wolfgang ein gezielter Kopfschuß. Er hat nicht gelitten...

Nicht lange danach erhielt ich von der Besitzerin des Schlosses West-Chapelle einen liebevollen Brief mit der Versicherung, daß sie das Grab des deutschen Offiziers in ihrem Park sorgsam pflege. Sie hatte dem Brief eine blonde Haarsträhne beigelegt, die sie selbst dem Toten bei der Beerdigung abgeschnitten hatte.

Als ich Jahre später die Genehmigung erhielt, das Grab besuchen zu dürfen – noch war der Krieg nicht beendet –, empfing mich die alte Dame mit offenen Armen und führte mich in ihr Haus. Da erst erfuhr ich, daß Wolfgangs Sarg inzwischen auf einen nahegelegenen Kriegsgräberfriedhof überführt worden war. Ich fuhr allein dorthin und fand das Kreuz mit seinem Namen.

So lebte ich weiter in Beichlingen mit dem Gedanken an sein Kind, was mir Trost und Verpflichtung war. Wochenlang erreichten mich zahllose Kondolenzbriefe, die ich gedankenverloren las. Ein Satz aus dem Brief der Schulleiterin aus seinem ehemaligen Internat Neubeuern jedoch blieb mir in Erinnerung: „Gott segne Sie, liebes Kind, für jede glückliche Stunde, die Sie ihm gegeben haben."

Wegen einiger zu erfüllender Formalitäten mußte ich nach Berlin zum Testamentsvollstrecker. Ich benutzte die Gelegenheit, meinen alten Chef Moltke in seinem Büro aufzusuchen, um ihm für seinen Beileidsbrief persönlich zu danken. Er saß mir gegenüber, die langen Beine übereinandergeschlagen. An seine Worte erinnere ich mich nicht mehr, aber es schien mir, als ob ich, das junge, fröhliche Mädchen von einst, für ihn nun der lebende Beweis für die Sinnwidrigkeit des mörderischen Krieges sei.

Das Verständnis, das mir Moltke in jenen Tagen entgegenbrachte, hat meinem Herzen wohlgetan. Als ich später von seinem Weg in den Tod hörte, schien er mir folgerichtig und seinem Wesen entsprechend.

Auf der Rückfahrt von Berlin saß ich im überfüllten Abteil und las

Akten, auf denen in großen Lettern der Name „Werthern" stand. Plötzlich erhob sich ein junger Offizier neben mir und stellte sich als Regimentskamerad von Wolfgang vor. Ich sprang auf, tausend Fragen kamen mir in den Sinn. Mir wurde schwindlig, ich rang nach Luft. Eilig wurde ich an ein offenes Fenster geführt und hörte, wie der junge Leutnant mir berichtete, daß er im Kampf bei West-Chapelle das Sterben meines Mannes erlebt und ihn am nächsten Tag im Park des Schlosses mit beigesetzt habe. Zum ersten Mal hörte ich einen Augenzeugenbericht von einer Tatsache, vor der ich bis jetzt noch versucht hatte, die Augen zu schließen.
Immer wieder war es meine Schwägerin Reinhild, die Rat und Hilfe wußte. So lud sie mich für die Sommermonate in ihr kleines Landhaus nach Bayern ein, um dort die Geburt meines Kindes abzuwarten. Mir war es gleich, ob es ein Sohn oder eine Tochter werden würde, obwohl für meine persönliche Zukunft viel davon abhing.
Endlich war es soweit. Ein Rotes-Kreuz-Auto brachte uns nach München in die Klinik. Reinhild blieb an meiner Seite. Nach vielen Stunden hielt ich meine kleine Luise-Amalia in den Armen, krebsrot und etwas verbeult. Wegen ihrer langen, dünnen, immer gespreizten Fingerchen haben wir sie zuerst „Spinnchen" genannt. Nach friedlichen gemeinsamen Wochen in Obergrainau kehrten wir im Herbst nach Beichlingen zurück, wo bald darauf eine stille Taufe im engsten Familienkreis stattfand.
Im Sommer danach wurden wir nachts durch Fliegeralarm geweckt. Da wir in unserer ländlichen Abgeschiedenheit nicht mit Angriffen rechneten, hatten wir keinen Luftschutzbunker. Ich riß das Kind aus dem Schlaf, wickelte es in warme Tücher und rief die Hausbewohner zusammen. Eiligst suchten wir uns ein altes Gewölbe als Notunterkunft. Bomben fielen krachend, es brannte im Dorf. Die Bevölkerung geriet in Panik. Menschen kamen nicht ums Leben, aber es sollte immer ungeklärt bleiben, warum man sich gerade Beichlingen als Ziel ausgesucht hatte.
Durch die Geburt meiner Tochter war die Erbfolge geklärt: Wolfgangs Vetter Ottobald wird der nächste Besitzer. Als er kurz darauf in Rußland fällt, wird sein Bruder Thilo, auch er an der Front

und Ritterkreuzträger, Erbe von Beichlingen. Es war in seinem Sinne, daß ich vorläufig hier wohnen blieb, bis sich eine neue Lösung ergeben würde. Das gab mir Gelegenheit, Berliner Freunde, die Schutz vor den Bombardierungen suchten, mit ihren Kindern in das weitläufige Haus aufzunehmen. Dazu kamen Evakuierte aus den umliegenden Städten. So gut es ging, richteten wir kleine Wohneinheiten, auch in den Nebengebäuden, her. Die umsichtige Mamsell füllte imponierende Waschkessel mit Pflaumen und Rübenschnitzeln, um daraus einen Vorrat an Brotaufstrich für alle zu bereiten.

Mein Leben war nun mit vielerlei Problemen des Kriegsalltags ausgefüllt. Der würdige alte Graf Baudissin, der sich nach seiner Pensionierung als Landrat wieder zur Verfügung gestellt hatte, stand mir mit Rat und Tat zur Seite.

Im Juni 1941 begann zu unserem Entsetzen Hitlers Überfall auf Rußland, mit dem er zwei Jahre vorher einen Nichtangriffspakt geschlossen hatte. Nun bekam der Krieg ein noch härteres Gesicht. Die Zuteilung von Lebensmittel-, Raucher- und Kleiderkarten wurde strenger gehandhabt, Kohlen und Elektrizität aufs äußerste reduziert. Auf den Bahnhöfen tauchten breite Spruchbänder auf: „Räder müssen rollen für den Sieg." Private Bahnreisen wurden nur auf begründeten Antrag gestattet. Keine Nacht verging ohne Luftangriffe auf deutsche Städte, die Tod und Verwüstungen anrichteten. Am härtesten wurde das Ruhrgebiet mitgenommen. Industrieanlagen waren die Hauptziele des Feindes. Schließlich wurde auch mein Elternhaus Großzschocher durch Brandbomben gänzlich zerstört. Meine in Bedra bei Weißenfels verheiratete Schwester Viktoria nahm die Eltern bei sich auf.

Benzin für private Autofahrten gab es längst nicht mehr. So benutzte ich ungeheizte und unbeleuchtete Bummelzüge im – noch erlaubten – Nahverkehr, wenn ich Gutsnachbarn besuchen wollte, mit denen man sich aussprechen konnte. Bei Verwandten traf ich – es war Mitte Juli 1944 – einen alten Freund der Familie, Herrn Wenzel-Teutschenthal, den damals bekannten Landwirtschaftsexperten unserer Provinz, der zum Kreis der Widerstandskämpfer gehörte. Es muß wenige Tage vor seiner Verhaftung und Verurteilung gewesen sein. Ich fühlte, daß er sein Schicksal vor-

aussah, es aber nicht mehr ändern wollte. Als dann am 20. Juli das Attentat auf Hitler im Radio bekanntgemacht wurde, als eine schreiende Stimme verkündete, daß einige „Ehrgeizlinge" versucht hätten, die Macht an sich zu reißen, begriff ich, daß der Versuch, Deutschlands Schicksal im letzten Augenblick zu wenden, gescheitert war. Mit Schaudern sah man nun die totale Niederlage auf unser Land zukommen.
Der neue Landrat unseres Kreises meldete sich zu einem Besuch an. Er schlug mir vor, Parteimitglied zu werden; er wüßte sogar eine heimliche Quelle, um eine niedrige Mitgliedsnummer für mich zu erhalten. Auch könnte ich als Kreisfrauenführerin im Sinne des Führers wirken. Es gelang mir, mich damit zu entschuldigen, daß ich unbegabt und von jedem Ehrgeiz weit entfernt sei.
Vetter Thilo Werthern, der nunmehrige Besitzer, bekam Heiratsurlaub und konnte mit seiner jungen Frau in Beichlingen einziehen. Nur kurze Zeit blieb ihm, sich hier einzugewöhnen.
Wolfgang hatte mir für alle Fälle im nahegelegenen Großneuhausen einen Witwensitz bestimmt. Das dreiflügelige, mehrstöckige Schloß, den Weimarer Bauten des Zopfstils* eng verwandt und noch ohne neuzeitlichen Komfort, war für den weiblichen Arbeitsdienst beschlagnahmt worden. Ende November 1944 übersiedelte ich in einige Räume dieses Hauses, die mir der Arbeitsdienst auf mein Bitten hin überlassen hatte. Auf alten Rübenwagen aus der Landwirtschaft zog ich mit Sack und Pack nach Großneuhausen um und richtete mich – so gut es ging – mit meiner Tochter Louisa (Kurzname für Luise-Amalia) und Fräulein Seidel, dem treuen, resoluten Faktotum, dort ein.
Jeden Morgen hörten wir den Appell der Arbeitsmaiden, die sich zum Flaggenhissen im Garten zu versammeln hatten und mittags nach dem einstimmigen Ruf „Guten Hunger" neben uns im großen Mittelsaal aßen.

* Bezeichnung des Übergangsstils zwischen Rokoko und Klassizismus.

12
Zusammenbruch und Flucht

Am 17. Januar 1945 begann der langerwartete russische Großangriff auf breiter Front. Ende des Monats standen die feindlichen Truppen an der Oder.

Bald trafen die ersten Flüchtlingstrecks aus den Ostprovinzen bei uns ein. Anfang Februar fuhr meine Kusine Marei Kalckreuth aus der Provinz Posen mit ihrer neunjährigen Tochter, drei polnischen Kutschern und neun Pferden vor vier hochbeladenen Kastenwagen durch unser Hoftor. Wadja, mein polnisches Mädchen, lief den Ankommenden entgegen, ich schloß Marei in meine Arme. 500 Kilometer hatte ihr Treck, immer im Schrittempo, bei Eis und Schnee zurückgelegt. Die Räder und Achsen hatten standgehalten, die Polen waren ihr nicht davongelaufen, und die Pferde hatten vierzehn Tage lang durchgehalten. Marei war erleichtert und dankbar, bei mir ein vorläufiges Unterkommen zu finden. Mir wiederum war es eine Freude, sie aufzunehmen und in ihr eine Gesprächspartnerin zu haben.

Unsere Bleibe im Schloß war höchst behelfsmäßig, solange der Arbeitsdienst fast das ganze Haus beanspruchte. Kein Problem war die Unterbringung der Kutscher und Pferde. Im fünften Kriegsjahr fehlten sowohl Zugtiere wie Gespannführer, und so wurde der Nachschub aus dem Osten vom ersten Tag an in der Landwirtschaft eingesetzt.

Langsam wurden die Tage länger und wärmer. Über den Sträuchern lag schon ein Hauch von Grün. Im hinteren Teil des Parkes, unweit des kleinen Weihers, wo die hohe, altersgraue, von Efeu überwachsene Feldsteinmauer eine sich nach Süden öffnende Ecke bildete und zwischen trockenem Wintergras die ersten Veilchen aufblühten, konnten wir schon in der Sonne sitzen und unsere mürben Kriegswäschestücke und Strümpfe flicken. Wir liebten

diesen stillen, geschützten Platz und wünschten uns, daß es noch eine Weile so bleiben möge.
Aber die Weltlage veränderte sich täglich. Draußen ging das Inferno weiter. Millionen Menschen waren auf der Flucht von Ost nach West. Verzweifelt kämpften die deutschen Truppen auf Hitlers Befehl weiter, obwohl Berlin bereits von den Russen eingeschlossen war. Das herrliche Dresden war ausgelöscht worden, Nürnberg und Würzburg sanken in Schutt und Asche, um nur einige der zerstörten Städte zu nennen. Von dem zwanzig Kilometer entfernten Weimar konnten wir die Bombeneinschläge hören. Das Goethehaus wurde schwer beschädigt, der halbe Markt mit seinen Renaissancehäusern vernichtet. Die Luftangriffe auf Weimar gingen Tag und Nacht weiter, so daß ich beschloß, meine Mutter und meinen seit Wochen im dortigen Krankenhaus liegenden Vater aus der Stadt herauszuholen. Wegen ständiger Bombengefahr mußte ich versuchen, in der Nachtzeit auf einem mit Stroh ausgepolsterten Leiterwagen durchzukommen, um den Kranken liegend zu transportieren. Es gelang, meine Eltern sicher zu mir nach Großneuhausen zu bringen, ihnen ein bequemes Zimmer freizumachen und sie nach besten Kräften zu pflegen.
Anfang April warteten wir täglich auf das Einrücken der Amerikaner, denn es war nicht geheim geblieben, daß sie auf dem Vormarsch nach Thüringen waren. Unsere Spannung stieg, als wir eines Vormittags feststellten, daß sich alle Maiden des Arbeitsdienstes – teils per Rad und teils zu Fuß – davongemacht hatten. Das große Haus war nun fast menschenleer. Immer kamen noch größere und kleinere Trecks durch Großneuhausen. Ich hatte jetzt die Möglichkeit, die Rastsuchenden kürzer oder länger unterzubringen, wenn auch in kahlen Räumen, die nur noch Einbauspinde und Etagenbetten enthielten. Besonders erinnere ich mich an das Ehepaar Münchhausen, die ebenso wie Marei aus der Provinz Posen in einem mit zwei Schimmeln bespannten Landauer vorgefahren kamen. Ungebrochen und immer noch elegant saß Baronin Münchhausen neben dem Kutscher auf dem Bock und winkte mir, die Hände in Glacéhandschuhen, heiter entgegen. Zu Fuß kamen der Romanist Professor Voßler mit seiner hellblonden Frau aus Dresden angewandert. Ihr einziger Wunsch war ein heißes

Bad und ein Bett zum Schlafen. Auf stehengebliebenen, mühsam geflickten Arbeitsdiensträdern fuhren sie bald in Richtung Westen weiter.

Noch zogen einzelne Trupps deutscher Soldaten durch unser Dorf. Am 4. April hieß es, daß sich der hiesige Ortsgruppenleiter, der eben noch den Flüchtlingen leutselig seine Hilfe zugesichert hatte, mit Frau und kleiner Tochter in einer Feldscheune erschossen habe. Aus dem Radio hörten wir noch einmal, zum letzten Mal, die Stimme des Propagandasprechers: „Aus allen Rohren schweigen die Kanonen."

Dann herrschte zwei Tage lang eine bang-erwartungsvolle Stille. Es war ein warmer, trockener Tag, als es sich blitzschnell herumsprach, daß sich die Amerikaner auf der Landstraße – von Kölleda her, unserer westlich gelegenen Kreisstadt – näherten. Wir rannten mit Ferngläsern auf den Dachboden. Und wirklich, da wälzte sich eine lange graue Raupe heran, und bald hörten wir das mahlende Geräusch der Ketten. Die Panzer, einer nach dem anderen in endloser Folge, rollten in gleichmäßigen Abständen in die Dorfstraße ein. Im Stahlhelm geradeaus blickend, die Besatzung – sonnenverbrannt, verstaubt, aber frisch und gut ernährt, sichtlich ohne alle Kriegsentbehrung. Aus vielen Fenstern hingen plötzlich weiße Tücher, und auch wir beeilten uns, aus einer Dachluke ein an einer Stange befestigtes Laken zu schieben.

Schließlich trauten wir uns hinaus an den Straßenrand, um die Ungetüme aus der Nähe zu betrachten. Da sah ich die ersten US-Soldaten, Maschinenpistolen in der Hand, sich in gebückter Haltung von Haus zu Haus vortasten. Als sie in meine Nähe kamen, rief ich ihnen auf Englisch zu, daß keine deutschen Soldaten hier im Ort seien – außer einigen Verwundeten in der im Schloß eingerichteten Rot-Kreuz-Station. Bei der Hausdurchsuchung ergaben sich sofort Offenheit und Vertrauen. Wir atmeten erleichtert auf. Ein seltsam zwiespältiges Gefühl ergriff uns: Der Krieg ist vorbei, aber mit Deutschland ist es aus, alle Opfer umsonst. Was wird nun kommen?

Mit einem Schlag hatte sich alles geändert. In Weimar wurde eine Militärregierung eingesetzt, der eine deutsche Zivilverwaltung unterstand. Landrat wurde ein emigrierter Jude, ein philosophisch-musischer Mensch, der sich freundlich unserer Angelegenheiten annahm. Alle Parteifunktionäre waren über Nacht verschwunden. Man hatte sie teils verhaftet, teils waren sie in Zivilkleidung untergetaucht. Ein großer Druck war von den Menschen gewichen.

Aber von anderer Seite drohte Gefahr: Sämtliche Arbeitslager der Umgebung waren aufgelöst worden, und die freigelassenen Russen, Polen und Tschechen durchstreiften das Land, plünderten Vorratsläger und Magazine aller Art und überfielen Gehöfte. Zunächst sah die Militärregierung, voller Entsetzen über die im nahen Konzentrationslager Buchenwald gemachten schauerlichen Entdeckungen, diesem Treiben tatenlos zu. Groß war darum unsere Erleichterung, als die Amerikaner schließlich beschlossen, alle Ausländer zu sammeln und in ihre Heimatländer abzutransportieren. Unter jubelndem Absingen vaterländischer Lieder und die weiß-rote Fahne schwenkend, entschwanden die Polen in vollbesetzten Bussen unseren Blicken.

Der Zustand meines schwer herzkranken Vaters verschlechterte sich von Tag zu Tag. Eines Nachmittags schlief er sanft für immer ein. Der maiengeschmückte Sarg wurde vor dem Altar der schönen alten Dorfkirche aufgebahrt, und das feierliche Begräbnis erfolgte unter allgemeiner Anteilnahme.

Zwei Monate waren seit dem amerikanischen Einmarsch vergangen. Seit vier Wochen war Deutschlands bedingungslose Unterwerfung besiegelt, der Krieg war zu Ende. Wir hatten jetzt Anfang Juni, und immer mehr verdichtete sich das Gerücht, daß die Amerikaner ganz Thüringen räumen würden und unser Gebiet demnächst unter russische Verwaltung käme. Alles in mir sträubte sich gegen diese Vorstellung. Mehrmals versuchten wir, bei gutunterrichteten Weimarer Bekannten Gewißheit zu erlangen, aber niemand wußte etwas Bestimmtes. Schließlich drangen wir direkt zu einer russischen Außenstelle vor, die sich in einem Hotel etabliert hatte. „Ja", sagte man uns ungerührt auf Deutsch, „Thüringen kommt zur sowjetischen Zone."

Mein Entschluß war sofort gefaßt: Ich wollte nicht unter die Russen, das hieß unter den Kommunismus, geraten und beschloß, mich mit Marei in den Westen abzusetzen. Wir fügten uns in das

Unvermeidliche und bereiteten sorgfältig einen gemeinsamen Treck vor. Marei hatte die Möglichkeit, bei Freunden im Lippeschen Aufnahme zu finden. Und ich hoffte, bei Verwandten im Münsterland unterzukommen, und versuchte, mich auf frühere gute Beziehungen meiner Eltern zu Familien, deren Besitze an unserem Wege lagen, zu besinnen.
Noch einmal fuhren wir nach Weimar, um Lebewohl zu sagen. Meine Mutter, nun verwitwet, wollte in ihr Elternhaus in der „Ackerwand" ziehen.
Unser Treck bestand aus vier Kastenwagen und elf Pferden. Sie wurden von Marei, deren zwei inzwischen aus ihren Internaten eingetroffenen Söhnen und mir geführt. Mit uns nahmen wir einige kleine Möbelstücke, Familienbilder, Wäsche, Silber und gebündeltes Bettzeug. Dazu kamen Säcke mit Zucker, Erbsen, Rübenschnitzeln, Würste und Schinken. Auch Kaninchen und Hühner wurden in kleinen Käfigen aufgeladen. Louisa nahm ihre sechs Puppen mit. Die Fahrräder wurden hinten aufgebunden. Alte Planen deckten unsere Habseligkeiten zu. Schließlich fuhren wir hintereinander durch das Hoftor von dannen.
Ich saß auf einem kleinen Beutel, in dem mein einziges Wertstück, ein kostbares Armband, das Hochzeitsgeschenk meines Mannes, versteckt war. Bargeld war bei meiner Abfahrt im Haus kaum vorhanden, denn die Banken waren mit dem Einzug der Besatzung geschlossen worden. Neben mir hatte ich das Kind und Fräulein Seidel. Im Schritt fuhren wir an den duftenden Pfefferminzfeldern von Kölleda, einer Spezialität der Gegend, vorbei, passierten Sömmerda und hielten auf Nordhausen zu. In dieser reichen Obstgegend hingen die unsere Chaussee begleitenden Obstbäume gerade voller reifender Herz- und Glaskirschen. Wir brauchten uns nur zu recken, um uns die süßen Früchte in den Mund zu stopfen.
Nach einer Übernachtung bei einer freundlichen Tante erreichten wir nach langer, die Pferde aufs äußerte beanspruchender Fahrt am Abend des 30. Juni die neue Grenze bei Herzberg am Harz. Noch wurde sie allein vom amerikanischen Militär bewacht. Ein Schlagbaum lag bereits quer über der Straße, daneben standen Posten. Laut Befehl durften sie keine Trecks mehr durchlassen.

Glücklicherweise konnten wir Passierscheine des amerikanischen Kommandanten von Weimar „To whom it may concern" vorweisen. Sie waren das „Sesam-öffne-dich". Noch einmal hob sich der Schlagbaum für uns. Welches Glücksgefühl, als wir drüben anlangten!

Das Blutvergießen des Krieges war beendet, das bedeutete viel, man konnte wieder Hoffnung schöpfen, man lebte, die Natur blühte, es war Frühling. Wir bettelten abends bei Bauern um Brot und etwas Milch für die Kinder. Unsere Hühner legten täglich die Frühstückseier. Das Futter für die Tiere nahm fast den größten Platz im Wagen ein. Diese waren im Augenblick die größten Werte. Man dachte nur daran, zu überleben, zu essen und zu schlafen. So fuhren wir im Schrittempo weiter.

Da alle Brücken gesprengt waren, mußten wir unsere schwerfälligen Wagen bergab auf eine Fähre bugsieren, um die Weser zu überqueren. Die Last drückte die Pferde immer weiter vorwärts. Mit letzter Kraft riß ich die Zügel zurück, um nicht mit Roß und Wagen im Wasser zu versinken.

Mareis Ziel lag nun dicht vor uns. Es war das Gut Hovedissen, wo man sie erwartete und ihr eine vorläufige Heimat bot. Unsere gemeinsame Zeit war zu Ende. Wo blieb ich in diesem willkürlichen Strudel der Nachkriegszeit mit meinem Kind, der alten Gouvernante, den geringen Habseligkeiten?

In unserem alten Rübenwagen mit eisenbeschlagenen Rädern holperten wir weiter – eine notdürftige Plane schützte uns vor Unwetter. Gelegentlich raste ein amerikanisches Militärauto vorbei. Ich war heimat- und besitzlos, aber ohne Traurigkeit. Das große nationale Unglück dieses Krieges, das massive Elend, dem man nicht entgehen konnte, sollte das Schicksal einer Unzahl von Menschen meiner Generation werden. Durfte man trotzdem wieder an eine bessere Zukunft glauben?

13
Neubeginn in Hamburg

Meine Gedanken schweiften zurück. Hinter mir lagen die Zeit der kurzen Ehe, die Jahre in Beichlingen, der geliebten Heimat meines Mannes, und schließlich in Großneuhausen, meinem Witwensitz. Vorbei das Leben einer Gutsherrin mit dem selbstverständlichen Verantwortungsgefühl gegenüber dem Besitz und seiner Erhaltung. Wieviel hätte es zu tun gegeben für mich als Hausfrau, in dem Haus mit den Erinnerungen an vergangene Zeiten! Alle diese Gedanken an eine verlorene Heimat, mit vielseitigen Aufgaben und Pflichten, die ich so gern mit meinem Mann erfüllt hätte, beschäftigten mich noch bei der Ankunft bei meinem alten Onkel Adolf Wedel in Sandfort in Westfalen, der dort mit seiner unverheirateten Tochter lebte. Es war unsere letzte Flüchtlingsstation. So wohnte ich mit meinem Kind zunächst noch unter dem schützenden Dach von Verwandten. Und auch unsere Ernährung war durch deren Landwirtschaft gesichert. Das Leben war für mich beengt und bescheiden, da man uns nur zwei kleine Räume zur Verfügung stellen konnte. Aber ging es nicht Millionen von Flüchtlingen ähnlich oder schlechter? Wir genossen sogar, ganz gelegentlich, schwer zu erlangende Freuden des Lebens: eine Tasse Bohnenkaffee, einen Whisky oder eine Zigarette.

Aber wie Geld verdienen? Ich hatte sechs Pferde und zwei Leiterwagen gerettet. Da kamen aus der Umgebung Anfragen, ob ich Holztransporte übernehmen könne. Benzin für Autos gab es nicht, für den kommenden Winter war knappe Kohlenzuteilung vorgesehen. So ließ mein Onkel Holz in seinen Wäldern schlagen und vorsorglich als Heizmaterial verkaufen. Ich konnte meinen Pferdewagen volladen und zu den Bestellern hinfahren, eine gute Verdienstquelle. Auch arbeitete ich auf dem Felde im Akkord bei der Rübenernte. Die Landarbeiter halfen mir, denn es fiel mir sehr

schwer, das Tempo einzuhalten. Ich war froh, beschäftigt zu sein und Geld für einige zusätzliche Lebensmittel zu verdienen.
Es war ein Trost, daß nach monatelangem Bangen schließlich meine Schwester Viktoria Helldorff mit ihren drei Kindern, nach abenteuerlicher Flucht, auch in Sandfort landete, nachdem der Familienbesitz in Sachsen durch Bodenreform enteignet worden war. Nach einiger Zeit traf auch ihr Mann aus der Kriegsgefangenschaft ein.
Die Schwierigkeiten der besitzlosen Flüchtlinge gegenüber den Menschen, die noch ihre Heimat hatten, wurde schnell zu einem soziologischen Problem. Was galt – was zählte? Wie sind die Menschen, wenn sie teilen müssen? Wie ist es, wenn man sich abhängig fühlt von Faktoren, die man nicht selber bestimmen kann? Noch lebte man behütet in einem größeren Verwandtenhaus, Freunde und Nachbarn sind dieselben. Wie viele Menschen waren Freunde meiner Eltern – meines Mannes – meiner Geschwister? Wie hilft ein großer Clan, dem man angehört, einem weiter? Galten diese Maßstäbe noch? Wo findet man einen Weg zum Eigenleben und Selbstgestalten? fragte ich mich beklommen.
Trotz unzuverlässiger Postzustellung in den Besatzungsgebieten erhielt ich eines Tages einen Brief von Bridget Bernstorff, einer geborenen Engländerin. Sie bot mir eine eigene Wohnung in dem eben von der Besatzung freigegebenen Schloß ihrer Familie, Wotersen nahe bei Hamburg, an. Beglückt sagte ich zu. So konnte ich mir mit Tochter Louisa schon einen selbständigen kleinen Haushalt einrichten. Es gab gleichaltrige Kinder im Hause, die mit Louisa gemeinsam in die Dorfschule gingen. Es gelang mir, mein wertvolles Armband zu verkaufen. So ging es einige Zeit weiter. Care-Pakete aus Chikago, von treuen Freunden aus anderen Tagen, trafen regelmäßig ein.
Die ersten Anfänge einer gesellschaftlichen Betriebsamkeit begannen sich im nahegelegenen Hamburg zu entwickeln. Meine Kleidung war zu unvollständig, um an Veranstaltungen teilzunehmen. Da fand ich einen geretteten Koffer, ein paar alte Gardinen, eine Schneiderin wurde in Wotersen bald aufgetan, und so entstand aus einer alten gelben Taftgardine ein erstes großartiges Abendkleid! Ich entsann mich des alten russischen Diadems aus dem Besitz

meiner Mutter, das in den Westen gerettet worden war. Das setzte ich zu passender Gelegenheit auf. Die Brillanten und Saphire schmückten das Abendkleid sehr – ich fühlte mich wie ein Phönix aus der Asche entstiegen und war fröhlich!

Ich traf Bekannte und neue Gesichter. Ich erfuhr freundschaftliche Hilfe der eingesessenen Hamburger Familien wie Oswalds, Münchmeyers, Tiefenbachers. Ihr Leben schien mir ganz normal, in gleichbleibenden Bahnen, weitergelaufen zu sein. Sie wärmten mein Herz. Unvergessen ist die großzügige Hilfe, die die schöne Annemarie Bismarck, eine geborene Schwedin, nicht nur mir, sondern zahlreichen Flüchtlingen angedeihen ließ. Sie sorgte für Unterkunft und begründete in ihrer schwedischen Heimat eine Kleidersammlung im großen Stil für deutsche Flüchtlinge. Mein wiedererwachender Lebenswille und die Fähigkeit, die Gegenwart, wie sie auch sei, zu bejahen, halfen mir weiter.

Ich fragte mich, ob die frühere Geborgenheit in meiner Familie, meine Fähigkeiten und meine Vorbildung es ermöglichen würden, mir unter so ganz veränderten Umständen ein neues Leben aufzubauen. Immer wieder hörte ich Gerüchte über eine bevorstehende Währungsreform, die mich beunruhigten. Ich beschloß, mich vom Landleben in Wotersen zu lösen und eine kleine Wohnung in Reinbek bei Hamburg zu beziehen. So hoffte ich auf spätere Verdienstmöglichkeiten, um mit der Vorortbahn Hamburg schneller erreichen zu können.

Schließlich kam über Nacht, am 21. Juni 1948, die langerwartete Währungsreform. Professor Ludwig Erhard, Direktor für Wirtschaft des Vereinigten Wirtschaftsgebiets in Frankfurt, zeichnete dafür verantwortlich. Alles vorhandene Geld war entwertet. Aber mit der Reform hörte auch die gesamte Zwangswirtschaft auf. Die riesige Papierflut von Bezugsscheinen, Marken und Rationierungskarten verschwand allmählich. „Nichtbewirtschaftung muß wieder Normalzustand werden", so sagte Professor Erhard.

Für mich wie für alle Flüchtlinge bedeutete der Währungsschnitt den Verlust des letzten Bargeldes. Jene, die in der westlichen Zone Besitz nachweisen konnten, erhielten dagegen einen Umtauschbetrag im Verhältnis 10 : 1. Die Flüchtlinge konnten ihr restliches Bargeld, das sie durch Verkäufe und kleine Verdienste wieder

erworben hatten, nur im Verhältnis 6 : 1 umtauschen. Darüber hinaus gab es 40 DM „Kopfgeld“ für jeden.
Was nun? Kurzentschlossen ging ich zum Arbeitsamt. Dort stand schon eine lange Schlange von Arbeitsuchenden. Ich klopfte an die Tür, an der ein Schild hing: „Vermittlung für weibliche Arbeitskräfte“. Hier stieß ich auf eine Dame in der gleichen Situation. Wir wollten etwas erreichen, denn wir hatten hungrige Kinder. Ein freundlicher britischer Besatzungsoffizier fragte nach unseren Bürokenntnissen. Ich murmelte etwas in Englisch, er telefonierte mit seiner höheren Dienststelle, ich hörte seine Stimme sagen: „These two ladies are very good types!“ In der Aufregung glaubte ich zu verstehen, daß er uns für gute „typists“ hielt, was bedeutete, daß wir wohl gut tippen könnten. Wie er er zu dieser Annahme kam, war mir schleierhaft, aber das zählte im Augenblick nicht. Ich verlangte stolzgeschwellt ein recht hohes Gehalt, nannte eine nebulöse Summe. Mir sarkastischem Lächeln wurde uns mitgeteilt, daß wir versuchsweise zu dem kleinstmöglichen Gehalt von 320 DM monatlich eingestellt würden.
Auch das erschien uns beiden Schicksalsgenossinnen viel, und wir sagten erleichtert zu. Was die Arbeit sein würde, war uns zunächst gleichgültig. Wir konnten Nahrungsmittel einkaufen, Kohlen für den Winter bezahlen – ja sogar Schulbücher kaufen.
Der Gedanke, daß ich Kriegerwitwe war und auf eine Witwenrente hoffen konnte, kam mir nicht. Eines Tages teilte mir das Versorgungsamt mit, daß ich eine monatliche Witwenrente von 40 DM bekommen würde. So fühlte ich mich reich und voller Hoffnung, das Leben zu meistern.
Die Arbeit begann bei der britischen Besatzungsmacht. Nahe von Reinbek, in dem kleinen Ort Glinde, gab es eine riesige leere Fabrikhalle und primitive Baracken. Dorthin wurden wir beordert und sollten englische Papier und Pässe ausschreiben, Übersetzungen machen und dolmetschen. Das Wichtigste war im Augenblick, daß wir ein freies Mittagessen aus der Gulaschkanone in der Fabrikhalle bekamen. Hunderte von Deutschen erhielten dort ihren Eintopf.
Nach einigen Monaten empfand ich die Arbeit als so stumpfsinnig, daß ich versuchte, in Hamburg eine andere Tätigkeit zu fin-

den. Ich nahm zunächst in Abendkursen Unterricht in Steno und Schreibmaschine und erhielt mit etwas Glück eine Anstellung als Sekretärin bei der Vacuum Oil AG im Büro der Abteilung „Industrial Relation".

Einer der Direktoren war Herr von Kretschmann, späterer Schwiegervater des heutigen Bundespräsidenten Richard von Weizsäcker. Er half mir mit manch liebenswürdigen Worten über die Schwierigkeiten der Eingewöhnung in einen großen Bürobetrieb hinweg. Ich sollte mehr als zwei Jahre dort bleiben. So arrangierte ich mich mit den Gegebenheiten, ohne mit dem Schicksal zu hadern. Meine Tochter Louisa – sie war zart und blaß – wurde jetzt eingeschult. Als der Schularzt in Reinbek mir mitteilte, daß sie wegen Unterernährung TB-verdächtig sei, verließen mich die Nerven. Noch nie hatte ich um Hilfe gebeten, keinesfalls wollte ich andere Menschen mit den Sorgen meines Lebens belasten! – Mutlos und verzweifelt sann ich auf Auswege. An einem Sonntagmorgen klingelte es an meiner Tür, und das Hamburger Ehepaar Tiefenbacher machte mir in meiner kleinen Wohnung einen Besuch. Frau Tiefenbacher fragte mich teilnahmsvoll, ob sie etwas für meine zarte Tochter tun könne. Sie schlüge mir vor, Louisa in ein gutgeführtes Kinderheim an die Nordsee zur Erholung einzuladen! Ich empfand es als schwer, von fremden Menschen etwas anzunehmen, und sagte dies ganz offen! – Die Antwort blieb mir unvergessen: „Bitte nehmen Sie diese Einladung im Interesse Ihrer Tochter an. Sicher werden eines Tage für Sie auch bessere Zeiten kommen, dann machen Sie uns die größte Freude, wenn Sie den „goldenen Ball der Nächstenliebe" weiterwerfen, zu jemandem, der dann vielleicht in großer Not ist. – Tief bewegt dankte ich.

Meine Mutter, die ich mit meinen Geschwistern unter Mühen aus der Ostzone, über ein Grenzlager bei Eisenach, herausholen konnte, zog zu mir. Diese Fahrt in die Ostzone, um sie aus Weimar zu holen, ist mir noch in lebhafter Erinnerung: Der einzige Bummelzug, der über die Grenze zwischen britischer und russischer Besatzungszone fuhr, war überfüllt. Ich versuchte, einen Platz zu finden – vergeblich. So sprang ich kurzentschlossen auf die Pufferstange zwischen zwei Waggons, wo gerade für einen Fuß Platz war. Ich drückte mich mit dem Rucksack gegen die Außenwand des Waggons! Ein älterer Herr mit einer glimmenden Zigarette stand auch dort, ich schlang beide Arme um seinen Hals, er ließ es geschehen. Ein Bein hing in der Luft, der Stationsvorsteher übersah es geflissentlich – er pfiff – der Zug fuhr an. Lieber Gott beschütze mich, betete ich inständig. Schwankend sauste der Zug nach Eisenach. Nach dreißig Minuten waren wir drüben, es war geschafft!

Unvorstellbar heute – aber es gab in den ersten Jahren noch Möglichkeiten, in die russische Besatzungszone zu fahren. Ich versuchte es immer wieder, fuhr nach Berlin, um ein mir gehörendes Trümmergrundstück zu verkaufen, lief durch das Brandenburger Tor, die „Linden" entlang, bog in die Wilhelmstraße zum Gendarmenmarkt ein – alles grau, zerstört, verändert.

Allmählich begriff ich, daß ein Leben in bescheidenem Gleichmaß mein Schicksal werden könnte. Auf Glückszufälle zu warten, die meine schlechte Ausgangsstellung änderten, erschien mir zwecklos.

Freilich gab es Freunde und Verwandte, die mich vorübergehend meine Situation vergessen ließen. Wir wurden in Dänemark zu den Wedelschen Verwandten eingeladen, die zwar böse Erinnerungen an die deutsche Besatzungszeit hatten, mich dies aber nicht fühlen ließen. Sie waren liebevoll und verstanden, daß auch wir gelitten hatten.

Wie amüsiert war ich, als sie mich später einmal in Hamburg in meinem Büro besuchten! Im Cadillac fuhren sie vor. An der Mütze des Chauffeurs prangte ein riesiges Wappen der Familie Wedel, er trug feierlich ein Paket für mich herauf – einen dänischen Riesenkäse aus eigener Produktion, denn ich sollte nicht hungern, so sagten sie.

Ihr Besitz – Wedellsborg – ist einer der schönsten in Dänemark, mit alten Alleen und Blick auf die Ostsee. Für mich waren ihre verwandtschaftliche Haltung und der materielle Hintergrund, den sie boten, Trost und Hilfe.

14
Eine Einladung nach Bonn

Ich wollte mir eine bessere Existenz aufbauen, meiner Tochter eine gute Erziehung geben. Waren nicht alle Dinge nach dem verlorenen Krieg auf den Kopf gestellt, alle Voraussetzungen für ein Familienleben erschwert? Wurde nicht von Millionen Frauen Selbständigkeit gefordert, ob verheiratet oder unverheiratet, geschieden oder verwitwet, nur um zu überleben und sich ein Existenzminimum zu schaffen. War diese Herausforderung nicht ein Ansporn, mutiger zu werden? Zu versuchen, eine eigene Identität zu finden? Wie sollte ich mich da verhalten? Konnte ich mich in die neue Welt des Berufs und Lebenskampfes integrieren? Ich sollte das große Glück haben, in Bonn eine neue Aufgabe zu finden.
Als ich 1950 eine Wochenendeinladung von Freunden nach Bonn erhielt, nahm ich sie erfreut an. Mich reizte es, diese Stadt kennenzulernen. Allzuviel wußte ich ja nicht von der politischen Nachkriegsentwicklung. Mich hatte der Lebenskampf in Hamburg völlig vereinnahmt. Für mich und mein Kind galt es in erster Linie, zu überleben, Geld zu verdienen, Essen und Wohnung zu bezahlen, reine Existenzfragen zu lösen – wie die meisten Flüchtlinge.
Die Einladung kam von Freundin Dorothee Etzdorf, deren Mann, ein Karrierediplomat der Wilhelmstraße, wieder eine hohe Stellung im neuen Auswärtigen Amt in Bonn bekleidete. ,,Warum bleibst du nicht in Bonn, hier entwickelt sich doch ein politisch-diplomatisches Leben, was dir viel mehr liegt als die kommerzielle Welt von Hamburg" – so fragte mich Dorothee und bedrängte mich, es hier mit einer Tätigkeit zu versuchen. Sie würde sich bemühen, mir Tür und Tor zu öffnen. So gehörte ich wohl mit zu den ersten alleinstehenden Frauen, die in Bonn eine Stellung suchten. Sicher eine gute Chance, da der Aufbau erst begann.
So meldete sie mich zu einem Besuch bei Frau Pappritz an, die

unter dem ersten Protokollchef bei der Bundesregierung, Hans von Herwarth, für Protokollfragen im Auswärtigen Amt zuständig war.

Sie empfing mich mit kühl zurückhaltender Miene, als ich unbeschwert ihr Arbeitszimmer betrat. Sehr streng, das Haar blond gefärbt, die Potsdamer Frisur mit onduliertem Haar und Haarnetz, ein paar mit der Brennschere gelockte Härchen in die Stirn fallend, am schwarzen Band ein Monokel, Autorität vom Scheitel bis zur Sohle, ganz eisige Ablehnung, so begegnete sie mir.

Frau Pappritz machte Karriere, auch ohne die offizielle Gleichberechtigung der Frau, die bald auf dem Papier stehen sollte, aber deren Verwirklichung noch in weiter Ferne lag. Sie schrieb ein Buch über Etikette, womit sich bis dahin in Bonn noch niemand so recht befaßt hatte. Das Hofzeremoniell aus kaiserlicher Zeit war verstaubt, das pompöse Protokoll der Hitlerzeit abgebaut. Sie bot einen Cocktail aus aufgewärmten Konventionen an, der mit Verwunderung und auch Bewunderung aufgenommen wurde, in Kreisen, wo man begann, offiziell entsprechende Ausdrucksformen einer würdigen Repräsentation der neuen Republik zu suchen. Man war bemüht, den Staat einfach und doch würdig darzustellen. Das war sehr schwer nach einem verlorenen Krieg und verlorenem Prestige in der Welt und doch der Mühe wert.

Nun ja, nach einem kurzen Gespräch mit Frau Pappritz war mir klar, daß der Traum „Auswärtiges Amt" für mich ausgeträumt war. In welcher Position auch immer das hätte sein können. So zog ich mit Freundin Dorothee auf die Viktoriahöhe, wo Bundespräsident Heuss residierte. Ein höflicher Beamter fragte mich nach meinen Schreibmaschinenkenntnissen und wie es mit der Stenographie stehe. War dies die einzige Möglichkeit für eine Frau, Geld zu verdienen, fragte ich mich? Gab es keine Gelegenheit, selber zu handeln und zu denken im Rahmen eines Berufes? Ratlos wollte ich wieder nach Hamburg zurückfahren, da führte mich Freundin Dorothee zu einem Besuch in den Deutschen Bundestag, das Haus der früheren Pädagogischen Akademie von Bonn. Ich hatte noch nie eine Parlamentssitzung erlebt, hatte kaum eine Ahnung vom Parteienwesen, dem Grundgesetz, den

parlamentarischen Spielregeln. Ich saß mit ihr auf der Diplomatenbühne und sah einen wohlbeleibten, lebensfrohen Carlo Schmid auf dem Präsidentenstuhl. Dorothee flüsterte mir zu, daß er sich wohl recht langweile, da oben auf seinem Stuhl, in den luftigen Höhen seines Amtes, und lieber mit uns im Restaurant einen Kaffee trinken würde.
Wenig später erlebte ich die „Jungfernrede" eines bayerischen Jünglings mit kurzgeschorenem Haar, der mit viel Elan und werbenden Gesten sein Thema vortrug. Der junge Mann sei ein gewisser Franz Josef Strauß von der CSU, man würde im Bundestag noch von ihm hören – so bedeutete man mir. Weit überstrahlt wurde er aber zunächst noch von dem parteilosen, etwas verrückten Einzelgänger, der Loritz hieß und mit geifernden, unlogischen Redefetzen das Plenum erschreckte. Wie tief beeindruckt war ich jedoch, als plötzlich der schwerkriegsverletzte SPD-Politiker Kurt Schumacher – mit verkrampften Zügen, spannungsgeladen, gestützt auf seine charmante Mitarbeiterin Annemarie Renger – den Weg zu seinem Platz in der ersten Reihe seiner Partei suchte.
Wie staunte ich über die Zusammensetzung des Parlaments der Nachkriegspolitiker. Es waren gezeichnete Gesichter: vom Krieg, vom politischen Exil, aus der Emigration, aus den Konzentrationslagern. Einige von ihnen hatten auch schon vor 1933 dem Deutschen Reichstag in Berlin angehört, wie z. B. Reichstagspräsident Paul Löbe, Louise Schroeder, Helene Weber, Professor Theodor Heuss und andere. Es waren leidgeprüfte Menschen, die wieder bereit waren, das Beste für einen neuen, besseren Staat zu tun, und die die Schuld der Vergangenheit, unter der sie selbst hatten leiden müssen, abzutragen bemüht waren. Ich spürte ganz stark: Von diesem neuen Parlament ging über alle Parteien hinweg der Geist eines gemeinsamen Willens aus, in gegenseitiger Achtung unterschiedliche politische Ansichten auszukämpfen.
Da hörte ich im Restaurant des Deutschen Bundestages, daß ein Abgeordneter der Freien Demokratischen Partei, der frühere Diplomat Dr. Karl-Georg Pfleiderer, mit Zustimmung der großen Fraktionen des Deutschen Bundestags eine überparteiliche Ge-

sellschaft zu gründen gedenke. Eine gute Idee, so dachte ich, eine Basis für den gemeinsamen guten Willen in der politischen Arbeit zu schaffen. Denn die Bundesregierung und der Bundestag verfügten noch über keinerlei internationale Kontaktmöglichkeiten. Am folgenden Tag lernte ich ganz zufällig auf einem Cocktailempfang den Abgeordneten Dr. Pfleiderer kennen, und zu meiner Überraschung fragte er mich im Laufe des Abends, ob ich die Geschäftsführung der neugegründeten Parlamentarischen Gesellschaft für die Abgeordneten des Deutschen Bundestages übernehmen wollte. Ich sagte ohne lange zu überlegen zu.
Was aber ist die Aufgabe dieser Gesellschaft, fragte ich mich. Viel Zeit zum Nachdenken blieb mir nicht. Zupacken war das einzig Mögliche, positiv und mit Eigeninitiative. War es richtig, war es falsch? Man würde sehen ...
Ich versuchte, mich auf die Welt dieses neuen Parlaments einzustellen und mir einige nähere Eindrücke zu verschaffen. So ging ich mit Freundin Dorothee durch das Bundeshaus. Halb unbewußt achtete ich auf die Gangart und Bewegungen der vor mir und an mir auf den langen Gängen vorbeihastenden Politiker.
Da lief eiligen Schrittes ein CDU-Abgeordneter aus Oldenburg, Oberkirchenrat Hermann Ehlers, voller Dynamik, mit energisch zusammengepreßten Lippen. Heinrich von Brentano mit etwas unstetem Blick hinter einer großen Hornbrille, nervös an einer Zigarette ziehend, verschwand mit verkrampften Schultern hinter einer Bürotür. Ich sah einen alten Herrn in völliger Gelassenheit mit gelösten Bewegungen den Korridor entlangschlendern, er schien auf seine Umgebung nicht zu achten, war ganz in ein Gespräch mit einem Kollegen vertieft – das war Bundeskanzler Dr. Konrad Adenauer.
Ich versuchte, mir die politischen Nachkriegsstationen, die bis zum Entstehen des Deutschen Bundestages geführt hatten, zu vergegenwärtigen:
1946 hielt der damalige US-Außenminister Byrnes eine berühmtgewordene Rede in Stuttgart, die eine grundsätzliche Wende der amerikanischen Deutschlandpolitik bedeutete.
1947 schlossen sich die britische und die amerikanische Besatzungszone zu einem Verwaltungsgebiet zusammen. Zwei Jahre

später kam noch die französische Besatzungszone hinzu. (Die Deutschen sangen mit wiedererwachendem Humor das Lied: ,,Wir sind die Eingeborenen von Trizonesien.")
Kurz darauf wurde ein vorläufiges Grundgesetz im Parlamentarischen Rat in Bonn verabschiedet und am 23. Mai 1949 verkündet. Im August 1949 fand die Wahl zum ersten Deutschen Bundestag statt. Erster Bundespräsident wird Professor Dr. Theodor Heuss. Der Bundestag wählte mit einer Stimme Mehrheit Dr. Konrad Adenauer für vier Jahre zum ersten Bundeskanzler.
1951 gründeten die großen Fraktionen des Deutschen Bundestages in Bonn die Deutsche Parlamentarische Gesellschaft. Hier sollte ich für viele Jahre meines Lebens eine Tätigkeit als Geschäftsführerin dieser Gesellschaft ausüben.
Voller Rührung denke ich an eine Betrachtung meiner Mutter, die sie Jahre später anstellte. Nachsichtig lächelnd erzählte sie ihren Enkeltöchtern, daß es ja für das junge Mädchen aus ihrer Zeit nichts anderes gegeben habe als zu heiraten, um versorgt zu sein und in einem eigenen Hausstand zu wirken. Wenn ein junges Mädchen früher nicht heiratete, so sagte sie, konnte es nur ins Kloster gehen oder als Erzieherin oder Familientante ein Schattendasein führen. Und sie stellte nicht ohne Stolz fest, daß ihre Töchter und Enkelinnen einen Beruf erlernten und sich somit selbst ernähren konnten. ,,Wozu also heiraten", fügte sie lakonisch hinzu, ,,wenn man sich selbst seinen Lebensunterhalt verdienen kann?" Früher herrschte die Meinung vor, ,,eine Frau, die arbeitet und Geld verdient, sei einer verheirateten Frau nicht ebenbürtig". Heute sei das nun wohl anders, meinte sie fragend.

15
Bonn in seinen Anfängen

Nach langem politischem Tauziehen war die Universitätsstadt Bonn zum Regierungssitz bestimmt worden. Zunächst war es notwendig, Büroräume, Wohnungen und Hotelzimmer zu beschaffen, um das Heer von Bundesbeamten und -angestellten mit ihren Familien aufnehmen zu können. Die Wohnungsnot war unbeschreiblich, Verkehrsprobleme schienen unüberwindlich. Die Stadt platzte aus allen Nähten. Rundherum, bis ins nahegelegene Bad Godesberg verstreut, quartierten sich Ministerien und andere Bundesbehörden notdürftig ein. Einige Villen und Hotels blieben den Hochkommissaren und Diplomaten vorbehalten. Der französische Hochkommissar mietete als Residenz eine Villa bei Remagen am Rhein, die Residenzen der britischen und amerikanischen Hochkommissare befanden sich weit außerhalb von Bonn, am Rande von Bad Godesberg.

Wie konnte die kleine Stadt die auf sie zukommenden Probleme bewältigen? In der damaligen Vorstellung war Berlin die Reichshauptstadt geblieben. Der neuen Realität entsprechend sollte Bonn diese Funktion vorläufig übernehmen. Nicht nur Regierungsmitglieder, Parlamentarier und Beamte überfluteten die Stadt, sondern auch eine Vielzahl deutscher und ausländischer Journalisten, Vertreter aus Wirtschaft und Industrie folgten. Mit der Zeit entstanden zahlreiche politische und kulturelle Organisationen. Wohnungen und Büros wurden unermüdlich gebaut, Straßen erweitert und neu angelegt.

Bonn hatte 1950 ca. 90000 Einwohner. Bad Godesberg, Mehlem und andere umliegende Dörfer und Ortschaften waren schwer erreichbar. Es gab eine einzige Brücke über den Rhein, die ständig durch den Verkehr überlastet war. Der Flughafen Köln war umständlich zu erreichen. Zufahrten zu Autobahnen waren nicht

vorhanden. Der amerikanische Hochkommissar unterhielt zu jener Zeit einen Privatzug bei der Eisenbahn, um die für ihn schwierigen Beförderungsprobleme zu lösen.
Es gab keinen Friedensvertrag zwischen Siegern und Besiegten. Es sollte auch keinen geben, wie Zeit und Umstände bald lehrten. Ein Besatzungsstatut legte die Stellung der Besatzungsmächte fest. Erst mit dem Grundgesetz konstituierte sich 1949 als Rechtsnachfolgerin des Deutschen Reichs die Bundesrepublik Deutschland, die einen parlamentarischen Parteienstaat darstellte, mit einem Bundespräsidenten an der Spitze. Als Nationalflagge wurden die Farben Schwarz-Rot-Gold bestimmt.
Durfte man einen westdeutschen Staat schaffen, ehe ganz Deutschland wiedervereinigt war? Der US-General Lucius D. Clay soll auf diese Frage lakonisch geantwortet haben: „Das wirtschaftliche Vakuum Deutschland – in der Mitte Europas – ist eine Unmöglichkeit. Bis zur Wiedervereinigung warten, bedeutet, die Erholung Westeuropas zu verhindern!"
Wie gestaltete sich nun das parlamentarische Leben? Zunächst mußte ein Parlament, der Deutsche Bundestag, gewählt werden. Danach diente ihm die Geschäftsordnung des Reichstages als Muster. Fachausschüsse, die die Arbeit des Parlaments entlasten sollten, wurden gebildet. Zwei Ausschüsse, der Ältestenrat und der Geschäftsordnungsausschuß, berieten den Präsidenten des Deutschen Bundestages.
Die Fraktionen erhielten nur wenige Schreibkräfte. Eine Bundestagsbibliothek befand sich erst im Aufbau. Vielleicht waren deshalb die Reden der ersten Jahre lebendiger.
Die politische Arbeit begann mit einer Regierungserklärung des mit einer Stimme Mehrheit – es war seine eigene! – gewählten Bundeskanzlers Dr. Adenauer am 20. September 1949.
Auf derselben Bundestagssitzung stellte er sein Kabinett vor. Der Bundestagspräsident Dr. Erich Köhler nahm darauf die Vereidigung des Kanzlers und seiner Minister vor. Das Kabinett hatte 13 Minister aus den Parteien der CDU/CSU, der FDP und der DP (Deutsche Partei).
Bundeskanzler Dr. Adenauer zog aus dem Büro des Parlamentarischen Rats in das sogenannte Palais Schaumburg um, einen repräsentativen

sentativen Bau nahe der Pädagogischen Akademie, in der sich der Deutsche Bundestag etabliert hatte. Nicht weit davon entfernt lag die Villa Hammerschmidt. Sie erwies sich als passende Residenz für den Bundespräsidenten.

So entwickelte sich das Leben der politischen Spitze auf engstem Raum an den Ufern des Rheins.

Alterspräsident Paul Löbe, der ehemalige Präsident des Deutschen Reichstags in Berlin, eröffnete den 1. gewählten Deutschen Bundestag. Ein würdiger alter Herr, voller Wohlwollen und Freundlichkeit, stets um Ausgleich bemüht.

In mehrfacher Hinsicht hatten es die Parlamentarier der ersten Jahre schwer, Anerkennung zu finden, und besonders, internationale parlamentarische Kontakte aufzunehmen. Die Interparlamentarische Union ist eine Vereinigung, zu der seit Ende des 19. Jahrhunderts die meisten Parlamente der Welt gehören, um Probleme des Parlamentarismus zu beraten und Empfehlungen zu beschließen. Der neugegründete Deutsche Bundestag gehörte dieser Vereinigung vorerst nicht an.

Als schließlich der Kongreß der Interparlamentarischen Union eine deutsche Delegation zu seiner Tagung nach Istanbul einlud, wurde diese Delegation vom damaligen Bundestagspräsidenten Dr. Hermann Ehlers geleitet. Der Staat Israel war ebenfalls vertreten.

Carlo Schmid zitierte hierzu in seinen Memoiren Auszüge der Rede eines Delegationsmitglieds aus Israel: ,,Wir glauben nicht, daß Deutsche sich das Recht erworben haben, in die Völkerfamilie zurückzukehren." Carlo Schmid erwiderte: ,,Die Deutschen sind gleichberechtigte Gäste, wie jede andere Delegation." Und er führt weiter aus, daß bei der Wiedergutmachung an Israel Moral vor formalem Recht gehe. Gegenüber dem jüdischen Volk sei die deutsche Schuld unstreitig. Er verwies aber auch auf das Unglück von Millionen Deutschen aus den Ostprovinzen. Niemand könne Böses durch Böses, das einem selbst angetan wurde, rechtfertigen.

Mit vielen Schwierigkeiten belastet, versuchte Bonn eine zaghafte Hauptstadtdarstellung. Um einen Staatsbesuch würdig zu gestalten, mietete die Bundesregierung vom Land Nordrhein-Westfalen das Schloß Augustusburg bei Brühl. Es bot mit seinem von Balthasar Neumann gestalteten Treppenhaus einen grandiosen Rahmen für festliche Empfänge. In diesem Schloß gab es jedoch keinerlei moderne Einrichtungen wie Heizung, Wasser oder Küche. Es fehlte an dem für offizielle Einladungen so notwendigen Mobiliar, an Porzellan, silbernem Tafelbesteck, Gläsern, Tischwäsche, von silbernen Dekorationsstücken ganz zu schweigen. Was man noch aus der alten Hauptstadt Berlin übernehmen konnte, war spärlich. Wie ernüchternd war ein Vergleich mit anderen europäischen Hauptstädten, die aus langer Tradition solche Staatsbesuche mit Glanz und Gloria durchführen konnten.

Zur Amtszeit von Bundestagspräsident Eugen Gerstenmaier hatte ich im Auftrag des Deutschen Bundestages einige beziehungsvolle Bilder, Gobelins, Leuchter, Tafelaufsätze, Porzellan, Glas und Tischwäsche zusammengestellt, um auch den offiziellen parlamentarischen Verpflichtungen etwas Glanz zu verleihen. Aber wie bescheiden wirkte das alles!

Man wußte damals wenig von einer gewachsenen parlamentarischen Tradition. Es sollte Jahre dauern, bis Bedeutung und Einfluß der gewählten Volksvertreter angemessen gewürdigt wurden.

Zu den ersten Staatsbesuchen beim Bundespräsidenten wurden nur wenige Parlamentarier eingeladen. Die Abgeordneten der SPD lehnten Gesellschaftskleidung ab – allenfalls griff man auf den in der Weimarer Zeit so viel getragenen „Stresemann-Anzug" zurück, gestreifte Hose, schwarze Jacke, Silberbinder, wenn's hoch kam, graue Weste. Aber dieser Anzug, so war es damals Sitte, wurde nur bis sechs Uhr abends getragen. Bald jedoch sah man den Oppositionsführer im Parlament, Erich Ollenhauer, bei Staatsempfängen in Frack und Orden, denn man hatte sich erinnert, daß in England der jeweilige Oppositionschef einen hohen protokollarischen Rang einnahm. Auch die mächtige Gestalt des Vizepräsidenten des Deutschen Bundestages, Professor Carlo Schmid, zwängte sich schließlich bei offiziellen Anlässen in den festlichsten aller Abendanzüge, den Frack. Wie eindrucksvoll wirkte der hochbegabte und viel zu früh verstorbene SPD-Politiker Fritz Erler im Frack mit höchster Ordensauszeichnung, dem großen Bundesverdienstkreuz mit Stern und Schulterband!

Die Ehefrauen der Politiker hatten es schwer. Sie lebten nicht in Bonn, sondern zumeist in den Wahlkreisen ihrer Männer. Ihre Garderobe war nicht auf große gesellschaftliche Anlässe in der neuen Hauptstadt zugeschnitten.
Das Interesse der Volksvertreter zielte mehr auf ihre politische Arbeit im Parlament, in ihren Parteien oder Wahlkreisen als auf gesellschaftliche Verpflichtungen. Ihr unruhiges Leben brachte es mit sich, daß sie nur in den Sitzungswochen des Parlaments nach Bonn kamen. Der SPD-Abgeordnete Dr. Gerhard Lütkens, ein profilierter außenpolitischer Sprecher seiner Partei, der viele Jahre in der Emigration in England verbracht hatte, vertraute mir einmal an, daß es für Parlamentarier schwierig sei, mit den Beamten des Auswärtigen Amtes zu konkurrieren. Diese seien durch ihr vielseitiges internationales Wirken als Beamte gewohnt, sich bewußt gut zu kleiden. Auch trugen die ausländischen Diplomaten – wie der sowjetische Botschafter Zarapkin, die skandinavischen Missionschefs oder der Kgl. Britische Botschafter Sir Frederick Hoyer-Millar – bei offiziellen Anlässen nicht selten den festlichen Diplomatenfrack ihrer Länder, was dem Empfang ein besonderes Gepräge gab.
Noch während Sir Frederick Hochkommissar für die Bundesrepublik war, hörte ich bei einem Diner in seinem Hause die geistvoll-witzige Rede seines französischen Kollegen, des Hochkommissars André François-Poncet, der es beklagte, daß sie als Vertreter der Siegermächte noch immer hoch oben auf dem Petersberg im Siebengebirge in eisiger Isolation residierten und daß es Zeit würde, von diesem Eisberg hinunterzusteigen.
Tatsächlich hatten die ersten Diplomaten und die drei Hochkommissare wenig private Kontakte zur deutschen Bevölkerung. Nur zögernd wurden einige deutsche Offiziere eingeladen. Ich denke an die ersten Einladungen des britischen Diplomaten Michael Winch in seinem Junggesellenhaushalt in der Bonner Zitelmannstraße oder des britischen Botschaftsrats Lance Pope in der Zietenstraße in Bad Godesberg. Lance Pope sollte viele Jahre in Bonn bleiben und ein gesuchter Mittelpunkt des politischen gesellschaftlichen Lebens werden. Er duzte sich mit Abgeordneten aller Parteien, wurde ein begeisterter Jäger, ein Freund aller deutschen Wirtschaftswunder-Bosse und blieb schließlich auch nach seiner

Pensionierung der Bundesrepublik treu, die er besser kannte als mancher Deutsche. Sein besonderes Interesse galt dem parlamentarischen Leben in Bonn. Aus seiner britischen Sicht und Kenntnis konnte er unser parlamentarisches Leben bereichern.

Der französische Botschaftsrat de Leusse vertrat seinen Hochkommissar als Verbindungsmann zum Bundestag. Als ich ihn später einmal mit meiner Tochter in Frankreich besuchte, zeigte er mir voller Stolz die Briefe eines Vorfahren, der nach 1870 französischer Botschafter in Berlin war und in einem langen handgeschriebenen Brief vom damaligen Kanzler Bismarck in vollendetem Französisch zum Antrittsbesuch beim deutschen Kaiser Wilhelm gebeten wurde.

Nur zaghaft begann ein offizielles gesellschaftliches Leben in Bonn. – Wie konnte es anders sein? Die meisten Deutschen hatten in dieser Zeit noch keine Möglichkeit, Gastfreundschaft zu pflegen; so blieb es den Diplomaten überlassen, in ihre Häuser einzuladen. Smoking und Abendkleider waren eine Seltenheit. Ein oder zwei Abendkleider konnte ich notdürftig aus Resten alter Möbelstoffe nähen, die ich mehr zufällig auf meinem Treck in den Westen mitgenommen hatte.

Das Haus in Oberwinter, das das Ehepaar de Leusse bewohnte, ist mir in lebhafter Erinnerung. Es gab immer die gleiche Süßspeise: Maronenpüree mit Schlagsahne, und die wurde stets in einer Schüssel aus Meißner Porzellan serviert. Einer der beliebtesten Gäste war der junge Bevollmächtigte des Landes Bremen, ein gewisser Dr. Karl Carstens, und seine Frau Veronika. Sie waren bekannte Erscheinungen in den Anfangsjahren des Bonner Gesellschaftslebens, und ich höre noch die prophetischen Worte des FDP-Abgeordneten Dr. Pfleiderer, der von ihm sagte: „Dieser Carstens ist einer von den jungen Leuten, die einen klaren Verstand in einem gut ausgebürsteten Gehirn haben und nicht geschwollen daherreden. Das ist an sich eine typisch englische Eigenschaft." Wir hatten später die Freude, Dr. Carstens zu einem Vortrag in die Deutsche Parlamentarische Gesellschaft einladen zu können.

Als ich Madame François-Poncet, die Frau des französischen Botschafters*, zu einem sehr freundlichen Artikel im „Spiegel" über

---

* André François-Poncet war von 1949–1953 Hochkommissar und von 1953–1955 Botschafter in Bonn.

ihre Gastlichkeit in der Residenz beglückwünschte, wehrte sie heiter lächelnd ab. „Meine Liebe", so sagte sie mit Humor, „an einer Botschaft zählen nur der Botschafter und der Koch . . ."

Und als der amerikanische Botschafter Professor James B. Conant mich durch seine elegant eingerichtete Residenz führte, seufzte er hörbar über die perfekte Anonymität und zeigte auf ein urgemütliches großväterliches Kanapee, mit dunkelrotem Plüsch bezogen. „Das ist mein einziges Privatmöbel, was ich hier hinstellen durfte, auf dem ich mich auch am wohlsten fühle."

Gleich zu Beginn meiner Tätigkeit für die Deutsche Parlamentarische Gesellschaft hatte ich das Glück gehabt, mit Dr. Pfleiderers Unterstützung einen Antrag auf Wohnungszuweisung für mein Kind und mich stellen zu können. Wenn man ein öffentliches Amt nachweisen konnte, so erhielt man das Recht auf eine Dienstwohnung. Das bedeutet noch lange nicht, daß man wirklich auch eine Wohnung fand. Ich faßte mich in Geduld und schlief zunächst auf dem Bürofußboden in der Parlamentarischen Gesellschaft auf einer Matratze. Louisa, meine Tochter, teilte dieses Lager mit mir, wenn sie mich am Wochenende besuchte.

Nachdem eine der ersten neuen Siedlungen in der Nähe des Regierungsviertels in der Graf-Galen-Straße fertig war, erhielten meine Tochter und ich in der Nummer 13 eine bescheidene Zweieinhalbzimmerwohnung. Es waren Räume mit winzigen Dimensionen, in der Küche ein Gasherd, ein Etagenofen als Heizung, mit Briketts zu versorgen, die im Keller zusammengeschaufelt und im Winter täglich nach oben geschleppt wurden. Die Quadratmeterzahl der Wohnräume wurde pro Kopf knapp bemessen und zugeteilt. So fand man sich zurecht, war dankbar, irgendwo eingeordnet zu sein, ohne so recht zu wissen, wie es weitergehen würde.

Dank der günstigen Lage meiner Wohnung zum Regierungsviertel war ich von prominenten Nachbarn aus allen Parteien umgeben. Uns schräg gegenüber wohnte ein junger Abgeordneter der FDP mit seiner Familie, Erich Mende, Flüchtling aus Oberschlesien, mit Frau Margot und den Kindern Markus und Manuela. Seine Schwiegermutter lebte mit im Haushalt – und trug nicht wenig zu den ersten gesellschaftlichen Aktivitäten der Bundeshauptstadt bei. Wie gern erinnere ich mich an die köstlichen, von ihr selbst gebackenen

Kuchen und Schlagsahnetorten, die den Diplomatenfrauen bei den regelmäßigen Nachmittagskaffee-Einladungen geboten wurden. Selbst die Frau des französichen Hochkommissars, Madame François-Poncet, eine gründliche Kennerin unseres Landes, stieg zu uns armen Bundesbürgern von damals herab und naschte von diesen Köstlichkeiten. Ich erinnere mich, wie ihr sagenhaft eleganter Cocktailhut, der mit vielen pastellfarbenen Straußenfedern garniert war, beim Verschmausen besagter Torten einige Spritzer von der Schlagsahne abbekam, weil sie ihren Kopf etwas zu tief über den Kuchen gebeugt hatte.

Nicht zu vergessen die liebenswerte, hausfrauliche Gastlichkeit von Frau Irma Dehler, die in ihrem schönen Haus auf dem Venusberg – ein etwas besser ausgestattetes Siedlungshaus für die Kategorie der besonders hochgestellten Politiker – regelmäßig Einladungen zum Kaffee gab. Sie bot jedes Mal ihre berühmten selbstgebackenen Plätzchen an, die wir Gäste mit Begeisterung verschlangen, wußten wir doch auch, daß das einigende Band der Koalition zwischen CDU/CSU einerseits mit der FDP und ihren Spitzen andererseits nicht unwesentlich auf ihren guten Plätzchenrezepten basierte. Selbst Bundeskanzler Adenauer war jederzeit bereit, diese von Frau Dehler angebotene Delikatesse anzunehmen. Das Haus Dehler beeindruckte mich auch deshalb so besonders, weil es mit kostbaren süddeutschen Barockmöbeln eingerichtet war, die das Ehepaar in langen Jahren, während sie in Bamberg lebten, gesammelt hatte.

Zurück zur Siedlung in der Graf-Galen-Straße! Bisweilen glaubte ich in der Ferne – schräg gegenüber – morgens die mächtige Gestalt von Professor Carlo Schmid beim Rasieren am Fenster zu erkennen. Gleich um die Ecke bewohnte Professor Hallstein, der sparsame Junggeselle, ein kleines Reihenhaus. Er räumte sein Schlafzimmer stets selber auf, damit die Putzfrau nicht soviel zu tun habe, so hieß es. Gleich neben ihm wohnte Bundesminister von Merkatz, den ich gelegentlich im grünen Lodenmantel und mit Jagdhut auf der Straße sah. Einen Straßenzug weiter war Herbert Wehner mit seiner Familie einquartiert – und blieb dort in aller Bescheidenheit wohnen. Auch Professor Ludwig Erhard startete seine Bonner Karriere mit seiner Frau Luise in einem Reihenhäuschen in unserer Siedlung. Der spätere Innenminister Paul Lücke

und der ehemalige Architekt Graf Spreti mit Frau und Kindern wohnten im einzigen Hochhaus der Siedling. Graf Spreti wurde als Bundestagsabgeordneter der CDU aus Lindau am Bodensee bald in den Diplomatischen Dienst übernommen. Nach einigen Jahren als Botschafter erlitt er einen tragischen Tod in Guatemala, wo er – ohne jegliches Motiv – von Terroristen entführt und erschossen wurde. Nach diesem schweren Schicksalsschlag verließ seine Familie die Bundesrepublik.
In diesem Bonner Anfangsgetriebe war es für meine schulpflichtige Tochter Louisa schwer, ohne ein geregeltes Familienleben aufzuwachsen. Die Schulen waren überfüllt. Es wurde eine Privatschule, die Liebfrauenschule, in der Nähe unserer Siedlung gefunden. Louisa besuchte diese Schule gemeinsam mit ihrer Freundin Magella Rantzau. Die Klassenlehrerin war die jetzige Berliner Senatorin für Schulwesen, Jugend und Sport, Dr. Hanna-Renate Laurien, genannt „das Laurienchen". Die beiden Kinder wuchsen bei ihren verwitweten Müttern, ohne Väter und Geschwister, auf. Es war für mich nicht leicht, einen Beruf aufzubauen, der mich oft auch bis spät abends beanspruchte, und zugleich für mein Kind eine immer erreichbare Mutter zu sein. Aber wie viele Mütter und Kinder hatten damals ein ähnliches Schicksal!
Meine begrenzten finanziellen Mittel sollten in erster Linie der Ausbildung meiner Tochter dienen. Als ich schließlich mit Hilfe von Dorita Sträter, einer guten Freundin, die zum Kuratorium des Landschulheims Holzminden gehörte, dort eine halbe Freistelle für meine Tochter erhielt, fiel mir ein Stein vom Herzen.
Durch Zufall ergab es sich damals, daß eine amerikanische Professorin, die einen einjährigen Lehrauftrag an der Bonner Universität hatte, mich fragte, ob sie für diesen Zeitraum meine Wohnung mieten dürfe. Ich ergriff diese Gelegenheit, überließ ihre meine Heimstatt und begab mich in Bonn auf die Wanderschaft, immer mit einem Handköfferchen und den nötigsten Utensilien. Helfer und Freunde griffen mir unter die Arme; die Frau des Abgeordneten Horten und der CDU-Abgeordnete Fürst Bismarck boten mir im Wechsel ein Gastzimmer in ihren Bonner Häusern an. So fühlte ich mich zunächst finanziell entlastet. Beide Abgeordnete mit ihren Familien blieben mir lebenslang Freunde.

So fand ich allmählich, mit heiterem Gemüt und schneller Kontaktfähigkeit, wieder eine Welt von Freunden für Louisa und mich. Ich wollte mir die Gegenwart erträglich gestalten, nicht darauf zurückblicken, was war oder hätte sein können, nicht über eine ungewisse Zukunft grübeln. Manche neuen Beziehungen bereicherten mein Leben, alte konnten wieder aufleben.
Aus meinen ersten Bonner Chefs wurden wirkliche Freunde. Abgeordnete, Industrielle, Diplomaten, Journalisten begegneten sich im Hause der Deutschen Parlamentarischen Gesellschaft. Deren erstem Vorsitzenden, Dr. Pfleiderer, hatte ich es zu danken, daß er als mein Chef mir half, mich in der neuen Welt zu behaupten und mit dem Beruf eine neue Lebensbasis zu finden.

16
Der erste Bundeskanzler

Der erste Bundeskanzler, Dr. Konrad Adenauer, hat der Bundesrepublik seinen Stempel aufgedrückt. Seine Persönlichkeit war überragend, sein Auftreten würdevoll. Heute heißt seine Regierungszeit von 1949 bis 1963 bereits die ,,Ära Adenauer". Sein größtes Verdienst ist die Integration der Bundesrepublik Deutschland in die westliche Welt.

Als er nach der Kabinettsbildung am 15. September 1949 seine erste Regierungserklärung abgab, sprach er über die Entstehung der Bundesrepublik und über die Folgen der Spaltung Deutschlands. Das deutsche Volk sei nicht frei und stehe nicht gleichberechtigt neben den anderen Völkern, aber die Bundesrepublik lebe in einem Zustand erträglicher staatlicher Freiheit. In der parlamentarischen Demokratie sei die ständige Auseinandersetzung mit der Opposition die beste Art, demokratisches Verhalten deutlich zu machen.

Nach dem Besatzungsstatut seien ,,Auswärtige Angelegenheiten" Sache der ,,Alliierten Hohen Kommission". Die Bundesrepublik werde sich nicht mit der Abtrennung der Ostgebiete Deutschlands abfinden. Trotzdem sei sie bereit, mit der Sowjetunion in Frieden zu leben. Als Wichtigstes sei jedoch festzustellen, daß die Bundesrepublik Deutschland zur westlichen Welt gehören wolle.

Im Palais Schaumburg, dem neuen Sitz des Regierungschefs, hatte Dr. Adenauer im ersten Stock sein Büro mit Blick auf den Garten. Jeden Mittwoch fanden hier die Kabinettssitzungen statt. Man saß um einen ovalen Tisch. Adenauer hatte einen besonderen Stuhl mit Seitenlehnen. Eine Glocke stand auf dem Tisch, die er jedoch selten benutzte.

Er schätzte den politischen Instinkt der Frauen, wie den von Helene Weber, Luise Rehling, Victoria Steinbiß u. a., so hörte man.

„Meine Herren", so soll er seinen Ministern im Kabinett geraten haben, „seien Se immer höflich mit de Damens, auch wenn's wat kostet."

Seine Festigkeit und Klarheit, sein rheinischer Humor überzeugten auch die drei Hochkommissare. Mir erzählte damals der Protokollchef der Hochkommissare, der amerikanische Diplomat Bill Schott, folgende amüsante Geschichte von der ersten Begrüßung des neuen bundesrepublikanischen Regierungschefs durch die drei Hochkommissare: Bill, der mit seiner originellen Frau viele Jahre lang für seine Freunde köstliche Diners in seiner Godesberger Villa gab – und dem als Weltmann und Diplomat alter Schule jedes harte Wort ein Greuel war –, erhielt den Auftrag, den neuen Regierungschef Dr. Adenauer anzuweisen, bei der ersten Begrüßung im großen Saal des Hotels auf dem Petersberg nicht den Teppich zu betreten, auf dem die Hochkommissare Aufstellung genommen hatten, sondern abzuwarten. Freundlich schob Dr. Adenauer den verlegenen Protokollchef beiseite, schritt gelassen über den Teppich auf die drei Hochkommissare zu und schüttelte ihnen höflich die Hände, die dies überrascht geschehen ließen. Er hatte gewonnenes Spiel. Der liebe Bill Schott wurde nicht müde, diese Geschichte immer wieder zu erzählen. Er versicherte, daß das Amt eines Protokollchefs doch recht mühsam sei und er in seinem Leben viel lieber die Karriere eines amerikanischen Marineoffiziers eingeschlagen hätte.

Die runden Geburtstage Dr. Adenauers am 5. Januar wurden stets gebührend gefeiert. Es war eine Mischung aus rheinischem Karneval und Kaisers Geburtstag. Unter den Gratulanten waren nicht nur die Spitzen des Staates, der Diplomatie, der Verbände und Gewerkschaften, sondern auch das Tanzmariechen vom Kölner Karneval.

Neben seinen Besuchen beim französischen Nachbarn flog Adenauer in regelmäßigen Abständen zu Gesprächen mit dem damaligen Außenminister John Foster Dulles in die USA. Die beiden Herren waren sich sympathisch. Schließlich häuften sich die Reisen so, daß manche der Politiker der Meinung waren, es genüge, wenn der vorzügliche Dolmetscher des Kanzlers, der Vortragende Legationsrat I. Klasse Heinz Weber vom Auswärtigen Amt, hin-

überfliegen würde – der könne den Dialog fast allein bestreiten. Denn er kenne alle Gedanken seines Chefs, was die Außenpolitik beträfe, und könne sie im Traum übersetzen.
Ein wichtiger Höhepunkt der politischen Erfolge Adenauers war zweifellos 1955 die Reise nach Moskau in Begleitung von Ministern, Staatssekretären und Parlamentariern aller Parteien, auch Carlo Schmid. Es war ein schwerer Gang. Nach hochdramatischen Verhandlungen gab Ministerpräsident Bulganin ihm auf Ehrenwort die Zusicherung für die Freilassung von 10 000 noch in der Sowjetunion festgehaltenen deutschen Kriegsgefangenen und von 20 000 Zivilpersonen. Gleichzeitig wurde die Aufnahme diplomatischer Beziehungen mit der UdSSR vereinbart. Bei der Rückkehr der Regierungsdelegation nach Bonn trat bei der Begrüßung am Flugplatz ein altes Mütterchen aus der Menge auf Adenauer zu und küßte ihm die Hand. Erschrocken und bewegt wehrte der Kanzler ab. Ich sah diese Szene im Fernsehen, sie rührte mich sehr.
Bei einem Staatsempfang in Brühl 1962 für Adenauers alten politischen Freund Charles de Gaulle, den französischen Staatspräsidenten, wurde ich mit meiner Tochter vorgestellt. Hinter de Gaulle stand der Bundeskanzler. Er gab uns freundlich die Hand. Meine gerade erwachsene Tochter war so beeindruckt von dem alten Herrn, daß sie vor ihm in einen tiefen Knicks versank.
Bei offiziellen Anlässen fiel mir auf, daß Konrad Adenauer, obwohl er nicht den höchsten protokollarischen Rang im Staat einnahm – trotz der Hochachtung, die der erste Bundespräsident Professor Dr. Theodor Heuss genoß –, als Persönlichkeit stets unübersehbar blieb und Gäste aus aller Welt sich um ihn scharten. Ich war begeistert, als Adenauer mich nach einem Abendessen im Hause von Bundestagspräsident Gerstenmaier bat, neben ihm zu sitzen. Als sich die Herren nach der Mahlzeit zum persönlichen Gespräch in den Bierkeller zurückzogen, blieben die Damen zunächst in den oberen Räumen. Als Frau Gerstenmaier vorschlug, doch auch hinunterzugehen, und wir dem Folge geleistet hatten, stand der alte Herr als einziger auf. Ich trug zufällig ein rotes Abendkleid. Da hörte ich Adenauers Stimme: ,,Jräfin, Se habn son schönes rotes Kleid an, da müssen Se doch an meiner linken

Seite sitzen!" Verblüfft überlegte ich einen Augenblick und antwortete: „Gern, Herr Bundeskanzler, aber seit wann machen Sie Ihren linken Flügel so stark?" Ich hatte die Lacher auf meiner Seite. Adenauer deutete auf mich und sagte heiter: „Da sieht man es, die Damens jehen immer dahin, wo die Macht sitzt." Und ich antwortete schnell: „Was bleibt den Damen denn anderes übrig?"
Unvergessen sind mir auch die Rededuelle Adenauers im Parlament mit seinen politischen Gegnern. Ich erlebte eine Attacke der Opposition wegen nicht ausgewiesener 2000 DM in seinem Kanzlerhaushalt mit. Auf die Frage, wofür er sie ausgegeben habe, antwortete er lakonisch: „Dat weiß ich nun auch nicht mehr, ist ja auch nicht so viel – für dat, wat ich tue." Er erntete stürmischen Applaus, auch bei der Opposition.
Auch folgende Begebenheit ist mir noch in lebhafter Erinnerung: Nach einigen Mühen war es gelungen, Adenauer zu überreden, dem Maler Oskar Kokoschka Modell zu sitzen. Es wurden lange Sitzungen daraus, und die beiden alten Herren schlossen Freundschaft miteinander.
Das Bild war für den Deutschen Bundestag bestimmt und sollte im großen Empfangsraum aufgehängt werden. Bundestagspräsident Gerstenmaier beschloß, die Übergabe des Bildes feierlich zu gestalten. Ich erhielt den Auftrag, Oskar Kokoschka zu betreuen und den Empfang auszurichten. Kinder und Schwiegerkinder von Adenauer wurden eingeladen, eine stattliche Anzahl. Man versammelte sich im Herrenruheraum des Bundestages.
Der große Moment der Enthüllung kam – ich stand an der Staffelei, auf der das Porträt aufgestellt war, hatte eine helle Damastdekke darübergeworfen, einen Zipfel möglichst unauffällig mit einem Bindfaden umwickelt, um nach Beendigung der Rede des Bundestagspräsidenten schnell zu reagieren. Ich zog und zog an dem Bindfaden, die Damastdecke wollte das Bild nicht freigeben, die Söhne warteten gespannt. Schließlich riß ich die Decke mit beiden Händen verzweifelt vom Bild. Man hörte ein allgemeines, langgezogenes Aah – und Schweigen. Kokoschka stand erwartungsvoll im Hintergrund. Ungläubig starrten die Kinder auf das Bild. Da hörte man die Stimme des alten Herrn: „Herr Kokoschka, dat ist ein schönes Bild – besonders, wenn man weit weg davon steht."

Es folgte allgemeine Zustimmung, und man beschloß, der Einladung des Bundestagspräsidenten zum gemeinsamen Mittagessen zu folgen.
Das Essen mit der Familie und dem Künstler Kokoschka wurde ein Erlebnis. Mehr denn je war der alte Herr Mittelpunkt und bestimmte die Unterhaltung. Sein Sohn Paul bat ihn, von seiner letzten Reise nach Israel zu erzählen. Als zurückgetretener Bundeskanzler war es seine Absicht gewesen, einen privaten Besuch der heiligen Stätten in Jerusalem zu machen. Der damalige Ministerpräsident Israels, Levi Eshkol, bat ihn zu einem Essen und hielt auf Hebräisch eine Rede. Dr. Adenauer bat um Übersetzung ins Deutsche. – „Und", so erzählte er, „da hatte die Rede so viele Bemerkungen, die mich aufs tiefste empörten, daß ich dem Ministerpräsidenten mitteilte, ich müsse sofort nach Hause fahren, und ich verließ das Haus."
Nach seinem Rücktritt im Oktober 1963 wurde Adenauer im ersten Stock des Bundesratshauses ein Büro mit Rheinblick und Küche angeboten. Er liebte die ruhige gedämpfte Atmosphäre und besuchte es täglich bis kurz vor seinem Tode.
Als Adenauer am 19. April 1967 starb, wurde ein Staatsbegräbnis angeordnet, das zu einem Weltereignis wurde. Neben den Staatsoberhäuptern der westlichen Welt, unter ihnen Staatspräsident de Gaulle, der Präsident der USA, Johnson, der ehemalige japanische Ministerpräsident Kishi, der britische Ministerpräsident McMillan, war auch der frühere israelische Ministerpräsident David Ben Gurion anwesend. Letzterer legte den Weg von der israelischen Botschaft in Bad Godesberg nach Bonn zum Deutschen Bundestag, um dort am 25. April an den Beisetzungsfeierlichkeiten teilzunehmen, zu Fuß zurück; denn das Passahfest hatte begonnen, und an einem religiösen Feiertag benutzt ein frommer Jude kein Verkehrsmittel. Der greise Ben Gurion ehrte mit seiner Anwesenheit den Menschen und den Politiker Konrad Adenauer, zu dessen Hauptanliegen immer auch die Aussöhnung mit den Juden und dem Staat Israel gehört hatte.

17
Carlo Schmid – ein großer Parlamentarier

Carlo Schmid, der große SPD-Politiker, der liebenswerte Menschenfreund, der gebildete Humanist, der Träumer und Denker, war beliebt und geachtet bei Parteifreunden und Gegnern, bei jung und alt.

Nachdenklich und aufgeschlossen, immer an der Schwelle der politischen Macht stehend, hat er diese doch nie überschritten . . ., und das sei sein Glück gewesen, so sagte es Freund Rudolf Augstein in seiner Rede anläßlich des 80. Geburtstages von Carlo Schmid in der Deutschen Parlamentarischen Gesellschaft. Differenziert und empfindlich wurde er zu einer Integrationsfigur im politischen Bonn. Es war sein Herzenswunsch, an seinem Festtage, dem 80. Geburtstag, seine Freunde in die Deutsche Parlamentarische Gesellschaft einzuladen. Die Bundeswehr werde am Abend den Großen Zapfenstreich im Garten der Gesellschaft spielen.

Und so geschah es! Matrosen hielten Fackeln, sie wehten im Wind, und Funken stoben. Die Bänder an den Mützen der Matrosen, die die Fackeln hielten, flatterten. Ihre Gesichter blieben unbewegt und ernst. Die Bundeswehrkapelle spielte. Ich war gerührt, als ich den alten Mann gedankenverloren vor der Musikkapelle im Fackelschein stehen sah. Die Gäste standen etwas entfernt. Plötzlich wandte er sich uns zu, winkte mir und streckte mir seine Hand entgegen. Ich ging zu ihm, an seine Seite. Andächtig lauschten wir, jeder hing seinen Gedanken nach. Für mich war der Zapfenstreich Ausdruck einer vergangenen Zeit, als Militärmusik und Parademärsche noch nationale Gültigkeit besaßen – nie hätte ich mir träumen lassen, mit einem Sozialdemokraten diese Stunde in Bonn zu erleben! Was mag Carlo Schmid gedacht haben?

Plötzlich wurde ich leise an der Schulter berührt. Als ich mich umdrehte, sah ich Willy Brandts Gesicht, und er flüsterte mir zu: „Wenn ich das höre, könnte ich weinen." Ich nickte. Doch bald fanden wir zurück zur Heiterkeit der Stunde – es wurde getrunken, französisch gegessen und an Carlos Heimat in Perpignan gedacht. Zwei Seelen wohnten, ach, in seiner Brust, so seufzte der Sohn der Südfranzösin und des deutschen Professors aus Tübingen des öfteren. Bundesaußenminister Walter Scheel berief ihn 1969 zu Beginn der sozialliberalen Koalition (1969–1982) zum Koordinator zwischen der Bundesrepublik Deutschland und Frankreich.

Unvergessen sind Carlo Schmids Worte anläßlich der Verleihung des Bundesverdienstkreuzes an mich im Jahre 1976, die einen Überblick über den Sinn der Deutschen Parlamentarischen Gesellschaft geben. Damals gehörte Professor Dr. Carlo Schmid schon zu den „Ehemaligen". Als er von der Ordensübergabe durch Bundestagspräsidentin Annemarie Renger hörte, bat er, an dieser Feierstunde teilnehmen zu dürfen. In einer Ansprache umriß er die Anfänge der Deutschen Parlamentarischen Gesellschaft:

„Der Deutsche Bundestag war anfangs nicht viel mehr als eine Vereinigung bescheidener Staatsbürger, die nicht meinten, daß um sie viel Aufhebens gemacht werden müsse; sie waren schon recht froh, wenn die öffentliche Meinung in dieser Stadt sie einigermaßen erträglich fand und duldete. Ich habe nicht vergessen, wie in jenen Jahren kein Schiff den Rhein herauf und hinunter fuhr, ohne daß wir das liebliche Lied zu hören bekamen: ‚Wer soll das bezahlen? Wer hat so viel Geld ...?' Das entsprach übrigens auch unseren eigenen Vorstellungen, denn wir meinten in der Tat, daß in Zeitläuften wie denen der Jahre 1949/50 es nicht an dem sei, demokratisches Majestätsgefühl durch besonderen äußeren Aufwand zum Ausdruck zu bringen.

Alles was wir uns leisteten – einige wissen das noch –, war der ‚Rote Salon' im obersten Stock der ehemaligen Pädagogischen Akademie, die nunmehr ‚Bundeshaus' hieß. Ein rotes Sofa, das eine Generation von Oberstudiendirektoren schon recht flachgedrückt hatte, war sein vornehmstes Mobiliar. Dort kamen wir zusammen, oft in Gesellschaft Konrad Adenauers, der noch

nicht der Übermensch unserer Erinnerung war, sondern ein freundlicher Kollege, mit dem man es damals ganz gut konnte. Im ‚Roten Salon' haben wir zum ersten Mal erfahren, daß man auf einem Plüschsofa, an einem Tisch, auf dem gehäkelte Deckchen lagen – und gelegentlich Weingläser oder Kaffeetassen standen –, im politischen Disput sehr viel weiterkommen kann als einige Stockwerke tiefer in den Fraktionsräumen oder gar im Plenum. Von diesem Zusammensein ging je und je ein Hauch von Mitmenschlichkeit aus, weil es außerhalb jener kalten Luft der Anonymität stand, die heute für das Bundeshaus so charakteristisch ist. Und was die ‚kommunikationsvermittelnden Veranstaltungen' des Bundestages jener Zeit anlangt: Uns stand nichts zur Verfügung als die rot ausgelegte ehemalige Turnhalle der pädagogischen Anstalt, die heute die Wandelhalle des Bundestages ist. Damals war es noch möglich, kleine Feste zu feiern, bei denen es keine Fraktionsgrenzen gab. Der einzige Luxus waren die Schokoladetäfelchen, die Kollegin Helene Weber von der CDU den Müderen von uns in den Mund zu stecken pflegte. In der Atmosphäre der heutigen Zeit würde wahrscheinlich kaum einer von uns dieses bißchen Menschlichkeit mehr fertigbringen. Solch freundliche Gebärden gab es damals noch. Und Konrad Adenauer konnte mir sagen: ‚Herr Schmid, Sie haben doch etwas gelernt in der Schule! Da haben wir ein Jobelin hängen, da is wat Klassisches drauf. Erklären Se uns mal dat Jobelin.'
Dann kam die Zeit, in der die ersten Versuchungen zur Üppigkeit an den Bundestag und seine Abgeordneten herantraten, die Zeit, da die ersten politischen Reisen begannen. Diese nützlichen Einrichtungen haben uns ein wenig verändert – allerdings ohne aus uns Spartanern Athener zu machen . . . Diese Metamorphose haben sie nicht vollbracht. Die Bayern blieben Bayern, und die anderen blieben das, was sie waren – wie sie eben schon immer waren.
Eines Tages kam eine Einladung aus England, die uns zur ‚Hansard Society' führen sollte. Wir nahmen sie gerne an, denn wir fühlten uns durch sie ein bißchen aus der moralischen Isolierung der ‚Hunnenzeit' herausgenommen. Bisher fühlten wir uns ja noch im internationalen Verkehr wie einst im Mittelalter die ar-

men Sünder, die vor der Absolution nur in den Vorhallen der Kirchen stehen durften, sich fühlen mochten, wenn man ihnen erlaubte, durch einen Schlitz der Tür zum Allerheiligsten hinzugukken und mit der Nase nach ein bißchen Weihrauch zu schnuppern.
Wir staunten über die Art, wie die Briten miteinander umgingen: In diesen Räumen verhielten sich Konservative und Liberale und Labour-Leute zueinander, ohne daß man gemerkt hätte, wohin der eine oder der andere gehörte – wie Menschen miteinander umgehen können, wenn sie nicht vergessen, daß ihre Funktionen sie nicht zu Funktionären machen sollten, sondern ihnen lediglich als Stoff für eine Tätigkeit gelten, die von woanders her gespeist wird als von der Funktion.
Da kam einigen von uns der Gedanke, daß wir vielleicht selber einen Schritt in diese Richtung tun könnten. Doch man muß sich das Bonn jener Zeit vorstellen, das Bonn des Jahres 1950! Diese Stadt, darin eine Reihe von Vierteln noch sehr zerstört war, in der es irgendeine Möglichkeit, mit anderen Menschen als mit Kollegen, denen man auf den Korridoren des Bundeshauses begegnete, zusammenzukommen, kaum gab!
So war in der Tat die Atmosphäre dieser Stadt, die sehr viel Liebenswürdiges an sich hat – und deren Obrigkeiten sehr empfindlich sein können . . . Ich erinnere mich an ein kleines Ereignis, das mich die Ästimation der Honoratioren gekostet hat: Der Oberbürgermeister hatte in jener Zeit die Gewohnheit, jedes Jahr einige Parlamentarier einzuladen. Mir ward einmal die Ehre zuteil, dabei die Dankesrede zu halten. Der Oberbürgermeister hatte sich beschwert, daß man vom Bundes‚dorf' spreche – Bonn sei doch kein Dorf; Bonn, das sei eine Großstadt! Man solle das doch respektieren! Ich antwortete, er habe vollkommen recht: Bonn sei kein ‚Dorf'. In einem Dorf gäbe es einen Kirchplatz, auf dem man sich treffe, und dies nicht nur sonntags; da gäbe es Bänke vor den Häusern, auf denen man sein Pfeifchen rauchen könne, und ab und zu eine Kneipe, in der man sich mit ‚den Nachbarn' treffe. Das hätte ich in Bonn noch nicht gefunden . . . Bundes‚dorf' würde ich nicht sagen. Wenn wir im alten Griechenland wären, würde ich diese Stadt ‚Apolis' nennen – ‚Nicht-Stadt'. Danach wurde ich nicht mehr eingeladen.
Nach diesem Londoner Besuch setzten wir uns also zusammen und

überlegten uns: Was können wir tun? Und wir meinten, wir könnten versuchen, mit bescheidenen Mitteln einen Ort zu schaffen, an dem wir nicht zwischen Fraktionszäunen sitzen, sondern in einer Runde um einen Tisch herum, bei der nur der Name gilt und nicht irgendwelche Art politischer Etikettierung. Schließlich kam es 1951 im Frühjahr zur Gründung dieser Parlamentarischen Gesellschaft.

Die ersten Vorsitzenden leben nicht mehr; es waren hochverdiente Männer: Ich nenne unseren Kollegen Pfleiderer, unseren Kollegen Lütkens und unseren Kollegen Fürst Fugger von Glött, diese drei Männer, die etwas zu bieten haben und wissen, daß ‚Politik' zu machen nur dann einen Sinn hat, wenn dies Ausdruck einer bestimmten Vision vom Menschen und vom Sinn seiner Existenz ist.

Die jungen Parlamentarier sollten begreifen, daß sich oft um den „weißen" Tisch herum in der Politik besser vorankommen läßt als an den grünen Tischen ... Diese Erkenntnis war das andere Motiv, das uns zu dieser Gründung veranlaßt hat. Und ich glaube – ich verrate damit kein Geheimnis –, daß mit die entscheidendsten und wichtigsten Kompromisse an den weißgedeckten Tischen dieses Hauses gefunden worden sind. Die Runden, die in diesen Räumen zusammenkamen, wirkten gelegentlich wie eine Art von Vermittlungsausschuß.

Die wesentlichste Funktion der Parlamentarischen Gesellschaft sollte sein, für Augenblicke die Anonymität gegenstandslos zu machen, die unser Leben in Bonn charakterisiert, in deren kalter Atmosphäre es einen frösteln kann. In diesem Haus ist es ‚wärmer'. Hier verspürte man, auch wenn man ganz unverhofft eintraf, auch bei Leuten, die man sonst nicht sah, fast spontan menschliche Reaktionen. Ich glaube, daß man auf diese Gründungszeit mit Dank und Freudigkeit zurückblicken sollte. Wenn auch dieses Haus nicht das ganze Bonner Dasein zu vermenschlichen vermochte, so hat es doch eine Oase geschaffen, darin man Früchte pflücken konnte, die allen recht bekömmlich waren. Ich habe jüngst mal wieder in der Übersetzung des Alten Testaments von Buber und Rosenzweig gelesen, darin das Wort, das sonst in der Übersetzung der Bibel lautet: ‚Liebe deinen Nächsten wie dich selbst', offenbar richtiger aus dem Hebräischen übersetzt lautet: ,Liebe deinen Nächsten, denn er ist wie du!' Wenn wir dieses Wort begreifen, brauchen wir keine Politologen, um uns sagen zu lassen, wie wir Politik zu machen haben."

Ein letztes Mal sah ich Carlo Schmid im Jahre 1979, als der Schweizer Buchverlag Scherz dessen „Erinnerungen" in der Deutschen Parlamentarischen Gesellschaft mit einem Festakt der Öffentlichkeit übergab. Die gesamte Regierungsprominenz gab ihm die Ehre.

18
Gründung und Aufbau der Deutschen Parlamentarischen Gesellschaft

Unter solchen Umständen, wie Carlo Schmid sie geschildert hat, begann die Deutsche Parlamentarische Gesellschaft ihre Tätigkeit, deren Geschäftsführung mir 1951 übertragen wurde.
Zunächst wies man den Mitgliedern als ,,Clubhaus" vier kleine Räume im Hotel Bergischer Hof, mitten in der Bonner Innenstadt, zu. Mit dem schmalen Budget der Gesellschaft, das der Haushaltsausschuß des Deutschen Bundestages gewährte, hatte man diese Hotelräume angemietet und einfaches Mobiliar gekauft. Die Bewirtung sollte die Küche des Hotels übernehmen. Damit war man zufrieden.
Welche Möglichkeiten boten sich der Deutschen Parlamentarischen Gesellschaft? Welche Aufgaben stellten sich ihr zu einer dauerhaften Verwirklichung ihrer Ziele?
Der Initiator, der FDP-Abgeordnete Dr. Karl-Georg Pfleiderer aus dem Wahlkreis Waiblingen, hatte die Gesellschaft mit einigen Kollegen und mit Zustimmung aller Fraktionen des Bundestages gegründet; als e. V. ist sie im Bonner Vereinsregister eingetragen. Ein kleiner Zuschuß aus dem Budget des Bundestages wurde vom Haushaltsausschuß bewilligt, eine Satzung ausgearbeitet.
Mein Bewerbungsschreiben schien wohl nicht sehr überzeugend gewesen zu sein. Dr. Pfleiderer, voller Mißtrauen gegenüber meinen Fähigkeiten, ließ von meiner Schrift ein graphologisches Gutachten anfertigen. Das Ergebnis fiel nicht allzu ungünstig aus: ,,Die Gräfin könnte auch einen Putzlappen anfassen", äußerte die graphologische Pythia aus Stuttgart.
Erleichtert sah Dr. Pfleiderer meiner Ankunft entgegen. Warum sollte ich auch nicht einen Putzlappen anfassen, das war mir ganz unverständlich, als er mir später von seinen Zweifeln erzählte. Ein Freund von Dr. Pfleiderer, der zum Auswärtigen Amt gehörende

Geheimrat von Lieres und Wilkau, ein liebenswürdiger Junggeselle und Diplomat alter Schule, Weltmann voller Güte und Wohlwollen, hatte die Aufgabe, meine Schreibmaschinenkünste zu prüfen. Ich tippte lässig mit zwei Fingern vor mich hin, über ein x-beliebiges Thema. Fast bei jeder Zeile, die ich anschlug, murmelte der höfliche Geheimrat: ,,Prächtig, prächtig, gnädigste Gräfin, Sie machen das ausgezeichnet", und schlug dabei ganz leise seine Hacken zusammen, jedoch ohne sich zu verbeugen. Etwas ungläubig, aber doch hocherfreut über diese Anerkennung, begann ich, mich meiner neuen Aufgabe gewachsen zu fühlen.

Als mir der gestrenge Dr. Pfleiderer bald darauf einen Brief des Staatssekretärs Professor Dr. Hallstein aushändigte, der wichtige politische Mitteilungen enthielt, hob ich diesen zwar gut auf, benutzte ihn aber wegen Papiermangels für Notizen meiner Wochenendeinkäufe. Welches Entsetzen löste diese Mißachtung eines Staatspapiers für einen geschulten Beamten aus! Mein Selbstvertrauen sank wieder auf den Nullpunkt.

Was hatte den letzten Anstoß zur Gründung der Gesellschaft am 1. April 1951 gegeben? Es war eine halboffizielle Einladung an eine deutsche Parlamentarierdelegation, die auf Anregung des ehemaligen liberalen britischen Abgeordneten Stephen King-Hall, des Vorsitzenden der Hansard-Society, vom britischen Unterhaus ausgesprochen worden war. Eine erste deutsche Delegation reiste nach London. Beglückt über diese Anerkennung durch die Briten – denn die Bundesrepublik war ja noch kein souveräner Staat –, kamen die Parlamentarier nach Bonn zurück. Ratlos überlegten sie, wie sie nun ihrerseits diese Gastfreundschaft auf parlamentarischer Ebene erwidern könnten. Die Einladung der Engländer war ein erster Schritt gewesen, die Deutschen wieder als Partner zu behandeln. Hier mußte etwas getan werden, so meinte man, um Gegeneinladungen auf gleicher oder ähnlicher Ebene möglich zu machen.

So fand die Gründungsversammlung der Deutschen Parlamentarischen Gesellschaft statt. Der Präsident und zwei Vizepräsidenten wurden unterstützt von sechs Beisitzern, einem Schatzmeister und einem Schriftführer. Die Satzung sagt u. a.:

,,Die Parlamentarische Gesellschaft setzt sich das Ziel, die menschlichen, sachlichen und politischen Beziehungen im Kreise der Mitglieder der Parlamente des Bundes und der Länder zu pflegen.

Mitglieder der Gesellschaft können werden: Mitglieder des Deutschen Bundestages, der Landtage, des Bundesrates sowie der Bundesregierung und der Regierungen der Länder. Ausländische Missionschefs, der Direktor des Bundesrates und der Direktor beim Deutschen Bundestag sowie der jeweilige Protokollchef der Bundesregierung sind in ihrer Eigenschaft ‚Ständige Gäste'.

Die Mitgliederversammlung tritt regelmäßig zusammen. Ihr obliegt die Unterrichtung der Mitglieder über die Aufgaben und die Tätigkeit der Gesellschaft; die Wahl des Vorstands; die Entgegennahme der Rechenschaftsberichte und Erteilung der Entlastung des Vorstands; Festsetzung des Mitgliedsbeitrages; die Änderung der Satzung; Auflösung der Gesellschaft; Ausschluß von Mitgliedern."

Der erste Präsident, Dr. Pfleiderer, eröffnete am 1. 4. 1951 die Versammlung mit einer Begrüßungsrede und kündigte ein Programm überparteilicher Veranstaltungen an. Ein Rednerpult war noch nicht vorhanden. Er legte Satzung und Hausordnung vor. Ich hatte mein Debüt und lernte schnell die Politiker kennen. Freundliche Begrüßung wurde mir zuteil. Ein schlanker Fritz Erler (SPD), mit funkelnden Brillengläsern, todernst, begegnete mir mit verhaltenem Wohlwollen. Noch etwas verlegen sah ich mich in dieser ausgesuchten Runde um. Die Parteizugehörigkeit der einzelnen war mir unbekannt – ich lernte das aber schnell. Aber wie sympathisch, daß an diesem ersten Abend die vielen Gäste, die alle Mitglieder des Bundestages waren, friedlich zusammensaßen, ohne auf die Parteizugehörigkeit zu achten. Man spürte es, daß hier, außerhalb der Arbeit im Bundeshaus, eine gemeinsame Basis gesucht wurde. Mich hatte dieser gute Wille der Parteien beeindruckt, und ihr gemeinsamer Vorsatz blieb mir Vorbild.

Adenauer betonte später in seinen Memoiren, daß wichtige Entscheidungen oft besser bei gesellschaftlichen Veranstaltungen im lockeren Gespräch zu treffen seien als am Rednerpult oder Verhandlungstisch.

An diesem ersten Abend des guten Willens in der Deutschen Parlamentarischen Gesellschaft war die Anzahl der anwesenden politischen Damen beträchtlich. Sie umgaben mich mit mütterlichem Verständnis, wohlmeinend, auch etwas neugierig, weil sie nicht recht wußten, in welche Welt sie mich einzuordnen hatten. Ich war blaß und jung, wollte mich nicht festlegen, sondern meine Zukunft gestalten.

Unvergeßlich sind mir die blitzblauen Augen von Else Bröckelschen, der ehemaligen Lehrerin und Landtagsabgeordneten in Preußen während der Weimarer Zeit. Sie gehörte zur CDU in Goslar. Sie sprach nicht viel, aber ihr Blick und warmer Händedruck verrieten mir Verständnis und Sympathie. Die energische Dr. Veronika Steinbiß aus Bielefeld von der CDU, die Ärztin Elinor Hubert aus Göttingen von der SPD und die Lehrerin Dr. Margarete Gröwel aus Hamburg beglückwünschten mich zu meiner neuen Tätigkeit. Frau Gröwel trug an diesem Abend einen eleganten dunkelbauen Frühlingshut und einen Silberfuchs lässig über der linken Schulter. Sie war gerade zur Konsulin in Texas ernannt worden und wechselte somit zum Auswärtigen Amt über. Maria Dietz von der CDU aus Mainz kam vom Schuldienst und gehörte der katholischen Frauenbewegung an, während die energische Dr. Luise Rehling, die Frau eines evangelischen Pfarrers aus Hagen, von der CDU in den Bundestag geschickt worden war. Diese beiden prächtigen Frauen trugen viel zur Verständigung zwischen Angehörigen unterschiedlicher christlicher Glaubensrichtungen in der CDU bei. Margot Kalinke von der Deutschen Partei (DP) und Anni Krahnstöver von der SPD schienen mir ebenfalls wohlgesonnen.

Diese Freundlichkeiten der Damen waren mir wichtiger als die Anerkennung der Herren, die sich mir gegenüber unterschiedlich verhielten. Der DP-Abgeordnete Hans-Joachim von Merkatz begrüßte mich mit einer tiefen Verbeugung und andächtigem Handkuß, der charmante SPD-Abgeordnete Gerhard Lütkens gab mir die dienstliche Anordnung, einen Stuhl wegzutragen. Als ich darauf die überfüllten Aschenbecher säubern wollte, trat der bedächtige Fürst Fugger von Glött von der CSU an meine Seite und half mir dabei. So lernte ich, vorsichtig zu sein; zwar waren mir meine dienstlichen Grenzen bewußt, das hinderte mich aber nicht daran, frei und ungezwungen mit den Politikern zu sprechen. Ich spürte schon gleich am Anfang, daß diese Stellung keine reine Bürotätigkeit sein konnte. Vielmehr mußte ein Kristallisationspunkt entstehen, den alle unterschiedlichen Gruppen, die sich in einem Parlament vereinen, anerkennen konnten.

Der einzige Nichtparlamentarier an diesem Abend, neben dem weltgewandten Berliner Senator Dr. Günter Klein, einem passionierten Jäger und Junggesellen, war der Bundesminister für Vertriebene, Hans Lukaschek, ehemals Oberpräsident von Schlesien in der Weimarer Zeit, ein Herr alter Schule, milde, freundlich, lässig, der wie viele andere auch das Konzentrationslager überstanden hatte. Er saß neben Erwin Schoettle (SPD), dem langjährigen Vorsitzenden des Haushaltsausschusses des Deutschen Bundestages und wohlhabenden Zeitungsbesitzer aus Stuttgart, und Erich Ollenhauer, dem 2. Vorsitzenden der SPD. Professor Wilhelm Gülich von der SPD war mir als Landrat des Kreises Lauenburg bei Hamburg bekannt. Ihm gegenüber saß Dr. Thomas Dehler von der FDP und hielt eine Zigarettenspitze in seinen gepflegten Händen.

Im Laufe dieses unvergeßlichen Eröffnungsabends erfuhr ich, wer die wichtigsten Persönlichkeiten im Vorstand neben dem Präsidenten Dr. Pfleiderer waren. Als Stellvertreter wurde Dr. Gerhard Lütkens gewählt, als zweiter stellvertretender Vorsitzender Fürst Fugger von Glött, der das letzte Kriegsjahr als Widerstandskämpfer im Gefängnis verbracht hatte. Schließlich gehörten Dr. Hugo Decker von der damals noch existierenden Bayernpartei und Dr. Bernhard Reismann vom Zentrum (die beiden letzteren Parteien waren noch in der „Föderalistischen Union" zu einer Fraktion zusammengeschlossen), Dr. Hans-Joachim Merkatz von der Deutschen Partei und Emmy Meyer-Laule (SPD), eine warmherzige Hausfrau aus Heidelberg, zum Beirat. Schatzmeister wurde der glaubensstarke Schwabe Paul Bausch von der CDU, der über die schmalen Finanzen der Gesellschaft wachte.

Zurück zum Eröffnungsabend. Ich wurde vom Präsidenten den Gästen als Geschäftsführerin vorgestellt. Welche Erwartungen hegte man hinsichtlich meiner Tätigkeit, und welche Vorstellun-

gen hatte man 1951 überhaupt von der Berufstätigkeit einer Frau? Es mußte gearbeitet werden, das schien klar, aber war ich als offenbar verwöhnte junge Frau – so argwöhnte man – geeignet, diesem Begriff Arbeit zu entsprechen? Immerhin war ich Flüchtling und Kriegerwitwe, so konnte man mich nicht ablehnen. Unter der Arbeit einer Geschäftsführerin dieses Vereins, in dem es nichts weiter gab als eine Satzung, die alles und nichts bedeuten konnte, und eine kleine Mitgliederkartei sowie einen Schreibtisch, auf dem ein Ungeheuer von Telefonzentrale stand, verstand man wohl damals neben Telefonieren und Büroarbeit auch die gesellschaftlichen Pflichten einer Hausfrau. Sie sollte protokollarisch versiert sein, dolmetschen und ein ständig ausgleichendes freundliches Verhalten zur Schau tragen.
Da mir auch die Bewirtung der Gäste oblag, ergab es sich, daß ich ein oft gebetener Gast bei Politikern, Diplomaten und Journalisten wurde. Ich gehörte ja zu jener Zeit noch zu den „Frauen der ersten Stunde“, und sogar die so zurückhaltenden Hochkommissare luden mich hin und wieder als einzige deutsche Frau in ihre Häuser ein.
Ein politischer Club war für viele Ausländer ein Begriff; in der Bundesrepublik dagegen waren Sinn und Zweck eines solchen Clubs weitgehend unbekannt. Daß die Deutsche Parlamentarische Gesellschaft sich trotzdem regen Zuspruchs erfreute und ihre Mitgliederzahl stieg, lag wohl daran, daß die Abgeordneten während der Arbeitswochen in Bonn sonst keinerlei Möglichkeiten hatten, unter sich zu sein. Die Gesellschaft hatte es schwer, sich ohne einen Repräsentationsfonds bei der allgemein expandierenden Entwicklung des Hauptstadtlebens weiter zu behaupten. Dennoch: Bei einem Interview anläßlich des 20jährigen Bestehens der Gesellschaft sagte ich: „Wir werden noch einmal von dem Provisorium schwärmen wie von der guten alten Zeit.“
Mit der Zeit entwickelte sich im Leben der Gesellschaft eine eigene Tradition. Die Stadt Oldenburg hielt zum Beispiel in den ersten Jahren ihr alljährliches Grünkohlessen in der Deutschen Parlamentarischen Gesellschaft ab. Hier wurden die ersten Grünkohlkönige gekürt. Und unvergessen ist die Vorführung eines echten Oldenburger Pferdes, das mit viel Mühe in den großen Saal der

Gesellschaft mehr geschoben und getragen als geführt wurde. Das arme Pferd wurde inmitten von Musik und Reden auf dem glatten Parkett nervös, und um mit letzter Verzweiflung die Aufmerksamkeit auf sich zu lenken, plazierte es fein säuberlich seine Pferdeäpfel auf dem Parkett.
Neben Bilderausstellungen und Buchpräsentationen wurden private Einladungen der Abgeordneten zum Abendessen zum festen Bestandteil des parlamentarischen gesellschaftlichen Lebens. Auch ausländische Parlamentsdelegationen, die im Rahmen einer offiziellen Einladung des Bundestagspräsidenten nach Bonn kamen, waren regelmäßig Gäste der Gesellschaft.
Schon in der Anfangszeit meiner Tätigkeit als Geschäftsführerin der Deutschen Parlamentarischen Gesellschaft lernte ich neben den unterschiedlichen und farbigen Persönlichkeiten im Parlament und den Behörden die ersten ausländischen Missionschefs kennen, die Kontakte zu Parlamentariern aufzunehmen wünschten. Unvergessen sind mir der schwedische Gesandte Regnar Kumlin und seine elegante Frau Greta. Sie luden als erste zusammen mit ihren persönlichen Freunden, Kollegen aus dem Diplomatischen Corps und Besuchern aus Schweden auch deutsche Persönlichkeiten des öffentlichen Lebens ein. Dank der Neutralität ihres Landes während der Kriegsjahre konnten sie jetzt unbefangen Verbindungen zwischen ehemaligen Feinden herstellen.
Ich erinnere mich eines Gesprächs im Hause der Schweden mit dem französischen Botschafter François-Poncet, der sich nach einem Diner, genüßlich an einer Zigarre ziehend, maliziös zu den Problemen von damals äußerte: „Die ‚Ramckes‘ und die ‚Remers‘ werden morgen wieder in Deutschland regieren.“ – Beide waren Offiziere in der Hitler-Zeit gewesen und versuchten, sich politisch zu profilieren. – Nach kurzer Pause hörte ich mich selber fröhlich sagen – und ich erhielt dafür Sonderapplaus von den Schweden –: „Wenn es so weit kommt, dann werden sicher auch die alten Botschafter wieder bei uns akkreditiert, die in der Hitlerzeit akkreditiert waren!“ Von da an besaß ich die Freundschaft von François-Poncet, der lange Zeit vor dem Krieg Botschafter in Berlin gewesen war. Durch viele seiner Bonner Jahre war ich ihm und seiner Frau verbunden. Auch nach seiner Pensionierung war ich

oft Gast in seiner backsteinroten Villa in der Rue Ranelagh in Paris.
Das schwedische Ehepaar half manchen Deutschen mit großem Feingefühl, wieder zu einem selbstverständlichen Umgang mit Vertretern anderer Nationen zu kommen. Frau Kumlin veranlaßte auch, daß die Ehefrauen der damaligen Missionschefs bei ihren regelmäßigen Zusammenkünften Geld sammelten, so daß mit Hilfe der Vizepräsidentin des Deutschen Roten Kreuzes, der Gräfin Waldersee, laufend ein Freiplatz für ein deutsches Flüchtlingskind finanziert werden konnte. Sie fuhr selbst nach Friedland, sprach mit den Behörden des Flüchtlingslagers und nahm auch Kinder zur Erholung in ihr Haus auf.
Meine Freundschaft mit dem Ehepaar Kumlin dauerte an, nachdem er zum schwedischen Botschafter in Paris ernannt worden war. Und ich war dankbar, daß meine Tochter Louisa, die nach ihrem Abschlußexamen im Landschulheim Holzminden zunächst eine Tischlerlehre in Köln absolviert hatte, während ihres Architekturstudiums in Paris mehrere Jahre bei ihnen wohnen durfte.
Sehr beliebt war in der damaligen Bonner Gesellschaft der erste jugoslawische Botschafter Ivecovich und seine kultivierte Frau. Es gab kein Fest, keinen Cocktail, keinen Vortrag ohne sie. Sie sprachen kein Deutsch, aber perfektes Französisch. Und zwischen ihm und Dr. Pfleiderer entwickelte sich ein ständiger Gedankenaustausch, der schließlich auch die Ernennung des Abgeordneten Pfleiderer zum ersten Botschafter der Bundesrepublik in Belgrad ermöglichte.
Wie sah der Alltag der Deutschen Parlamentarischen Gesellschaft aus, was tat der Vorstand, der sich aus den Vertretern der großen Parteien zusammensetzte? Neben der Werbung um Mitglieder des Bundestages mußte ein Programm geboten werden, das alle Parteien bejahen konnten. Bei den regelmäßigen Vorstandsbesprechungen wurden im besten Einvernehmen Veranstaltungen von gemeinsamem Interesse beschlossen: Vorträge, regelmäßige überparteiliche Zusammenkünfte, Empfänge für ausländische Politiker, Gelegenheit zu Kontakten mit ausländischen Missionschefs, zu Universitäten wie Bonn und Köln, mit Persönlichkeiten des öffentlichen Lebens.

Andere neuentstandene Organisationen erbaten Hilfe und Unterstützung durch die Deutsche Parlamentarische Gesellschaft, zunächst bilaterale Gründungen wie die Deutsch-Englische Gesellschaft, die Deutsch-Französische Gesellschaft und andere. Im Mittelpunkt standen jedoch die Veranstaltungen, die der Vorstand seinen Mitgliedern anbot.

Als einer der ersten kam der schon erwähnte britische Abgeordnete Stephen King-Hall als Gast in die Parlamentarische Gesellschaft. Er sprach über das „Verhältnis zwischen Regierung und Abgeordneten in England". Im Anschluß an seine Rede dankte ihm Bundestagspräsident Dr. Hermann Ehlers, Alterspräsident Paul Löbe und Professor Dr. Carlo Schmid für seine Anregungen. Der Vortragende Legationsrat I. Klasse Heinz Weber, der bewährte Dolmetscher, ohne den schon Bundeskanzler Adenauer in kein englischsprachiges Land reisen mochte, übersetzte die Rede King-Halls.

Bald darauf hielt Alterspräsident Paul Löbe einen Vortrag über das Thema „Reichstag und Bundestag". Unter großem Beifall beschwor er die „Würde des Hohen Hauses". Der Reichstag in Berlin, ein pompöser Bau aus der Gründerzeit, habe durch seine großen Räume und langen Flure mäßigend auf die Gemüter der Politiker gewirkt. Die Läufer in den Korridoren hätten die Reichstagsabgeordneten behutsamer gehen, gedämpfter sprechen lassen. Die Atmosphäre habe sich auch auf die Kleidung ausgewirkt. Löbe appellierte an den gemeinsamen guten Willen aller Parteien, damals wie heute. Auch Bundespräsident Theodor Heuss, selbst ehemaliger Reichstagsabgeordneter, nahm an diesem Vortrag teil.

Schon bald zeichnete sich die Möglichkeit ab, daß die Bundesrepublik Mitglied der Interparlamentarischen Union werden konnte, und so war der Vortrag eines der ersten Generalsekretäre der Interparlamentarischen Union aus Genf über das Thema „Grundsätze internationaler Moral" sehr informativ und für die Aufnahmeverhandlungen förderlich. Viele weitere bedeutsame Vorträge fanden im Laufe der Jahre in der Gesellschaft statt.

Für mich war dies eine wunderbare Lehrzeit, neue Menschen und Themenbereiche kennenzulernen, Programme vorzuberei-

ten, Gäste einzuladen und weitere Vorschläge für die Aktivitäten der Gesellschaft zu machen.
Es folgte ein Besuch von Mitgliedern der ehrwürdigen Fabian Society aus England und eine Visite der Generalsekretärin der Carl-Schurz-Gesellschaft aus Philadelphia, Mrs. Alice Finckh. Zu ihr entwickelten sich jahrelange freundschaftliche Beziehungen. Carl Schurz, der sich 1848 als Student der demokratischen Bewegung in Deutschland angeschlossen hatte, emigrierte 1852 in die USA, trat der Republikanischen Partei bei, wurde ein Freund des amerikanischen Präsidenten Abraham Lincoln und schließlich amerikanischer Innenminister. In Philadelphia hatte die Stadt dem Verein ein repräsentatives Haus aus der Zeit der Unabhängigkeitserklärung von George Washington zur Verfügung gestellt. Hier wurden die alten Beziehungen von Deutschamerikanern zu ihrem Heimatland wachgehalten und gepflegt.
Während des Zweiten Weltkriegs konnte die Carl-Schurz-Gesellschaft in Philadelphia Emigranten aus Deutschland betreuen, und ich fühlte mehr und mehr, daß man diesen Bemühungen Dank schuldete. So betrieb ich mit Hilfe des Oberstadtdirektors Dr. Max Adenauer aus Köln, des Sohnes des Bundeskanzlers, die Gründung einer Zweigniederlassung in Bonn, die aber nur einige Jahre bestand.
Im Deutschen Bundestag saßen zwar die frei gewählten Vertreter des Volkes aus den verschiedenen Parteien, aber es sollte noch bis zum Jahre 1957 dauern, bis die Bundesrepublik aufgrund der 1955 in Kraft getretenen Pariser Verträge, die u. a. die Mitgliedschaft in der Westeuropäischen Union und in der NATO vorsahen, ihre volle Selbständigkeit erhielt.
So hieß es zunächst vorsichtig taktieren und lavieren. Der Vorstand der Deutschen Parlamentarischen Gesellschaft wurde vom Präsidenten des Bundestages, Dr. Ehlers, gebeten, die Besuche ausländischer Delegationen federführend zu gestalten und durchzuführen. Freudig nahmen wir diese uns gestellte Aufgabe an. In Zusammenarbeit mit den jeweiligen Botschaften entwickelte die Parlamentarische Gesellschaft ein Rahmenprogramm mit Besuchen beim Bundespräsidenten, beim Bundestagspräsidenten und beim Bundeskanzler. Das Programm sah auch Besuche in Köln

bei Oberbürgermeister Dr. Schwering und Oberstadtdirektor Dr. Max Adenauer vor. Besichtigungen des Kölner Doms und der Museen gehörten dazu. Der damalige Ministerpräsident von Hessen, Georg-August Zinn, lud von Wiesbaden aus die Delegationen zu einer Rheinfahrt ein. Er bewirtete die ausländischen Gäste bei köstlichem Rhein- und Hessenwein in seinem Hause.
Der Besuch einer amerikanischen Delegation, angeführt von dem ,,uralten" Senator Green, begleitet vom demokratischen Senator Humphrey, dem späteren Vizepräsidenten und Präsidentschaftskandidaten, fand einen besonders fröhlichen Ausklang. Senator Green hatte 65 Jahre zuvor als junger Student kurze Zeit in Bonn gelebt, besann sich auf die alten Studentenlieder, und wir sangen zu seiner Freude ,,Gaudeamus igitur". Man fand sogar einen alten Klavierspieler, der eilig zum Hotel Bergischer Hof gebeten wurde, um ihm vorzuspielen. Senator Green sang aus vollem Halse, sein Zwicker tanzte vor Freude auf seiner Nase mit.
Die heitere italienische Delegation, unter Führung eines Senators aus Sardinien, lud während ihres Aufenthalts im Jahre 1952 den Bundestagspräsidenten Dr. Ehlers mit einer deutschen Delegation nach Rom ein. Zu dieser Zeit stand die Aufnahme der Bundesrepublik in die Interparlamentarische Union kurz bevor. Die italienische Delegation bat darum, mich, die Geschäftsführerin der Deutschen Parlamentarischen Gesellschaft, mit einladen zu dürfen. Eine offizielle Reise nach Italien erschien mir damals der Gipfel all dessen, was man im Leben erreichen konnte. Wir waren Gäste des italienischen Senats und erhielten als Höhepunkt des Aufenthalts eine Audienz bei Papst Pius XII. in dessen Sommersitz Castel Gandolfo.
Streng waren dort die protokollarischen Regeln. Manche Herren erschienen im Frack. Die Damen mußten eine Kopfbedeckung tragen und in Schwarz gekleidet sein, ein schwieriges Problem. Ich hatte mir vorsichtshalber von einer Tante einen schwarzen Spitzenschleier ausgeborgt. Lange dauerte die Wartezeit in den Vorzimmern von Castel Gandolfo, nachdem die Schweizer Garde, die Bewacher des Vatikans,uns hatten passieren lassen. Da standen wir nun, erhitzt und geduldig, verschiedener Konfessionen und Parteien, in respektvoller Erwartung. Die Herren der

SPD trugen den obligaten „Stresemann“. Carlo Schmid hatte versehentlich ein Paar gelbe schweinslederne Sporthandschuhe mitgebracht; einen davon gab er leihweise an Dr. Hermann Pünder von der CDU, denn auch der hatte geeignete Handschuhe vergessen. Unruhig ging Dr. Ehlers auf und ab, wie sollte er sich verhalten? Niederknien und den Ring küssen, so wie es üblich war? Das lag dem Protestanten fern.
Als der große Augenblick der Audienz da war, trat beklommene Stille ein. Oberkirchenrat Dr. Ehlers erwies dem Heiligen Vater größte Aufmerksamkeit, beließ es aber bei einer angemessenen Verbeugung. Der Heilige Vater, ein Freund und Kenner Deutschlands, war zur Zeit von Reichspräsident von Hindenburg jahrelang Nuntius und Doyen des Diplomatischen Corps in Berlin gewesen. Blaß und zerbrechlich, schien er schon fern in anderen Welten. Er bemühte sich, an jeden das Wort auf Deutsch mit ein paar persönlichen Fragen zu richten. Beeindruckend wirkten die italienischen Politiker, die wie reumütige Kinder glücklich vor ihrem Vater niederknieten und seinen Segen erbaten, gleichgültig, zu welcher Partei sie gehörten.
So entwickelten sich mit Hilfe der Deutschen Parlamentarischen Gesellschaft erste politische Kontakte zum Ausland. Mir aber lag besonders am Herzen, daß dieses neue bundesrepublikanische Parlament auch im Lande selbst gut aufgenommen wurde. Nach langen Jahren der Diktatur, in der meine Generation aufgewachsen war, war es durchaus nicht selbstverständlich, daß das Wirken des Bundestages auf breite Anerkennung und Verständnis stieß.
Da ich durch meine Tätigkeit in einen Strudel von Einladungen geraten war, lud ich wiederum zu ersten Cocktailempfängen in meine Wohnung in der Graf-Galen-Straße ein, die ich notdürftig mit ein paar geretteten Möbeln, Bildern und Büchern hergerichtet hatte. Die Abgeordneten, Journalisten, Diplomaten, Industrielle aus dem nahen Köln, Flüchtlingsfamilien – ein buntes Bild – füllten die kleine Wohnung. Die Diplomatendamen warfen kurzerhand ihre Nerzmäntel über das Treppengeländer im Flur, eine Garderobe war nicht vorhanden, was machte es schon? Schwarze Limousinen standen reihenweise vor der Haustür; es gab noch keine großen Parkplatznöte. Die Frau des spanischen Generalkon-

suls, Frau Aguirre – ein Botschafteraustausch mit Franco-Spanien war noch in weiter Ferne –, stieß mit ihrem federgeschmückten Hut gegen meine niedrige Zimmerdecke.
Ellen Gorrissen, Miterbin der Bleichröder-Bank, betrat wie ein schillernder Vogel aus einer anderen Welt, hochmondän und duftend, brillantgeschmückt mein Domizil. Wehende Schleier und Spitzen umgaben sie, die Wohlgerüche aus Paris betäubten mich fast. Sie war die Patronin der „Villa Massimo" in Rom, einer Stiftung ihrer Familie für junge deutsche Künstler. Und sie war eine engagierte Europäerin, die lebhaften Anteil an der Arbeit des Europarates in Straßburg nahm.
Auch diese Einladungen bei mir waren der Versuch eines neuen gesellschaftlichen politischen Lebens in Bonn. Für eine Frau eine sehr reizvolle Aufgabe. Wenn ich an meinen Beitrag denke, aus dieser von Bundestagsabgeordneten der ersten Stunde gegründeten Einrichtung der Deutschen Parlamentarischen Gesellschaft mit den Jahren eine feste Institution zu schaffen, die heute zum politischen Leben Bonns gehört, so war es keine leichte Aufgabe, den Stil des Hauses mitzuprägen. Atmosphäre schaffen, bedeutet auch planen, verwalten, organisieren und improvisieren, Überblick und Phantasie haben, Vorschläge einbringen und Ziele verwirklichen. Darüber hinaus meldeten Bundestagsabgeordnete ihr Interesse für Kunstausstellungen an, ein schwieriges Unterfangen. Das Interesse der Abgeordneten betraf hauptsächlich Künstler ihrer jeweiligen Wahlkreise, die gefördert werden wollten. So arrangierten wir zunächst in den bescheidenen Räumen des Hotels Bergischer Hof eine Ausstellung mit Kinderportraits.
Auch bat der Vorstand der Gesellschaft zu einem regelmäßigen Mittagstisch mit Professoren der Universität von Bonn. Neben dem Vorstand waren es besonders die Abgeordneten Professor Carlo Schmid von der SPD und Dr. Hans Wellhausen von der FDP, die hier Anregungen gaben. Der Dekan der Philosophischen Fakultät der Universität Bonn, Professor Johannes Thyssen, mobilisierte den jeweiligen Rektor und Professoren.
Bald erwies es sich, daß die Räumlichkeiten im Bergischen Hof für die Vielfalt der Veranstaltungen zu eng wurden. Eines Tages, es war 1953, ging ich rein zufällig mit dem CDU-Abgeordneten

Paul Bausch rund um das Bundeshaus. In nicht allzu weiter Entfernung entdeckte ich in der Dahlmannstraße eine etwas verfallene, jedoch romantisch im Grünen gelegene Jugendstilvilla, und ich konnte Herrn Bausch dazu bewegen, einmal mit mir in das Haus hineinzugehen. Eine Abteilung des Auswärtigen Amtes residierte hier. Neben den Büros von Staatssekretär Professor Dr. Walter Hallstein war auch die Rechtsabteilung unter dem Völkerrechtler Professor Erich Kaufmann in abgenutzten Räumen untergebracht. Intuitiv glaubte ich etwas gefunden zu haben, das sich als politisches Clubhaus eignen könnte.
Aufgeregt trat ich in das nächstgelegene Zimmer und fuhr zurück, als ich dort den hochehrwürdigen Rechtsberater und Freund des Bundeskanzlers, Professor Kaufmann selbst, auf dem Sofa liegend, im leichten Büroschlaf vorfand, Brille und Jackett auf einem Stuhl abgelegt. Auch er fuhr erschrocken hoch, und wir entschuldigten uns angelegentlich, denn wir hatten offenbar das Vorzimmer des Professors übersehen. Als er sich gefaßt hatte, erzählte ich, wie interessiert ich an diesem Hause wäre und daß ich es gerne als Clubhaus für die Parlamentarische Gesellschaft herrichten würde. Zu meinem Erstaunen stieß ich auf Verständnis – ja, Professor Kaufmann ermutigte mich, das Haus beim Bund zu beantragen. Nach seinen Informationen sei der große Neubau für das Auswärtige Amt in der Koblenzer Straße kurz vor seiner Fertigstellung. Diese alte verstaubte Jugendstilvilla, die als erstes Provisorium gedient hatte, sollte abgerissen werden, um größeren Bürohäusern Platz zu machen.
Eilig berichtete ich dem Abgeordneten Pfleiderer davon, der als alter Diplomat traditionell gute Beziehungen zum Auswärtigen Amt hatte. In einer Rede vor dem Parlament bat er bald darauf den Chef des Auswärtigen Amtes, Heinrich von Brentano, direkt, das Haus für den Bundestag zur Verfügung zu stellen. Man verwehrte es ihm nicht. So kam es, daß die bauliche Umgestaltung des Hauses alsbald in Angriff genommen werden konnte. Doch noch fehlte es an allem: an Mobiliar für den täglichen Gebrauch und für repräsentative Veranstaltungen, an Geräten für Küche und Keller. Ein Budget für die Inneneinrichtung existierte nicht. Und es mußten Mitarbeiter gefunden werden, die bereit waren, das

Leben in diesem Haus mitzugestalten und für das Wohlbefinden der Gäste zu sorgen.
Da erinnerte ich mich an Walter Ende, den ich aus dem Bundeshaus und dem „Bergischen Hof" kannte. Er hatte jahrelang in großen Berliner Hotels gearbeitet und dort Erfahrungen im Umgang mit Gästen aus Politik und Wirtschaft gesammelt. Ich zeigte ihm das verkommene Haus, besprach Einzelheiten der Organisation und schlug ihm vor, Chef unserer Wirtschaftsabteilung zu werden. Er überlegte, zögerte, überredete seine Frau, mitzumachen. Schließlich wurden wir einig: Aus dem Zuschuß des Deutschen Bundestages konnten wir sein Gehalt zahlen und ihm eine kleine Dienstwohnung im Hause selbst zur Verfügung stellen. Der ursprüngliche Plan, nur Getränke für die Gäste bereitzuhalten und einen Weinkeller einzurichten, wurde bald fallengelassen; denn was kann schon bei politischen Gesprächen herauskommen, wenn der Magen knurrt? Was also konnte ich tun, um dafür – das heißt für eine gute Küche – die praktische Basis zu schaffen?
So stöberten wir im Keller zwischen Kisten und Kästen herum und förderten einen alten Gasherd aus der Besatzungszeit nach dem Kriege zutage. Ein paar alte Büroschränke sollten Geschirr und Bestecke aufnehmen, ausrangierte Schreibtische vom Bundestag wurden zu Eßtischen, künstliche Blumen, Aschenbecher und Kerzenhalter konnte ich auf Bürokosten anschaffen – nichts schien einer gastlichen Bewirtung mehr im Wege zu stehen. Doch die Wirklichkeit sah dann doch oft ganz anders aus ...
Inzwischen hatten die Wahlen für den zweiten Bundestag stattgefunden. Dr. Konrad Adenauer bildete am 16. Oktober 1953 sein Kabinett aus Vertretern der CDU, CSU und der FDP. Kurze Zeit danach fand eine Mitgliederversammlung in der Deutschen Parlamentarischen Gesellschaft statt. Ein neuer Präsident wurde gewählt. Dr. Pfleiderer ging als erster deutscher Botschafter nach Belgrad. Bei einer Abschiedsrede empfahl er, daß in Zukunft jeweils der Präsident der Gesellschaft von der im Bundestag stärksten Fraktion gestellt werden möge – ein guter Rat, der sich bewährte.
Die Wahl der Mitgliederversammlung fiel auf Dr. Kurt-Georg Kiesinger, CDU, den Vorsitzenden des außenpolitischen Ausschusses des Bundestages. Er nahm die Wahl an. Neben den bis-

herigen Stellvertretern kamen Annemarie Renger von der SPD, Dr. Paul Leverkuehn von der CDU, Karl Graf Spreti von der CSU und Eva Gräfin Finckenstein aus Schleswig-Holstein vom BHE – Bund der Heimatvertriebenen und Entrechteten – neu in den Vorstand.

Schriftführer wurde Max Freiherr Riederer von Paar (CSU) aus Niederbayern, der mit heiter gerunzelter Stirn meine Briefe und Berichte kontrollieren sollte, auf der Suche nach einem fehlenden Komma oder Fragezeichen, denn die Fraktionssitzungen seien, so meinte er, zeitweise so langweilig, daß dies eine willkommene Abwechslung bedeute.

Bei einem der Bonner Empfänge begegnete ich dem Ministerpräsidenten von Niedersachsen, Hinrich Kopf, einem der mächtigen Landesfürsten jener Tage. Als er mich bei dieser Gelegenheit fragte, ob ich im Rahmen eines Informationsprogramms eine offizielle Rundreise durch die USA mitmachen wollte, sagte ich begeistert zu. Dies war für mich nach dem Krieg die erste Möglichkeit, etwas von der Welt zu sehen. Als die amerikanischen Behörden mir die Einladung und das Programm schickten, hing mir der Himmel voller Geigen.

In Bremerhaven wurden wir verschifft, zusammen mit Dr. Krekeler, dem ersten deutschen Botschafter in den USA, und dem Ehepaar Eric Warburg aus Hamburg. Die Musik spielte ,,Muß i denn, muß i denn zum Städtele hinaus . . .", wohl in erster Linie zu Ehren des Landesvaters Kopf. Aber mir wurde ganz weh ums Herz beim ersten Schritt in die große weite Welt. Die Fahrt mit dem Luxusdampfer bei Windstärke elf und entsprechend hohem Wellengang war in jeder Beziehung bewegend, und ich dämmerte in meiner Kabine dahin. Gelegentlich entführte Bankier Eric Warburg mich auf die Tanzfläche, aber es war ein recht schwankendes Vergnügen. Der Ministerpräsident und der Botschafter spielten bei Wind und Wetter Skat – und ich bekam eine erste Ahnung von diesem anscheinend so faszinierenden Spiel, das durch Jahre der Höhepunkt privater Vergnügungen für manchen Politiker bleiben sollte.

Bei der Ankunft in New York wurden wir dem amerikanischen Programm gemäß herumgereicht, zum Teil in Begleitung der

CDU-Abgeordneten Maria Dietz aus Mainz. Hinrich Kopf, der väterliche Freund, ließ mich gewähren, und so konnte ich zwischen dem offiziellen Programm Freunde meines Mannes in der Nähe von Chikago besuchen. Das Ehepaar Uihlein war deutschen Ursprungs und besaß Anteile der Bierbrauerei Schlitz. Ich kannte sie noch nicht, aber sie hatten seit Kriegsende regelmäßig Care-Pakete für Louisa und mich geschickt, seit sie gehört hatten, daß mein Mann im Krieg gefallen sei. Welche Freude für mich, sie kennenzulernen und ihnen für ihre jahrelange Hilfe zu danken! Ein kleines Meißner-Porzellan-Frühstücksservice, das ich bei der Flucht gerettet hatte, brachte ich ihnen zum Geschenk mit. Wie groß war mein Schreck, als ich es bei ihnen auspackte und feststellen mußte, daß es beim Transport zerbrochen war. Ich hatte es so mühsam in meinem Treck durch viele Wochen in den Westen gebracht – und nun dies! Ich war untröstlich.
Kontaktgespräche mit Frauenorganisationen in den USA sollen hier nicht übergangen werden. Die „League of women voters", die größte Frauenvereinigung der Demokratischen Partei, war für Politiker ein gefürchteter Diskussionspartner. Die entsprechende republikanische Organisation, mit dem hochtrabenden Namen „Daughters of the revolution", wirkte dagegen weniger aggressiv. – Als mich eine Journalistin für eine amerikanische Frauenzeitschrift interviewte und mich nach meiner Meinung über die Wiedervereinigung des einst von Bismarck gegründeten Deutschlands befragte, sagte ich ohne Überlegung, daß ich daran in absehbarer Zeit nicht glauben könnte. Am nächsten Tag stand mein Interview mit fetter Überschrift in einer amerikanischen Zeitung. Entrüstet wurde ich bei meiner Heimkehr in Bonn zur Rede gestellt. Heute, nach fast 30 Jahren, sehe ich meine Aussage bestätigt. Das sollte mir eine Lehre sein, auf diplomatischem Parkett keine politischen Bemerkungen zu machen.
Als die Reise beendet war, fand ich in Bonn eine neue Situation vor. Bundestagspräsident Hermann Ehlers war plötzlich verstorben – ein Nachfolger mußte gefunden werden. Die Wahl fiel auf Professor Dr. Eugen Gerstenmaier. Seine Familie zog in die Dienstvilla in Bad Godesberg, und ein reges gesellschaftliches Leben begann.

Im Herbst 1954 schließlich beschloß der Vorstand, das halbwegs eingerichtete Haus der Parlamentarischen Gesellschaft offiziell zu eröffnen. Bundespräsident Professor Theodor Heuss, im dunklen Anzug mit grauer Weste, erschien in Begleitung seines Staatssekretärs Manfred Klaiber und mit seinem alten Freund und persönlichen Referenten, Ministerialdirigent Eugen Bott. Unter den Gästen waren auch der eben zum Bundestagspräsidenten gewählte Dr. Eugen Gerstenmaier, Vizepräsident Professor Dr. Carlo Schmid, Helene Weber, die altbewährte Freundin von Konrad Adenauer aus Reichstagstagen, und Hubertus Prinz zu Löwenstein.

Zahllose Botschafter, aufmerksam betreut vom Protokollchef Ernst-Günther Mohr, waren erschienen. So füllte sich das Haus mit Mitgliedern und Gästen. Der neue Präsident Dr. Kiesinger übergab es seiner Bestimmung. Ein einfaches Menü wurde von Frau Ende bereitet. Später wurden auch nur bestrichene Brote mit einem Glas Wein oder Bier angeboten. So konnte man in den Anfangsjahren unverwöhnte Mitglieder bewirten.

Da es noch keine offizielle Protokollabteilung im Bundestag gab, ernannte mich Dr. Gerstenmaier kurzerhand zur Protokollberaterin seines Präsidialbüros, was mir als Erweiterung meiner Tätigkeit eine doppelt willkommene Aufgabe war. Ich war dankbar für wohlmeinende Protektion des Ehepaars Gerstenmaier, die mir oft Hilfe und Stütze in schwierigen Lebenslagen gaben.

Als erste Frau in offizieller Stellung, machte die Vertreterin des Landes Niedersachsen in Bonn, Frau Staatssekretärin Theanolte Bähnisch, in den ersten Jahren von sich reden. Sie war eine alte Freundin des Ministerpräsidenten Kopf. Ein Versuch der SPD, eine Frau in eine hohe Position zu bringen. Sie erfüllte ihre Aufgaben glänzend.

Bald darauf ermöglichte mir der Vorstand der Deutschen Parlamentarischen Gesellschaft eine Reise nach London, um das „House for international affairs" zu besichtigen und einen Bericht darüber zu schreiben. Bei dieser Gelegenheit ließ ich es mir nicht entgehen, auch einer Sitzung im Unterhaus beizuwohnen. Der Einzug des „speakers" mit weißer Perücke und Talar, die Debatte selbst, ohne Manuskript frei geführt, die Selbstverständlichkeit,

mit der Rededuelle ausgetragen wurden, zeugten von echter politischer Tradition und Routine. Auch die Saalwächter, in imponierenden Fräcken mit kunstvollen Halsketten, erregten meine Bewunderung. Bei aller Selbstverständlichkeit spürte man Tradition und Würde, die von diesem Hohen Haus ausgingen.
Allmählich nahm die Zahl der Gäste zu; die Gesellschaft und ihr Haus wurde während der Sitzungswochen mehr und mehr zu einer Heimstatt für manchen Abgeordneten. Hier konnten Skat und Doppelkopf gespielt, nach Herzenslust geraucht werden, jedoch nicht im Übermaß getrunken. Da wurde Herr Ende streng, und man fügte sich ihm, der übrigens über manche politischen Geheimnisse jener Tage bestens informiert war, jedoch stets die Diskretion in Person blieb.
Hin und wieder zeigte ich mich auch bei den beliebten Skatrunden, aber die sonst so liebenswürdigen Abgeordneten setzten dann abweisende Mienen auf. Da saßen sie in Hemdsärmeln und knallten die Karten auf den Tisch. – Was konnte ich da tun? Ich mußte an die Stiche von Chodowiecki denken, der das preußische Tabakskollegium des alten Königs von Preußen darstellte, wo auch hohe Politik diskutiert wurde. Was hatten Frauen hier schon zu suchen? Mir oblag es vielmehr, darauf zu achten, daß besagte Skatrunden nicht das beherrschende Thema der Gesellschaft wurden.
Wie konnte ich ohne Geld diese Stätte nun zu einem Haus mit Stil und Geschmack machen, fragte ich mich beklommen? Um uns herum – im Zentrum des Bonner Regierungsviertels – entstanden die neuen Häuser der Ländervertretungen. Dem Bundeshaus gegenüber stand das Haus des Landes Niedersachsen, nicht weit entfernt lagen die Vertretungen von Baden-Württemberg, Bayern, Hamburg, Schleswig-Holstein, Berlin, Saarland, Nordrhein-Westfalen und Rheinland-Pfalz. Alle waren bequem und auf das modernste ausgestattet. Mir blieb nichts anderes übrig, als mich um Leihgaben oder Geschenke zu bemühen.
So stahl ich mich in die Lagerräume des Bundestages und anderer Behörden, schnüffelte, ob ich mit Hilfe der verwaltenden Amtsräte etwas auftreiben könnte – und siehe da, ich stieß auf Verständnis und Mitgefühl! Leihverträge konnten abgeschlossen werden.

Die Lagerverwalter waren sogar erleichtert, wenn einige der nach Ablauf einer Legislaturperiode zurückgegebenen staatseigenen Möbel wieder aus den Kellern verschwanden. Ein Fernsehapparat wurde gestiftet, ein Abgeordneter brachte Teppiche aus Ägypten mit – alles bunt zusammengewürfelt, verschlissen, unaufgearbeitet. Es half nichts, eine repräsentative Gemütlichkeit sollte entstehen. Die üblichen Bauerhaltungskosten, die offiziellen Gebäuden zugestanden werden, fanden bei uns jahrelang keine Anwendung. – Warum auch? – so fragte man. Bald würde die ,,alte Bude" ja doch abgerissen. Bis zur Neuentdeckung der Schönheit von Jugendstil und wilhelminischer Bauweise aus dem Anfang dieses Jahrhunderts war noch ein langer Weg. Wir mußten Geduld haben.

Weitere Schwierigkeiten türmten sich auf. Der Bundesrechnungshof kontrollierte nun auch unsere Planstellen. Ich sah dieser Prüfung gefaßt entgegen, denn ich hatte vor kurzem einen interessanten Vortrag vom Präsidenten des Bundesrechnungshofes, des ehemaligen Abgeordneten der FDP, Dr. Hermann Schäfer, gehört, in dem er die traditionellen Aufgaben des Bundesrechnungshofes als Kontrollorgan umriß. Erleichtert hörte ich aus seinem Munde folgenden Vergleich: ,,Der Bundesrechnungshof kann wie ein Hund bellen, er kann aber nicht beißen." Trotzdem hieß es jetzt für mich, den bellenden Hund zu besänftigen, um seine Zustimmung zur Einstellung von Hilfskräften für Küche und Service zu erreichen.

Was fragten die Abgeordneten schon danach, auf welche Weise ihre Ansprüche befriedigt werden könnten? Sie brauchten ein repräsentatives Haus für Arbeitsitzungen, offizielle Anlässe, Familienfeiern, runde Geburtstage, Jubiläen, Vorträge vor geladenen Gästen, Filmvorführungen, Buchvorstellungen, musikalische und folkloristische Darbietungen oder auch einfach einen Ort der Ruhe, wo man auch mal im Hemdsärmeln einen Skat kloppen konnte. Aber wer war bereit, ihnen zu dienen? Und wie konnte das Haus so ausgestattet werden, so daß es seine Aufgaben auch gegenüber der Außenwelt erfüllte? Die Genehmigung von Planstellen für einen Koch und einen Hilfskoch jedenfalls schien in weite Ferne zu rücken. So versuchte man es zunächst mit einem Party-

Service. Allmählich aber kam man während der Sitzungswochen auf einen Tagesdurchschnitt von 300 Mahlzeiten. Wie konnten wir da einen pünktlichen Service gewährleisten?
Die Außenwelt merkte nichts von den internen Schwierigkeiten. Der Schatzmeister der Gesellschaft versuchte, kleine Sonderbewilligungen beim Haushaltsausschuß zu erwirken, um Erleichterungen zu erzielen. An Anschaffungen von neuem Mobiliar oder gar Bildern für die Räume des Hauses war aber nicht zu denken. So ermunterte ich die Abgeordneten, durch Kunstausstellungen unsere kahlen Wände zu beleben. Und viele folgten dieser Aufforderung, so auch die Minister Schröder, Vogel, Genscher und der Abgeordnete Philipp Rosenthal. Es kamen nicht nur Bilder, sondern auch Skulpturen, Porzellan, Glas, Werke der Goldschmiedekunst. Das brachte zuweilen Unruhe ins Haus; manche Abgeordneten flohen gar vor dem Überangebot.
Nach den dritten Bundestagswahlen konstituierte sich der Bundestag im Oktober 1957 und wählte Dr. Gerstenmaier wieder zu seinem Präsidenten. Kurz darauf wurde auf der Mitgliederversammlung der Deutschen Parlamentarischen Gesellschaft Fürst Otto von Bismarck aus Friedrichsruh (CDU) zum Präsidenten gewählt. Er sollte dieses Amt über zwei Legislaturperioden hinweg führen. Seine Stellvertreter waren Professor Ernst Meyer (SPD) sowie Hans Lenz (Trossingen) von der FDP.
Neben den regelmäßigen Parlamentarischen Abenden, wie sie seinerzeit im Reichstag auch Reichskanzler Otto von Bismarck abzuhalten pflegte, wurden einmal im Monat sogenannte Botschaftsmittagessen eingeführt, zu denen vom Vorstand auch Persönlichkeiten des öffentlichen Lebens neben den Missionschefs gebeten wurden. Als viel später im Bundestag parlamentarische Freundschaftsgruppen für verschiedene Länder mit eigenen Vorsitzenden der Fraktionen entstanden, hielten diese Freundschaftsgruppen mit ihren jeweiligen Botschaften laufend Kontakt und tagten in der Deutschen Parlamentarischen Gesellschaft.
Im Jahre 1959 wählte die Bundesversammlung in Berlin Dr. Heinrich Lübke von der CDU zum zweiten Präsidenten der Bundesrepublik. In seine Amtszeit, die bis 1969 andauerte, fällt viel Glanz des bundesrepublikanischen Wirtschaftswunders. Er und

seine Frau Wilhelmine reisten noch im hohen Alter unermüdlich zu Staatsbesuchen in aller Herren Länder. Ebenso viele ausländische Staatsoberhäupter kamen in die Bundesrepublik, und es bedurfte eines immer minutiöseren und glanzvolleren Programms von seiten der Protokollabteilung des Auswärtigen Amtes, um allen Anforderungen gerecht zu werden.

In meiner Eigenschaft als Geschäftsführerin der Deutschen Parlamentarischen Gesellschaft erhielt ich regelmäßig Einladungen zu den großen Staatsempfängen, zu denen der Bundespräsident einlud. Die Staatsoberhäupter von Senegal, Togo, Mali und Sudan kamen während der Wintermonate. Der festliche Empfang fand jeweils in der Beethovenhalle in Bonn statt. Damals hatte Schloß Augustusburg noch keine Heizungsanlagen, konnte also für derartige Anlässe während der kalten Jahreszeit nicht benutzt werden. Erzbischof Makarios von Zypern und der französische Staatspräsident de Gaulle wurden während der Sommermonate wieder in Schloß Augustusburg empfangen. Es folgten die Präsidenten von Mexiko, Chile, Argentinien, Madagaskar und Kamerun, die Könige von Afghanistan und Nepal und – nicht zu vergessen – die Traumgestalt aus Asien, Königin Sirikit aus Thailand, zart und zerbrechlich, wie eine Märchenkönigin, mit blitzendem Diadem und großen Ohrgehängen, an der Seite ihres blassen und zurückhaltenden Ehemannes, des Königs Bhumipol. Nach weiteren Besuchen aus Österreich, Korea und Somalia sowie des Königs von Marokko wurde der Besuch der britischen Königin Elizabeth mit Prinzgemahl Philip ein politisch-gesellschaftlicher Höhepunkt.

Durch denStaatsbesuch der Königin von Großbritannien fühlte sich die Bundesrepublik als Partner der westlichen, freien Welt anerkannt. Der Empfang der Bundesregierung im Schloß Brühl bleibt unvergessen, als die Königin Elizabeth II. in anmutiger Haltung und im Glanze ihrer im Scheinwerferlicht funkelnden Brillanten die prunkvolle Treppe des Schlosses herunterschritt. Sie lächelte freundlich, nach allen Seiten grüßend, immer umgeben von einem Zeremoniell, das ihr zugleich die angemessene Distanz verschaffte.

Am folgenden Abend lud der britische Botschafter zu einem Empfang auf den Petersberg ein, wo das britische Paar residierte.

Hier bestimmte ein strenges britisches Protokoll die Aufstellung der Gäste zur Begrüßung. Ich wurde gebeten, zwischen den Abgeordneten des Deutschen Bundestages meinen Platz einzunehmen, nicht ahnend, was geschehen würde. Als die Königin den Saal betrat, führte der britische Botschafter sie zu verschiedenen Gästen, um ihr die Möglichkeit zu einer persönlichen Unterhaltung zu geben. Plötzlich lenkte er seine Schritte in meine Richtung – ich versank in einen Hofknicks und hörte, wie er der Königin leise von meinem Lebensschicksal berichtete. Ich wartete ab – es war mir klar, daß ich keinesfalls von mir aus ein Gespräch mit einem Staatsoberhaupt beginnen durfte. Da begann sie eindringliche Fragen zu stellen: über meine Flucht, wie ich den Treck in den Westen organisiert habe, was mit meinen Pferden geschehen sei. Ich begann zu erzählen. Ich spürte ihr Interesse, ihr Verständnis. Es dauerte einige Zeit, bis sie unser Gespräch beendete. Ich war beeindruckt von ihrer natürlichen Höflichkeit und echten Bescheidenheit.

Weitere Staatsoberhäupter gaben Bonn die Ehre: Präsident Bourgiba von Tunesien, der energiegeladene Präsident Sukarno von Indonesien, der Präsident der Elfenbeinküste, und schließlich erschien in altorientalischer Pracht der Schah von Persien mit der Schahbanu Fara Diba. Der Schah trug während des Empfangs offensichtlich eine gepanzerte Weste unter seiner Uniform.

Alle Welt suchte Kontakt zur Bundesrepublik. Sie war in die Gemeinschaft der freien Völker aufgenommen. Die bösen Schatten der Vergangenheit verblaßten. Dem neuen Staat wurde Vertrauen entgegengebracht. Das belgische Königspaar – Baudouin und Fabiola –, Königin Juliane der Niederlande mit Prinzgemahl Bernhard, Kaiser Hirohito und die Kaiserin von Japan bemühten sich um Verständigung mit der Bundesrepublik.

Die großen Staatsempfänge unterlagen festen Regeln. Die Protokollabteilung des Auswärtigen Amtes lud etwa 2000 Gäste ein: das Diplomatische Corps, die Kabinettsmitglieder, die Präsidenten und Ausschußvorsitzenden des Parlaments, Staatssekretäre, hohe Beamte, hin und wieder einen General, Beamte aus der Hochburg des Bundeskanzleramtes, Journalisten, Vertreter der Kirchen, der Stadt und der Universität.

Als 1965 nach den fünften Bundestagswahlen wiederum die CDU den 1. Präsidenten der Parlamentarischen Gesellschaft stellen konnte, wurde der Abgeordnete Dr. Ernst Majonica in dieses Amt gewählt. Seine Stellvertreter wurden Professor Dr. Karl Schiller von der SPD, Prinz Konstantin von Bayern von der CSU und Rembert van Delden von der CDU.
Nach den Bundestagswahlen 1969 wurde Dr. Ernst Majonica (CDU) erneut zum Präsidenten gewählt. Dr. Erich Mende (FDP), Ingeborg Geisendörfer (CSU), Richard Freiherr von Weizsäcker (CDU) und Dr. Udo Giulini (SPD) ergänzten den Vorstand. Am 1. 4. 1971 feierte die Gesellschaft ihr 20jähriges Bestehen. Bundeskanzler Willy Brandt und Bundestagspräsident Kai-Uwe von Hassel nahmen daran teil.
Während der Amtszeit von Dr. Gustav Heinemann, der 1969 als erster Sozialdemokrat zum Bundespräsidenten gewählt wurde, kam der hochbetagte schwedische König Gustav VI. Adolf zum Staatsbesuch nach Bonn. Der Blumenschmuck auf Schloß Augustusburg war ganz in Blau-Gelb, den schwedischen Nationalfarben, gehalten. Der König hielt eine freundliche Tischrede in fließendem Deutsch, nachdem er vorher auf dem Treppenabsatz der Balthasar-Neumann-Treppe mit leichtem Kopfnicken die Gästeschar begrüßt hatte. Den Hofknicks verbat er sich.
Von weiteren offiziellen Einladungen, die an mich ergingen, erinnere ich mich besonders einiger Damenessen bei der Frau des amerikanischen Botschafters, Mrs. Dowling, etwa zu Ehren von Mrs. Dean Rusk, der Frau des damaligen Außenministers, oder der Gattin des später ermordeten amerikanischen Präsidentschaftskandidaten Robert Kennedy, der in der Deutschen Gesellschaft für Außenpolitik einen Vortrag hielt. Beeindruckt hat mich auch eine Unterhaltung im Haus des amerikanischen Botschafters mit dem amerikanischen Journalisten Walter Lippmann über die Wiedervereinigung Deutschlands. Er vertrat schon damals den Standpunkt, man müsse die DDR anerkennen. Auf meine Frage, wie denn Vertreter der beiden deutschen Staaten und ihre Diplomaten miteinander umgehen könnten, sagte er streng zu mir: „Die Bundesrepublik muß klar und entschieden ihren Standpunkt vertreten können ..."

Auch Senator James W. Fulbright und Professor Henry Kissinger traf ich anläßlich ihrer Besuche in Bonn. Kissinger erzählte mir von seinem Buch über Metternich und Castlereagh und dem Wunsch, auch endlich ein Buch über Bismarck schreiben zu können.
Mit wachsendem Wohlstand luden auch deutsche Privatleute Bonner Diplomaten und Politiker zu sich ein. Ein Abgeordneter der ersten Stunde, der Großunternehmer Dr. Günter Henle, bat regelmäßig Gäste in sein Haus in Duisburg. Er besaß eine prachtvolle Bildersammlung. Als Begründer der Deutschen Gesellschaft für Außenpolitik war er ein Kenner der politischen Zusammenhänge in Bonn. Und die Industriellengattin Gabriele Henkel, als junges Mädchen eine elegante und zielstrebige Bonner Journalistin, blieb ihren alten Freunden aus Bonner Tagen treu. Sie bildete mit ihrem Haus in Düsseldorf einen gesellschaftlichen Mittelpunkt für Politiker, Künstler und Diplomaten.
Die alljährlichen Einladungen des Bundesverbandes der Deutschen Industrie, die Präsident Fritz Berg und seine elegante Frau Hildegard im Hotel Excelsior in Köln gaben, boten einen Überblick über die, die in der Bundesrepublik Politik, Wirtschaft und Gesellschaft repräsentierten. Hier traf ich einen alten Freund meiner Familie wieder, Ernst Schneider, inzwischen Präsident der Industrie- und Handelskammer in Düsseldorf. Ich besuchte ihn im Jägerhof in Düsseldorf, wo er mir seine herrliche Meißner Porzellansammlung aus dem 18. Jahrhundert zeigte. Eine Schüssel in einer seiner Vitrinen, die er in London bei einer Auktion ersteigert hatte, trug das Werthernsche Familienwappen. Sie stammte aus Dresden, wo ein Werthern Minister im Kabinett Brühl war. Auch die Familie von Bohlen und Halbach erinnerte sich an alte nachbarliche Beziehungen zu meiner Familie. Und der Freund meines Mannes aus Bonner Studentenzeit, Hermann Freiherr von Boeselager, bot mir in seinem nahe bei Bonn gelegenen Besitz, im Kreise seiner großen Familie, einen heimatlichen Hafen.
1972 wurde zum ersten Mal eine Frau – Hedwig Meermann von der SPD, der diesmal stärksten Fraktion im Deutschen Bundestag – zur Präsidentin der Deutschen Parlamentarischen Gesellschaft gewählt. Ihre Stellvertreter wurden Richard Stücklen (CSU) und

Hansheinrich Schmidt/Kempten (FDP). Neu in den Vorstand kamen Dr. Helga Timm, Fraktionsgeschäftsführerin der SPD, Liselotte Pieser (CDU), Walter Picard (CDU), Manfred Schulte (SPD), Hermann Dürr (SPD), Georg Kahn-Ackermann (SPD) und Victor Kirst (FDP).

1974 wählte die Bundesversammlung in Bonn den ehemaligen FDP-Abgeordneten Walter Scheel zum vierten Bundespräsidenten der Bundesrepublik Deutschland. Schon als Außenminister hatte er Schloß Gymnich bei Bonn als Gästehaus der Bundesregierung angemietet. Als das Schloß ganz im Stil des 18. Jahrhunderts hergerichtet war, benutzte es die Regierung für offizielle Essen, kleinere Empfänge und zur Unterbringung von Staatsgästen. Manchmal waren die Autostraßen so verstopft, daß man Schloß Gymnich nur mit dem Hubschrauber erreichen konnte.

Als Bundespräsident entwickelte Scheel großzügigste Gastlichkeit. Hin und wieder war ich dazu gebeten. Als Glanzpunkte seiner Amtszeit erlebte ich die Staatsbesuche von Carl Gustaf, König von Schweden, mit Königin Silvia, und von König Juan Carlos von Spanien mit Königin Sophia mit. Beide Königinnen stammen aus Deutschland. Beide brachten Charme, Grazie und Eleganz mit. Der junge schwedische König hielt seine Tischrede in fließendem Deutsch und erwähnte, daß nicht nur seine Frau, sondern auch seine Mutter, die verstorbene Prinzessin Sybilla, aus Deutschland kämen.

Ein Höhepunkt in der Geschichte der Deutschen Parlamentarischen Gesellschaft war ein großzügiger Umbau des Hauses in der Dahlmannstraße im Jahre 1981. Die Pläne dazu reiften bereits in der Amtszeit von Richard Stücklen (CSU) als Präsident der Gesellschaft (1976–1979). Stücklen, damals zugleich Vizepräsident des Deutschen Bundestages, verfolgte mit großem Interesse und Engagement das Ziel, ein modernes Clubhaus für das Parlament zu schaffen, das auch im größeren Rahmen den weitgespannten repräsentativen Verpflichtungen der Volksvertreter würde gerecht werden können. Jahrelang hatte der Bund die notwendigen Reparaturen versäumt. So stieß Richard Stücklen in den Mitgliederversammlungen auf großes Verständnis für die Umbaupläne.

Die Fertigstellung und Genehmigung der Pläne sowie ihre Realisierung fielen jedoch schon in die Amtszeit von Dr. Burkhard Ritz (CDU/1979–1980) und von Dr. Otto Wulff (CDU/seit 1980) als Präsidenten der Gesellschaft.

Der Zufall wollte es, daß der Ministerpräsident von Hessen, Holger Börner – voller Verständnis für die Aufgaben der Deutschen Parlamentarischen Gesellschaft –, uns sein nahegelegenes Bürohaus für die Dauer des Umbaus zur Verfügung stellen konnte. So war es der Bundesbaudirektion möglich, das Haus in der Dahlmannstraße, ehemals im Besitz der Bonner Familie Guilleaume, aufs modernste herrichten zu lassen und den Bedürfnissen der Gesellschaft anzupassen – was hauptsächlich Küche, Keller und Nebenräume betraf. Auch von außen erhielt das Haus einen freundlichen, hellen Anstrich und strahlte dann wie ein Juwel inmitten der umliegenden etwas tristen Zweckbauten.

Nach der feierlichen Einweihung am 28. April 1982 besichtigte Bundeskanzler Helmut Schmidt das Haus – etwas vorwurfsvoll wies er auf die hohen Kosten hin. Ich antwortete, daß es dem Parlament – als Legislative – wohl anstünde, ein würdiges Clubhaus für seine vielen Verpflichtungen zu beanspruchen. Immerhin seien die Kosten in keinen Vergleich zu denen des Gästehauses der Regierung – als der Exekutive –, des Hotels auf dem Petersberg, zu setzen.

Die Deutsche Parlamentarische Gesellschaft blieb schließlich nicht die einzige Gründung dieser Art. Andere ähnliche Gesellschaften und Clubs waren in Bonn entstanden, so z. B. im Jahre 1955 die Deutsche Gesellschaft für Auswärtige Politik. Diese auf privater Initiative basierende Gesellschaft, die ein eigenes Archiv einrichtete und sich mit dem „Europa-Archiv“ ein gewichtiges Publikationsorgan schuf, konnte – mit einigem Aufwand – große Politiker aus aller Welt nach Bonn einladen. Im Vorstand waren neben Politikern aller Parteien auch Persönlichkeiten aus Industrie und Wirtschaft vertreten. Jedoch unterhielt die Gesellschaft kein eigenes Clubhaus.

Der „Internationale Club“ tagte in der „Redoute“. Hier fanden neben gesellschaftlichen Veranstaltungen und Bridge-Abenden ebenfalls Vorträge statt. Jeder konnte die Mitgliedschaft erwerben. Daneben gab es den „Amerikanischen Club“, seinerzeit vom amerikanischen Hochkommissar in Bad Godesberg-Plittersdorf eingerichtet, der mit einem guten Restaurant und sportlichen Möglichkeiten Amerikanern und Deutschen offenstand. Ein „Wirtschaftspolitischer Club", gegründet von Konsul Paul Conrad, entwickelte sich mehr und mehr zum politischen Diskussionsforum der Freien Demokraten. Ein weiteres Forum für Diskussionsvorträge entstand unter dem Namen „Colloquium humanum".

19
Streiflichter aus dem Parlament

Wenn ich über die Politiker der ersten Nachkriegsjahre schreibe, die ich durch die Deutsche Parlamentarische Gesellschaft kennenlernte, wird vor meinen Augen die Zeit wieder lebendig, in der sie gewirkt und die sie geprägt haben. Der Deutsche Bundestag in Bonn verfügte über keine Tradition, an die man hätte anknüpfen können. Wie also konnten die frei gewählten Volksvertreter des neuen Staates sich darstellen? Welche Rolle spielten sie in Bonn, welche gesellschaftliche Gruppe stellten sie dar? Intelektuelle und Handwerker, Unternehmer, Pfarrer, Bauern, Beamte, Journalisten und Interessenvertreter – kurz ein Querschnitt des Volkes . . ., das soll es sein, so äußerte sich einmal Bundestagspräsident Gerstenmaier über die Zusammensetzung des Parlaments.
Die Abgeordneten der ersten Stunde kämpften um Profilierung. Sie hatten es schwer, im eigenen Lande Anerkennung zu finden. Ihre Generation war von den Erfahrungen der Hitlerzeit und des Zweiten Weltkrieges geprägt. Einige Ältere waren bis zu seiner Auflösung 1933 Mitglied des Reichstages gewesen. Allmählich wurde das Durchschnittsalter im Parlament niedriger. Die heutige Generation ist gegenüber der Vergangenheit unbelasteter.
Der Alltag eines Abgeordneten ist heute wie damals glanzlos, angefüllt mit endlosen Sitzungen – nicht nur im Bundestag, denn die Hauptarbeit des Parlaments wird in den zahlreichen Fachausschüssen geleistet. Berge von Briefen und Drucksachen wollen beantwortet werden. Seine Doppelfunktion in Bonn und im Wahlkreis bringt ihn in Terminnot. Oft ist der Erfolg im Wahlkreis wichtiger als die Profilierung in der Fraktion. Listenkandidaten haben es besonders schwer. Hat ein Abgeordneter eine Wohnung in Bonn, so ist sein Leben in der Hauptstadt etwas leichter. Die CDU/CSU verfügte schon von Anfang an über einflußreiche

Persönlichkeiten, wie den großen Freund Adenauers, den Bankier Pferdmenges, und aus der Industrie Dr. Günter Henle, Dr. Wolfgang Pohle, Dr. Hans Dichgans, Dr. Kurt Birrenbach, Dr. Udo Giulini, Alphons Horten, Philipp von Bismarck, Professor Gustav Stein u. a., in deren Häusern sich ein geselliges Leben entwickelte. Einige Aristokraten gaben durch private Einladungen in ihren Wohnungen dem parlamentarischen Leben etwas Glanz, wie Staatssekretär Freiherr von Guttenberg, Otto Fürst von Bismarck, Prinz Konstantin von Bayern, Richard Freiherr von Weizsäcker und von der FDP Knut Freiherr von Kühlmann-Stumm. Der CDU-Abgeordnete Dr. Hans Dichgans hatte für den Bundespräsidenten einige Gedanken über die Nichtintegration von Politikern im öffentlichen Leben niedergeschrieben, von denen ich Auszüge wiedergeben möchte:

„... Der kleine Kreis von aktiven Politikern führt ein abgekapseltes Eigenleben. Nicht anders als die Kreise der Wirtschaft, der Kirchen und der hohen Militärs. Gespräche gehen über Zweckkontakte und gezielte Impulse nicht hinaus. Das Bewußtsein menschlicher Verbundenheit und das Bewußtsein von Übereinstimmung und gemeinsamen Zielen fehlt durchaus. Der normale Politiker hat wohl Respekt vor dem wirtschaftlichen Erfolg, so wie der Mann der Wirtschaft Respekt vor dem politischen Erfolg zu haben pflegt, doch scheint Politik für den normalen Bundesbürger ein Konsumartikel zu sein, den der Staat für den Preis der Steuerzahlung liefert. Der Staat erscheint als ein gigantisches Dienstleistungs- und Versicherungsunternehmen ..."

Ein Haus auf dem Venusberg, am Kiefernweg, beherbergte Persönlichkeiten der ersten Stunde und hat damit schon eine Geschichte. Der erste Mieter des Hauses war Kurt Schumacher – ab 1946 Parteivorsitzender der SPD, ab 1949 Fraktionsvorsitzender –, sein Nachmieter der damalige Ernährungsminister Heinrich Lübke mit seiner Frau Wilhelmine. Schließlich kaufte der Bund das Haus als Amtssitz für den jeweiligen Außenminister. Zunächst von dem Junggesellen Heinrich von Brentano bewohnt, dann von dessen Nachfolger im Amt, Dr. Gerhard Schröder, und Familie. 1966 zog Willy Brandt mit seiner Familie ein, und seit

1974 residiert hier Bundesaußenminister Genscher. Er entstammt noch der Garde der sogenannten „Jungtürken" der FDP, die in den fünfziger Jahren frischen Wind in den Bundestag brachten und wohl noch zu den Persönlichkeiten der ersten Aufbauzeit gerechnet werden können. Zu ihnen gehörten der frühverstorbene Wolfgang Döring aus Sachsen, Walter Scheel, der Frohgesinnte aus Solingen, und Willi Weyer, der spätere Präsident des Deutschen Sportbundes. Damals sagte Dr. Thomas Dehler einmal zu mir, indem er mit einer leichten Handbewegung auf den Abgeordneten Genscher wies: „Dieser junge Mann wird eine politische Zukunft haben." Es sollte sich bald bewahrheiten.

Von Anfang an waren Abgeordnete der FDP die häufigsten Gäste der Deutschen Parlamentarischen Gesellschaft. Vermutlich deshalb, weil die FDP zahlenmäßig eine so kleine Partei ist und die Räume der Gesellschaft für große Veranstaltungen nicht ausreichten.

Als Walter Scheel Entwicklungshilfeminister wurde und ein neues Ministerium einrichtete, kam er in die Deutsche Parlamentarische Gesellschaft, saß mit baumelnden Beinen auf meiner Schreibtischkante, zog genüßlich an einer ausgezeichneten Zigarre und lieh sich eine alte Schreibmaschine aus, als erstes Büromöbel seines neuen Ministeriums.

Der aus Pommern stammende konservative Hans-Joachim von Merkatz, Mitbegründer der Deutschen Partei in Niedersachsen, pflegte mich stets mit „Betta-Gräfin" zu begrüßen und vergaß auch niemals den Handkuß, den ich mehr im privaten Umgang schätzte als während meiner dienstlichen Obliegenheiten. Einer seiner Parteikollegen, ein alter Herr mit langem weißem Spitzbart – „Papa Leutgens", so wurde er freundlich apostrophiert –, wechselte schon bald zur FDP über. Auf die Frage, warum, meinte er klagend, die Deutsche Partei habe ihre Sitzplätze im Plenum rechts außen, nahe bei den Glastüren zum Korridor. Da verspüre er eine ständige unangenehme Zugluft, die seinem Rheuma nicht bekomme, und deshalb ginge er lieber zur FDP, deren Plätze mehr zur Mitte hin lagen.

Ein von seinen Grundsätzen fest überzeugter Politiker war Professor Dr. Walter Hallstein, von 1951– 1958 Staatssekretär im Aus-

wärtigen Amt und ein enger Vertrauter Bundeskanzler Adenauers. Nach ihm ist die Hallstein-Doktrin benannt, nach der die Bundesrepublik Deutschland keine diplomatischen Beziehungen zu den Staaten aufrechterhalten dürfe, die die DDR als selbständigen Staat anerkannten (außer zur Sowjetunion als einer der führenden Weltmächte). Auch als er 1958 Präsident der EG-Kommission in Brüssel wurde, wo er sich internationale Anerkennung erwarb, blieb er Mitglied des Bundestages. Am Abend vor der Abstimmung über die Ostverträge im Jahre 1970 kam er mit einigen Abgeordneten in die Parlamentarische Gesellschaft und vertraute mir seine Ansicht über die Ostpolitik der Regierung Brandt/Scheel an. Bei der Abstimmung gehörte er zu denen, die sich der Stimme enthielten.
Zum 30jährigen Bestehen der Gesellschaft erhielt ich einen sehr herzlichen Brief von ihm, voller Verständnis für das Wirken der Deutschen Parlamentarischen Gesellschaft.
Bei der FDP verdienen noch zwei Persönlichkeiten der ersten Stunde Beachtung: Der unabhängige Kölner Industrielle Albrecht Freiherr von Rechenberg gehörte zum rechten Flügel der damaligen FDP. Er agierte stets mit souveräner Heiterkeit und patriotischem Einsatz. Er gründete den Golfplatz Refrath in Köln und vermochte, Bundespräsident Heuss, den Professor aus Schwaben, zu überzeugen, an dieser Gründungsfeier teilzunehmen. Ein anderer war Dr. Menne aus Frankfurt. Als der US-Botschafter Dowling ihn fragte, warum er denn bei dieser liberalen Partei sei, antwortete er listig: „Bei einer kleinen Partei kann man eher Karriere machen."
Zum Thema „Frauen im Parlament" schreibt der „Bonner Hofchronist" Walter Henkels: „. . . obwohl die Frauen mehr als sechs Jahrzehnte das Wahlrecht haben, haben sie das Naturell des Parlaments nicht wesentlich beeinflußt. Anmut ist selten die Stärke von politisierenden Frauen."
Da fallen mir Adenauers Worte ein: „Frauen haben manchmal einen besseren politischen Instinkt – nur die Sacharbeit muß dann von den Männern gemacht werden."
Von der Weimarer Nationalversammlung bis heute stieg der Anteil der Frauen im Parlament nie über 10 Prozent. Meist kamen sie

aus sozialen Berufen und waren unverheiratet. Wenige trugen den Doktortitel.
Einige Frauen aus der Zeit des alten Reichstags standen nach Kriegsende 1945 wieder bereit, einen neuen demokratischen Staat errichten zu helfen. Zu ihnen gehörten die ehemalige Zentrumsabgeordnete Christine Teusch, spätere Kultusministerin von Nordrhein-Westfalen, und Louise Schroeder, 1947/48 amtierender Oberbürgermeister von Berlin, die seinerzeit als eine der Jüngsten für die SPD in die Weimarer Nationalversammlung eingezogen war. Weiter die Vorkämpferin für das Frauenwahlrecht, Marie-Elisabeth Lüders, die als FDP-Abgeordnete im Bundestag schließlich zur „Alterspräsidentin" avancierte, und Dr. Helene Weber von der CDU, um nur einige zu nennen.
Frau Lüders kam später täglich in das neue Haus der Deutschen Parlamentarischen Gesellschaft in der Dahlmannstraße und pflegte nach dem Mittagessen bei schönem Wetter auf der Terrasse zu schlafen. Um Störenfriede zu vertreiben und sich vor lästigen Sonnenstrahlen zu schützen, legte sie sich ein doppeltes Zeitungsblatt über das Gesicht. Nur der Wind konnte ihr einen Strich durch die Rechnung machen.
Eine der farbigsten Figuren im Parlament war Margot Kalinke von der Deutschen Partei (DP), die später zur CDU übertrat und als bedeutende Sozialpolitikerin in 23 Jahren ihrer parlamentarischen Arbeit 462 Reden gehalten hat. Niemand konnte sie außer Gefecht setzen. Weitere bekannte Parlamentarierinnen jener Zeit waren Änne Brauksiepe, Martha Schanzenbach und Ingeborg Geisendörfer. Dr. Maria Probst von der CDU, Vizepräsidentin des Bundestages, war eine engagierte Vertreterin der Kriegshinterbliebenen, bei ihnen als „Maria Hilf" und bei den Bonner Behörden als „Maria Heimsuchung" in Erinnerung.
Als die erste Generation von weiblichen Abgeordneten im Bundestag abtrat, erhielten bei der SPD die Damen Dr. Katharina Focke, Marie Schlei und Dr. Helga Timm eine Chance. Für die CDU zog Dr. Helga Wex 1962 in den 5. Deutschen Bundestag ein und gehörte bald zu den führenden Persönlichkeiten der Fraktion. Sie trifft sich mit ihren Kolleginnen von der CDU/CSU allwöchentlich in der Deutschen Parlamentarischen Gesellschaft zum

Mittagessen und verbreitet in dem so stark vom männlichen Element betonten Club eine sympathisch-feminine Note.

Als 1962 eine junge verheiratete Ärztin, Dr. Hedda Heuser, für die FDP in den Deutschen Bundestag zog, widmete Bundestagspräsident Dr. Eugen Gerstenmaier ihr bei der Begrüßung folgenden (wohl nicht ganz ernst gemeinten) Satz: „Kluge Reden sind nicht so wichtig, gnädige Frau, behalten sie Ihr gutes Aussehen." Aber die Damen im Parlament waren „nicht auf den Mund gefallen". Mit Witz und weiblicher Klugheit, zuweilen auch forsch, griffen sie in die Debatten ein und sicherten sich einen respektablen Rang auf der Rednerliste. Gerade die jüngere Abgeordnetengeneration hielt mit ihrer Meinung nicht hinter dem Berg. So brachte ab 1972 Helga Schuchhardt (FDP) aus Hamburg frischen Wind ins Parlament. Minister Höcherl titulierte sie einmal: „Undressierte Amazone, doch zufrieden in ihrer Haut."

Liselotte Funcke, FDP-Abgeordnete aus Hagen, schreckte als Vizepräsidentin des Bundestages (ab 1969) nicht vor gelegentlichen strengen Ordnungsrufen im Hohen Haus zurück. Als profilierte Vorsitzende des Finanzausschusses des Bundestages (ab 1973) schlug Frau Funcke selbst ihre Nachfolgerin vor: Ingrid Matthäus-Maier (damals noch FDP, seit 1982 SPD). Noch während ihrer ersten Legislaturzeit bekam diese ihr zweites Baby, das sie auch zu ihrer parlamentarischen Arbeit mit nach Bonn brachte.

Eine besonders charmante Note gab Annemarie Renger (SPD) dem Parlament, nicht zuletzt durch ihre souveräne Amtsführung als Präsidentin (1972–1976) und Vizepräsidentin (seit 1976) des Bundestages und durch ihre attraktiv-adrette Erscheinung. Die hohe Politik hat sie von der Pieke auf gelernt, zunächst als Privatsekretärin des SPD-Vorsitzenden Dr. Kurt Schumacher, später in den verschiedensten Partei- und Parlamentsgremien auf nationaler und europäischer Ebene. Seit 1953 gehört sie ohne Unterbrechung dem Deutschen Bundestag an und hat somit entscheidende Jahre der Bundesrepublik mit geprägt.

Als schließlich im Jahre 1972 die Deutsche Parlamentarische Gesellschaft mit Hedwig Meermann ihre erste Präsidentin erhielt, schien auch hier die Gleichberechtigung eine Tatsache geworden zu sein.

Kurzum: Das weibliche Element in der Bonner Politik sorgt für menschliche Wärme und Heiterkeit.
Wie stand es aber sonst mit der Stellung der Frau im öffentlichen Leben? Im Artikel 128 der Weimarer Verfassung, in dem die Gleichberechtigung von Mann und Frau verankert ist, heißt es lediglich: ,,Zulassung zu allen Ämtern entsprechend ihrer Befähigung." Was immer das wohl in der praktischen Anwendung bedeutet.
Man kann sich fragen, ob es für Frauen im politischen Raum besonders schwer ist, zu wirken und sich zu behaupten. Der Abgeordnete Herbert Wehner (SPD) meinte hierzu: ,,Sie werden gern auf das Atmosphärische abgeschoben."
Die moderne Frau jedoch sucht Sinn und Bestätigung in einem Beruf, ,,aus Spaß an der Freud" und nicht, weil sie keinen Mann bekommen hat. Trotzdem haben Frauen es noch schwer, sich durchzusetzen. Ich habe mich in jahrelanger Kleinarbeit aus eigener Kraft behaupten müssen.
Mit besonderer Dankbarkeit gedenke ich dabei all der Frauen und Männer, die mir auf diesem Wege Ratgeber, Vorbild, Freund, ja auch Kritiker waren: vorneweg einige Schwaben; sie hatten es mir im 1. Bundestag besonders angetan. Nach dem Schwaben Dr. Pfleiderer war ja ein anderer Schwabe, Dr. Kurt-Georg Kiesinger, Vorsitzender des Auswärtigen Ausschusses, Präsident der Deutschen Parlamentarischen Gesellschaft geworden. Viel zu verdanken habe ich auch dem CDU-Abgeordneten Paul Bausch aus Korntal bei Stuttgart, einem schwäbischen Pietisten, Mitglied des Haushaltsausschusses im Deutschen Bundestag und Schatzmeister der Deutschen Parlamentarischen Gesellschaft. Mit Güte und Nachsicht versuchte er mir eine saubere Buchhaltung beizubringen. Im Geiste sehe ich ihn mit Regenschirm und Gesangbuch in der Hand einherschreiten. Sein sparsamer Geist veranlaßte ihn, einmal eine größere Telefonrechnung nicht zur Bezahlung anzuweisen. Als mein Mahnen nichts nützte, kam eines Tages der Gerichtsvollzieher und klebte den Kuckuck an die Möbel der Gesellschaft, ein Zeichen, daß die Möbel beschlagnahmt seien. Als mich kurze Zeit darauf Herr Bausch zu einer Dienstbesprechung aufsuchte, erschrak er beim Anblick des Kuckucks, den er in sei-

nem ganzen Leben noch nie gesehen hatte, denn wann hätte er als solider Rechner je Schulden beim Staat gemacht? Sein Entsetzen war groß. Von da an war unsere Zusammenarbeit ungetrübt.
Wie viele Rechenfehler verzieh er mir geduldig, als ich die Mitgliedsbeiträge für die Gesellschaft verwalten mußte. Kopfschüttelnd half er mir; gottlob hegte er nie Zweifel an meinem guten Willen. Wie entsetzt aber war der Schatzmeister, als ich ihm mein Mißgeschick mit dem damaligen Familienminister Franz-Joseph Wuermeling beichten mußte. Ich hatte eines Tages einen groben Brief vom Familienminister und die Mitteilung seines Austritts aus der Gesellschaft erhalten. Ich hatte ihm zweimal denselben Mitgliedsbeitrag abgefordert. Tränenblind, mit dem Brief in der Hand, versuchte ich, den riesigen Telefonkasten, der neben meinem Schreibtisch stand, zu bedienen, denn es läutete an mehreren Stellen. Es gelang mir nicht. Da stürmte Dr. Semler – aus Zeiten des Wirtschaftsrats in Frankfurt „der Hühnerfuttersemler" genannt – in mein Büro; denn er erwartete ein Ferngespräch aus dem Ausland. Er fand mich an meinem Schreibtisch, den Telefonstöpsel ratlos in der Hand, das Gespräch aus dem Ausland kam nicht zustande. Er war gerührt über mein mehrfaches Mißgeschick, vergaß Auslandsgespräch und Sitzung und lud mich in das nahegelegene Hotel zu Hummer und Champagner ein. Der Familienminister, samt Telefonstöpsel, entschwand meinem Gedächtnis. Mein Lebensmut kehrte wieder. Als wir das köstliche Mahl beendet hatten, hob Dr. Semler sein Glas, dankte mir, daß ich Zeit gehabt habe, mit ihm zu essen, und sagte leicht lächelnd: „. . . Und, liebe Gräfin, auch mir haben Sie einen doppelten Mitgliedsbeitrag für die Deutsche Parlamentarische Gesellschaft abverlangt." Ich war sprachlos.
Ein weiterer Schwabe sollte meine berufliche Karriere beeinflussen: der kluge, kenntnisreiche Dr. Gerstenmaier, der Mann der evangelischen Kirche, geprägt durch die Jahre des Widerstands gegen den Nationalsozialismus als Mitglied des „Kreisauer Kreises", aus Kirchheim in Schwaben stammend, als Ältester eines großen Familienclans. Er galt als „Chefideologe" der CDU. „Er wußte um die deutsche Schuld, aber gab darüber die nationale Würde nicht auf", so steht es in einem Artikel über ihn. Als Be-

gründer des Evangelischen Hilfswerks entwickelte er gleich nach dem Krieg eine umfangreiche karitative Tätigkeit, die – neben dem Deutschen Roten Kreuz, der Arbeiterwohlfahrt und der Caritas – die Vermittlung und Verteilung von Gabensendungen aus dem Ausland nach der Bundesrepublik übernahm. Er gehört zu den Parlamentariern der ersten Stunde. Zunächst wurde er Vorsitzender des Auswärtigen Ausschusses, bis er später, mit Temperament und Engagement, vom Präsidentensessel aus das Parlament regierte. Mit altväterlicher Autorität belehrte er gelegentlich Politiker und Journalisten – hin und wieder auch unwissende Frauen wie mich, die den Lebenskampf erst lernen mußten.

20
Bilanz meines Lebens

In den Anfangsjahren meiner Berufstätigkeit fühlte ich unterschwellig, daß eine Frau, die arbeitet und Geld verdient, nicht das volle Ansehen genießt. Trotzdem mußte sie recht und schlecht in einer Männerwelt bestehen. Waren nicht durch den verlorenen Krieg und Millionen von Flüchtlingsschicksalen alle Begriffe auf den Kopf gestellt? Wurden nicht von Heerscharen von Frauen Eigenleistungen gefordert, ob verheiratet oder unverheiratet – nur um zu überleben? Und war nicht schließlich diese Herausforderung auch ein Anreiz, kreativer und selbständiger zu werden? Allmählich verschwammen jedoch für mich die Grenzen zwischen dem Gestern und Heute. Alte und neue Freundschaften hatten es mir erleichtert, Wurzeln zu schlagen.

Was ich in den ersten Jahren eigener Berufstätigkeit im Rahmen der Deutschen Parlamentarischen Gesellschaft an Erfahrungen sammeln konnte, versuchte ich 1965 in einem Vortrag vor amerikanischen Frauen im Amerikanischen Club in Bad Godesberg darzustellen.

Ich hatte großes Lampenfieber. Doch meine Freundin Maria Daelen hatte mir eine Beruhigungspille in den Mund gesteckt. Ich schluckte sie, betrat das Podium. Dann richtete sich das Scheinwerferlicht auf mich. Ich sah das erwartungsvolle Gesicht der Frau des amerikanischen Botschafters und die kühl-kritische Miene der Frau des britischen Gesandten. Ich faßte mich und hörte ganz wie aus weiter Ferne meine eigene Stimme, verhältnismäßig ruhig und klar, nach anfänglichem leisen Zittern. Dann dachte ich nur noch an mein Manuskript, das ich intensiv studiert hatte. Probleme und Aufgaben der amerikanischen Frauen seien denen der deutschen ähnlich, so begann ich. Unterschiedlich seien nur die traditionsbedingte Zurückhaltung der deutschen Frau und die oft

nicht ausreichende Bereitschaft des Mannes, die Frau in die gesellschaftliche und berufliche Stellung gelangen zu lassen, die ihr eigentlich zukommt.
Freundlicher Applaus wurde mir zuteil, und eine anregende Diskussion schloß sich an. Bald darauf kam mir zufällig der Text eines Interviews mit dem französischen Modeschöpfer Yves St. Laurent in die Hand, und ich zitiere hier seine Lebensphilosophie, die der meinen so sehr entspricht: „Für mich gibt es nur ‚human beings' – ‚Menschen' –, keinen Unterschied zwischen Männern und Frauen, auch das Alter spielt keine Rolle, denn alle Menschen stehen gleichermaßen unter dem Gesetz ihrer Existenz. Die Ausgewogenheit des eigenen Wesens, Erkenntnisse seiner Möglichkeiten und Grenzen, gibt die innere Kraft, nach eigenen Gesetzen zu leben."
Heute, nach mehr als 30 Jahren beruflicher Tätigkeit in Bonn, empfinde ich Genugtuung darüber, daß ich mein eigenes Geld verdient habe. Es war ein langer Weg, bis ich lernte, mich in einer neuen Welt zu behaupten. Immer wieder schwankte ich zwischen Euphorie und Selbstzweifel und wollte doch Selbstvertrauen im Beruf finden. Ich kam aus einem unprogrammierten Leben, ohne Vorbereitung auf einen Beruf. Die Kräfte, die in der Geborgenheit eines traditionsreichen Elternhauses gewachsen waren, befähigten mich auch, ein neues Leben aufzubauen, es zu gestalten und meine Tochter großzuziehen. Dennoch fühlte ich mich oft hilflos gegenüber beruflich viel erfolgreicheren Frauen, die, auf ein politisches Parteiprogramm gestützt, Karriere machten.
Erst nach jahrelanger Pflichterfüllung und ständig wacher Neugier auf das Leben hatte ich das Selbstbewußtsein gefunden, meiner eigenen Leistung zu trauen, meine Aufgabe als Katalysator zu verstehen, und gab mir Rechenschaft darüber, wo sich mir in meinem vielseitigen Leben die Chance zu Ausgleich und Vermittlung bot.
Wenn ich heute versuche, im Bilderbuch des eigenen Lebens zu blättern, frage ich mich, ob ich meine Zeit mit sinnvollem Tun genutzt habe. Meine Generation hat viel gelitten. Nur sechs Jahre hatte Hitler von 1933 bis 1939 gebraucht, um die deutsche Nation aufzurüsten. Nach dem Krieg versuchten wir, die Scherben unse-

res Lebens aufzusammeln. Es ist nicht leicht, jede Zeitspanne des Lebens bewußt zu leben, die Gegenwart zu bejahen und nicht zu träumen, was war oder was hätte sein können. Ich frage mich manchmal, was bei meinem Neuanfang nach dem Krieg bestimmend war. Sicher hat mir meine behütete Kindheit innere Sicherheit gegeben. Alles, was ich im Leben erreichen konnte, geschah nicht bei fachlichen Sitzungen und politischen Gesprächen, sondern durch persönliche Begegnungen mit bedeutenden Menschen.

Ich verzichtete auf eine parteipolitische Festlegung und Einengung in Ideologien, weil ich erkannt hatte, daß der Sinn der Deutschen Parlamentarischen Gesellschaft in ihrer Überparteilichkeit lag und mein Wirken zum Wohle des neuen Staates eben in dieser überparteilichen Freiheit lag. Ich war mir darüber im klaren, daß ich damit auf eine parteipolitische Karriere verzichtete. Der Umgang mit Menschen, gerade im politischen Raum, Gegensätze verbindend, eine heitere Atmosphäre schaffend, so verstand ich meine Aufgabe.

Freilich war mir nicht klar, ob ich die Welt meines Elternhauses und seine Lebensvorstellungen mit meinem heutigen Leben würde verbinden können. Ich war jedoch überzeugt, daß bei einem Neuanfang, wie wir ihn erlebten, Verständnis für Tradition hilfreich sei. So hoffte ich, allmählich Vertrauen für meine Person und mein Wirken gewinnen zu können. Ich lernte mich einzuordnen, ausgleichend und vermittelnd zu wirken. Es war kein einfacher Weg, immer wieder Mut und Initiative zu entwickeln und Begrenzungen hinzunehmen. Trotzdem liebte ich die politische Atmosphäre der Deutschen Parlamentarischen Gesellschaft.

Meine Einstellung zu den politischen Parteien mag eine Unterhaltung mit Herbert Wehner in meinem ersten Bonner Jahr wiedergeben. Er sagte: „Man möchte nach Ihnen greifen, Sie festhalten, aber Sie entwischen einem, und man kann nicht einmal einen Zipfel Ihres Rockes festhalten." Wie recht hatte er. Zu keiner der Parteien fühlte ich mich wirklich hingezogen, ja, ich empfand in politischer Festlegung eine Einengung und Einseitigkeit, zu der ich mich nicht bekennen konnte. Mein Wesen ist von Flexibilität bestimmt und mein Blick darauf gerichtet, gegensätzliche Welten

miteinander zu verknüpfen. Freilich war es mir damals noch nicht klar, ob es mir gelingen würde.
Das Haus in der Bonner Dahlmannstraße atmet heute echte parlamentarische Tradition. Die großen Clubräume tragen die Namen der Hauptstädte der Bundesländer. Die Oberbürgermeister dieser Städte erklärten sich auf Anfrage bereit, ein Bild ihrer Landeshauptstadt zu stiften.
Was bedeutete mir diese Stellung als Geschäftsführerin? Ich war nicht parteipolitisch profiliert, nicht verbeamtet, und hatte doch die Möglichkeit, am Rande des politischen Geschehens zu wirken. Finanzielle Sicherheit und die Tatsache, als Frau am öffentlichen Leben der Hauptstadt aktiv teilzunehmen, gaben mir Mut und Bestätigung.
Im alltäglichen Bereich, mit den Mitarbeitern der Politiker, ihren Gästen oder meinen privaten Freunden, konnte ich gegensätzliche Welten zusammenführen. Dazu gehörten Aufmerksamkeit, Verbindlichkeit und vor allem immer wieder der Respekt vor dem anderen Individuum. Ich konnte eine Basis für politisch-gesellschaftliche Begegnungen schaffen, nicht als Frauenrechtlerin oder um persönliche Karriere kämpfend, und wurde doch für manche junge Menschen das Beispiel einer emanzipierten Frau. Wenn ich versuche, diese Vorstellungen zu analysieren, so glaube ich, daß die jahrelangen Erfahrungen auch für meine persönliche Entwicklung wichtig geworden sind, und ich kann es heute bejahen, eine berufstätige Frau wie viele andere geworden zu sein.
In meinem Leben hat es Glück, Heiterkeit und Erfüllung gegeben, aber auch Verlust und Trauer. Dankbar bin ich, daß ich nach dem Schrecken des „Dritten Reichs“ in einem freiheitlichen Rechtsstaat leben kann und viele Jahre arbeiten konnte.
Was mich ermutigt, meine Aufzeichnungen zu veröffentlichen? Die Erkenntnis, daß auch der moderne Mensch Lebenskraft durch Besinnung auf Tradition und somit aus seinen Wurzeln schöpft! Leitbild für mich ist mein Vorfahre Gersdorff mit seinem damals schon modernen Verfassungswerk, das dem freiheitlichen Rechtsstaat in Deutschland den Weg ebnete. Als diese einigende Kraft ist der „Geist von Weimar“ in die Geschichte eingegangen.

Ein profilierter Politologe setzt sich mit einem brisanten Thema unserer Zeit auseinander: der politischen und menschlichen Freiheit

Klaus Hornung, Jahrgang 1927, Promotion in Tübingen, Habilitation in Freiburg. Professor für Politikwissenschaft an der Pädagogischen Hochschule Reutlingen und Privatdozent an der Universität Freiburg.

Wir leben in einer Zeit, in der der Begriff der Freiheit zu einer zentralen Lebensfrage geworden ist. Heute mehr denn je werden die Folgen des vielfach mißverstandenen und fehlinterpretierten Begriffs Freiheit nur allzu deutlich: Verunsicherung, moralischer Verfall, Orientierungslosigkeit und eine nihilistische Lebensauffassung.

Der profilierte Politikwissenschaftler Prof. Dr. Klaus Hornung gibt in seinem Buch „Freiheit in unserer Zeit" eine überzeugende Antwort auf die Möglichkeiten und Mittel der Selbstbestimmung des Menschen in einer demokratischen Gesellschaftsordnung. Er plädiert für die Loslösung von dem radikalen Gedankengut einer APO-Generation und für die Rückbesinnung auf unser traditionelles politisches, geistiges und kulturelles Erbe. „Nach den Verschüttungen und Verwerfungen der ‚Kulturrevolution' beginnt es langsam wieder zu dämmern, daß das Normensystem einer Gesellschaft der Selbstbestimmung des einzelnen nicht entgegensteht, vielmehr die Wertbindung überhaupt erst die handlungsfähige Person konstituiert, die ohne Wertbeziehungen der Desorientierung anheimfallen muß" (Hornung).

BURG VERLAG